新解釈
現代語訳

法華経

石原慎太郎

幻冬舎

新解釈　現代語訳　法華経

目次

監修　末吉將祠

解説　歴然とした哲学と生きるための方法論

日本にはカントが著書『純粋理性批判』で指摘した人間の理性を超えた始原的な本能に依る高い山や雄大な滝、あるいは巨大な岩などに対する畏敬の念に発してそれらを神格化して崇拝し、時の絶対権力の天皇制に付着した、言わば土俗的な「神道」がありましたけれど、欽明《きんめい》天皇の頃に中国から、さらに朝鮮半島を経由して日本に伝播した仏教は神社と並んで数多くのお寺が見られるように日本の歴史の中で、その中核を占める大きな精神的な意味合いと存在感を示してきました。

神道に比べて論理立てて体系的な仏教の価値を認めた聖徳太子は仏教の普遍のために新しい寺を建立したりし国民にこの教えの価値を教えました。

人は何か困難に直面した時に、神仏の名を唱えて、その力にすがろうとしますが、その場合に神道の祝詞を唱えたりする人は、きわめて数が少なく、むしろ仏の加護を求める言葉を唱えることで、人生における救済や活路を求めたりするものです。その場合にやはり人々が意識して、あるいは思わず口にする仏教の言葉とは「南無妙法蓮華経」であり、後の乱世の中世に法然上人によって作られた浄土宗の「南無阿弥陀仏」を唱える人の数は、きわめて少ないように思います。

それはなんといっても、法華経そのものが、仏がこの世に現れて、多くの人々を救済して、長い布教の後に最後に入滅される、つまり亡くなってこの世を去られる直前に、最後の最後の、究極の教えとして説かれたものであり、仏教の全体の教えの中で、それが長い修行と研鑽の後の、仏の最後の教えであるが故に、他の経文や一切に比べて、決定的な価値と意味合いを持つが故にです。

法華経は、通読しますと、「序品《じょほん》」という第一から始まって、最後の第二十八にまで至る、かなり長いお経ですが、その大まかな内容は、お釈迦様が若い頃、悟りを得てから、さらに多くの弟子を教え込まれ、そしてこの世を救済するために、後のことを彼らに入念に託して入滅される、つまりこの世を去られる直前までの、いわば最後の最後の教えであり、仏教典の中で最も重い意味合いを持つ重要な、ある意味では最高の教えといえます。

人間はこの世に生まれてくる限り、他の動物とは違って、微妙な心の働きによって、時には焦ったり、憎んだり、あるいは愛したり、失望したり、いろいろ迷いながら、また悩むものです。またそれがなければ、人生とは言えはしません。ともかく人間以外の動物は、恐れたり怯んだりすることはあっても、我々のようにさまざまに悩んだり迷ったりして、考え続けることはないと思います。

人間はそれぞれ長いなり、短いなりの人生の途上で生き続けながら、さまざまな出来事に出合って、迷ったり悩んだりしますが、それを乗り越えようとしながら努めることで、人生の発見があったり、人間としての向上があるわけです。その人生を前に進んでいくための苦悩は、人々にさまざまな思索、ものについて考える作業をもたらし、そしてそれを突き詰めたものが、いわば哲学と言えるでしょう。

哲学という言葉は、野球の哲学とか料理の哲学とか非常に普遍されていますが、しかし本物の哲学なるものは、アリストテレスが言ったように、物事の「存在」、そしてそれを変えていく、その形や質も変えていく「時間」について考えること、それこそが本物の哲学なのです。そして物事の存在、これは物質の存在だけではなしに、いろいろな人生の出来事も含めて、それが人生の将来の形を現して、生じてくる。そしてその克服なり、打開のために、時間も必要とする。そして気がついてみれば、時間の経過と共に、自分の人生がいろいろ形を変えてしまっている。すなわち、物事の存在、出来事が現れ出ること、そしてそれを変えていく時間というものが、哲学の大きな要素に他なりません。

そしてその哲学を踏まえて、私たちは人生の選択を考え、自分がいかに進んでいくか、いかに留まるべきか、いかに思い切りを付けるかということの決断をしますが、それその ものが人生の味わいであり、悩みでもあり、また人生の美しさでもあります。

人生の出来事にいかに処するか、ということについては、誰もが考え、迷いはしますが、たとえばそれに関して明瞭な方便、手立てを考え出し、教えた人が何人もいます。近い例で言えば、中国共産党の始祖であり、今日の共産中国を造り上げた国父、国の父でもある毛沢東は彼の若い頃に、政治を通じて自分の国、自分の民族をどう変え、育てていくかということについて考え尽くし、その方法論を確立しました。それは二つあって、一つは実践論と言い、もう一つは矛盾論と言います。

実践論の方は、後者の矛盾論を踏まえて、いかに目の前の厄介な物事を分析し、解析し、それによってどう解決していくかという、その的確な方法を編み出すための、一つのある出来事、事象を正確に分析して、それを乗り越えていくための正しい認識のあり方を示した、非常に有効なすぐれた方法論でもあります。矛盾論には、主要矛盾と従属矛盾があって、ある厄介な出来事の背景には、非常に大きな大きな主要な矛盾があり、それから派生して、さまざまな小さな枝葉の矛盾が湧き上がってくる。その相関関係をきちっと捉えなければ、目の前の厄介な出来事の正しい、しかも迅速な解決はありえないということです。

これはある意味、きわめてすぐれた人生の進み方の処方箋であって、これはまさに大きな指導力、大きな教えの芯に存在するものの考え方だと言えます。そして実はお釈迦様は、毛沢東よりはるかはるか二千年以上も前の昔に、同じように人生の方法論について考察し、またその方法論を着実に実施し、人々が自分の人生を充足させることができるような教えを説いていています。

そうしたことが法華経という、全体で二十八からなる教えの中のあちこちに鏤《ちりば》められておりますけれども、このお経の「方便品《ほうべんぽん》」には、それが見事に捉えられ、描き出されています。

ここでは、物事はなぜ今のような形になり至って、それをどう捉えることで、もっとも適切な方法を講じることができるかという手引きが教えられています。

それは毛沢東の矛盾論を引き合いに出しますが、まず彼が言った従属矛盾というものの捉え方について教えているのです。『所謂諸法の、如是相、如是性、如是体、如是力、如是作、如是因、如是縁、如是果、如是報、如是本末究竟《くきょう》等なり』と説かれています。如是というのは「何々のような」という意味で、物事の意味とか実体には、こういういくつかの本質があるということです。

この方便品というチャプターは、世間ではよく略法華、法華経の省略、つまりお経全体の主役とまで言われているくらいに、重要な意味を持つ部分ですが、こうした的確で具体的な分析が、お経の真髄と言われている限り、法華経というのは少なくとも、神がかりな教えでもなければ、いたずらに観念的な理想を説いたものでもないということが、明かし出されています。

私はかつて、私にとっての法華経の大導師である、霊友会の小谷喜美会長から、「あなたは、法華経の数ある章の中で、どこが一番好きか」と、非常に端的な問いを受けたことがあります。その時に私は臆せずに、「私にとって読んでいて一番心の躍る、なんというか、物語としても素晴らしく、その光景が如実に目に浮かぶような、まるでハリウッドの、大スペクタクル映画を見るような光景を現した、第十五が大好きです」と答えたら、小谷恩師が笑って、「あなたもなかなか良いところを……」、言われたのを覚えております。

これは叙述の通り、その前に菩薩たちにありがたい、いろいろな教えを説かれたお釈迦様に答えて、多くの菩薩たちが勇気百倍し、発心してお釈迦様に向かって、今、教えていただいたこの素晴らしい教えを、私たちはこれから命がけで守りぬいて、また人々に伝え、教えましょうと、誓いをたてます。

その時にお釈迦様が、「いや、別にお前たちに頼ることはない。私にはもっと他に有力な弟子たちがいるのだ」と言われた瞬間に、地面が割れて、その地の底から数えきれぬ菩薩たちが現れて、お釈迦様に、お釈迦様の教えを自分たちもこれから受け継いで、世の中に広宣流布していくという誓いをたてます。

地面が割れて、下から数え切れないほどの人々、菩薩が現れ出るということは、これはまさに地下に葬られていた死者たちの復活とも言えます。それは単なる死者ではなくて、私たちのご先祖、昔、幸いにも仏の教えに巡り合えた私たちのご先祖が、お釈迦様の弟子として、地面の底から湧き上がり、復活したわけです。

つまり死者は不滅である。悟りを得てこの世を去った者は不滅であり、永遠性を保った私たちの先祖だということを、お釈迦様が説かれているわけで、これは何度読んでも心強い、また素晴らしい描写力で、私たちを先祖に力強く結びつける、ありがたい教えを説いた一節だと思います。

そして、この「従地涌出品《じゅうじゆじゅつほん》」に続く「如来寿量品」というのは、法華経の中で、もっとも重要な一章だと思います。

何しろ弟子たちが、仏の説かれた素晴らしい教えを受け継いで、世の中に自分たちが広宣流布しようと言い出したのに、それを止めて、自分には数え切れぬほどの弟子がいるのだと言って、かつての弟子たち、つまり私たちの先祖という、数限りない過去のお釈迦様との師弟の関わりのある者たちを呼び起こして、弟子たちを驚嘆させるわけです。

そしてここで説かれていることは、時間という哲学の、もっとも大きな主題の一つと、それにまつわる存在というものの神秘さというか、不滅性というものです。

いずれにしろ、ここでお釈迦様が、自ら述べられているように、自分がかつて釈迦族の一人として、宮殿を出て出家し、悟りの場に座り続けて、無上の悟りを獲得したと説かれ、そして自分が仏となってからこのかた、無量無辺の千万億那由他《なゆた》という、まさに無限の長い時間が経っているのだと告げております。

たとえば膨大な数の全宇宙を、人々がすりつぶして粉にして、その粉をもって、東の五百千万億という多くの国々を過ぎて、そこで一粒の塵を置いて、そのようにさらに進んで、そのすべての塵を置き尽くしたとします。そのことをいかに思うかということを、お釈迦様は説かれて、そうやって通り過ぎたこの世界の広さや数は、考えたり計算したりしたところで、知ることができるものではないと。

ということはすなわち、その通り過ぎて塵の一つを置く国というものは、まさに宇宙に散らばる星のことに違いありません。つまり、お釈迦様はこの地上にあって、天を仰いで眺めながら、宇宙というものの無限の広がり、そしてそこに生息する人間を含めた生あるものたちのためにも、この法華経を説かれたということです。

これはいろいろな宗教の指導者の中で、稀有なることで、おそらく宗教史の中でも初めてのことではないでしょうか。つまり、宇宙というものの存在、宇宙というものの無限性、そしてそこに散らばって在る星たち、無数の星の中に、生命体があり、その生命を得ているものたちのためにも、この法華経というものが大きな意味と価値があるということを、お釈迦様は説かれているわけです。

実は私は、わずか四十年ほど前に、東京のある所で、あのブラックホールの蒸発を発見した天才的な物理学者のホーキングの講演を聞いたことがあります。彼はもうすでに、筋萎縮性側索硬化症におかされていて、言葉が出ずに、コンピューターでキーを打って、人造の声で講演をしましたが、その後に質問が許され、ある人が「この宇宙に、地球のように生命体があり、かつまた、そのものたちがかもしだしている、進んだ文明をもっている星は、いくつくらいあるのでしょうか」と尋ねたものです。

そうしますとホーキングは即座に、なんと二百万という答えを出しました。この宇宙に、人類に似た文明をもち、いろいろな生命体の生息する星が二百万もあるというのは驚きで、さらにある人は、「ならば一体私たちは、ハリウッドの映画で宇宙船であるとか、宇宙人を見たりしますけど、実際にこの地球の上で、彼らを見たり、宇宙船を迎えたり、宇宙人と接したりすることはないのでしょうか」と聞きましたら、ホーキングは即座に、そのように進んだ文明をもって、また高度な知恵をもった生命体が生息するような星は、自然の循環が非常に狂ってきて、宇宙時間で言うと、あっという間に消滅してしまうものだと答えました。

そこで私が、「あなたの言う宇宙時間で、瞬間的というのは、一体何年くらいのことですか」と聞きましたら、これまた即座にホーキングは、百年と言ったものです。もちろんホーキングは、神さまでもありませんし、確かに天才的な物理学者でありますけれど、この言葉は非常に暗示的でありますし、またある意味で、正鵠《せいこく》を射ているのかもしれません。

現にあれから四十年という時間が経ちましたが、その間に、この地球の自然は破壊され、端的に言って温暖化が進み、コロナウイルスが蔓延し、さらにこの世紀末には地球の温度が、四度も上昇するというし、これは生命体にとって、まさに致命的な現象でして、果たして私たちは、そこで生息を続けることができるのでしょうか。

なお付言しますと、法華経二十八におよぶ章の中にそれぞれ数多くの菩薩が登場し、さらに一段上の如来ともなり、さまざまに人々を導く構成は、言わば長い距離を走るオリンピックの聖火ランナーと同じように、人生の中のそれぞれの局面において、その状況に即して選ばれたランナーたちが仏の教えという聖火を受け継いで走り、ゴールを目指す仕組みと同じことです。

彼らが受け継ぐ聖火はあくまでも仏の説かれた悠久の教えであって、その火を何者も消すことは出来はしません。

いずれにしろお釈迦様は、そこまで恐ろしい予言はされておりませんが、この私たちが生存している地球に生を得て、そこに住まいながら尚、お釈迦様という大天才は、宇宙というものを把握し、そこにさまざまな星、さまざまな国があり、さまざまな文明も文化もあり、そしてそれが、ある場合には非常な危険にさらされうるということを予言されたのではないでしょうか。

いずれにしろ、ここで説かれている宇宙の無限の広がりの中での、時間という観念は、私たちが日常、春、夏、秋、冬という四季の変化にそって考えている、一年とか二年とか三年とか十年とか、あるいは一分、三分、十分、二十分という、私たちの生活の中でとらえている時間とは、まさに位相の違うもので、それをお釈迦様は説かれているわけです。

これはかつて天才のアインシュタインが指摘したとおり、この世界にはさまざまな時間があり、私たちが考えている時間と位相の違う時間というものが存在し、その時間の流れにそって宇宙というものが運営されているのだという、そういうアインシュタインという天才が思いつき、考え出し、証明した時間に関する真実と同じです。

前にも述べたように哲学というのは、そもそもアリストテレスが言ったように、そこにものがあるということと、それをめぐる時間、その存在を変えてしまう時間というものについて考えることであると言っているように、まさにお釈迦様は、アリストテレスが現れるはるか前に、まさに哲学の真髄である時間と、それをめぐる存在というものについて、この「如来寿量品」で堂々と説かれているわけで、私たちはこれを読み返すたびに、自分たちの存在の小ささ、まさに微塵、宇宙に比べれば塵のように小さい存在というものの意味について、考えざるをえません。

そして人間の存在が、宇宙の塵の如くであるからこそ、私たちはその塵のような存在というものを踏まえて、その人生を充実させることが、この世に私たちを与えた神や仏の恩に報いることに他ならないと思います。

事ほど左様に、法華経は第一から第二十八までのさまざまな表現によって、私たちの生活の中に目に見えぬ形、あるいは歴然とした形で浸透し、私たちの人生というものをつかさどっています。法華経の伝来に刺激されて、日本には仏教が普遍し、またその教えに帰依する何人かのすぐれた僧侶たちが、それなりの解釈でいくつかの宗派をつくりあげ、人に説きましたが、これはすべてなんと言っても、お釈迦様の最後に説かれた、この法華経というものを根っこにして芽生えたものに他なりません。

仏教の特質は他の世界の二大宗教のキリスト教やイスラム教に比べて歴然とした哲学と生きるための方法論を説いているところにあります。

哲学とは「野球の哲学」「料理の哲学」などとしきりに言われますが、真の哲学とはアリストテレスが説いたように、存在と時間の意味合いについて考える学問で、それを備えて説いているのは、法華経だけです。

『新約聖書』は、愛を説いたキリストの言わば一代記であり、『クルアーン』はかなり高圧的にマホメットの教えを絶対的なものとして説いていますが、人間が生きていくために折節に考えざるを得ない人生を支える時間と存在の意味について教えているのは、仏の説いた法華経だけです。

仏はさらに無限の宇宙についても教えているし、この現代にいたってアインシュタインがようやく気づいて説いた位相の違う時間についても説き明かしているのです。

妙法蓮華経序品《じょほん》第一

私はこのように聞いております。ある時、仏は王舎城の耆闍崛山《ぎしゃくつせん》（霊鷲山《りょうじゅせん》）の中に滞在され、大勢の弟子たち一万二千人も一緒におりました。

この弟子たちはみな心の汚れを洗い落とし、煩悩もなく、それぞれの心に悟りを仕舞って、生きていくうえでの迷いや悩み、あるいは束縛を断って、それぞれの心に安らぎを得ていた者たちです。阿若憍陳如《あにゃきょうじんにょ》、摩訶迦葉《まかかしょう》、優楼頻螺《うるびんら》迦葉、伽耶《がや》迦葉、那提《なだい》迦葉、舎利弗《しゃりほつ》、大目犍連《だいもくけんれん》、摩訶迦旃延《かせんねん》、阿㝹楼駄《あぬるだ》、劫賓那《こうひんな》、憍梵波提《きょうぼんはだい》、離婆多《りはた》、畢陵伽婆蹉《ひつりょうがばしゃ》、薄拘羅《はくら》、摩訶拘絺羅《くちら》、難陀《なんだ》、孫陀羅《そんだら》難陀、富楼那弥多羅尼子《ふるなみたらにし》、須菩提《しゅぼだい》、阿難《あなん》、羅睺羅《らごら》といった、人々によく知られた大弟子たちでした。

また今、教えについて勉強中の者や、一応教えについて学び尽くした者たちも二千人おりました。摩訶波闍波提比丘尼《まかはじゃはだいびくに》は六千人の尼さんたちと一緒でありました。羅睺羅の母親、耶輸陀羅《やしゅだら》比丘尼も、またその仲間と一緒でした。菩薩、摩訶薩たち八万人も一緒でした。みな無上の正しい悟り（阿耨多羅三藐三菩提《あのくたらさんみゃくさんぼだい》）に達しようとして退くこともなく、彼らはみな陀羅尼（神秘な力を備えた呪文）を心得ており、人々に自在に教えを説く力を体得して、後戻りすることのない教えの輪を回して、千の百倍の無量倍という多くの仏に仕えて、それらの仏の元で多くの良い行いを貫いて、いつも仏に褒められ、慈しみの心で己の身を修めて、仏の智慧を体得し、悟りの境地に到達し、その名前は世間に広く聞こえて、千の百倍の無数倍という多くの人たちを救ってきました。それらの者、文殊師利《もんじゅしり》菩薩、観世音《かんぜおん》菩薩、得大勢《とくだいせい》菩薩、常精進《じょうしょうじん》菩薩、不休息《ふくそく》菩薩、宝掌《ほうしょう》菩薩、薬王菩薩、勇施《ゆうぜ》菩薩、宝月《ほうがつ》菩薩、月光《がっこう》菩薩、満月菩薩、大力《だいりき》菩薩、無量力菩薩、越三界《おつさんがい》菩薩、颰陀婆羅《ばつだばら》菩薩、弥勒《みろく》菩薩、宝積《ほうしゃく》菩薩、導師菩薩という、このような立派な菩薩たちが八万人も一緒でありました。

その時、帝釈天はお供の二万人の天子たちと共に一緒におられました。また名月《みょうがつ》天子、普香天子、宝光天子と四人の大天王もおり、彼らのお供の一万の天子と一緒でありました。自在天子と大自在天子は、そのお供の三万の天子たちと共に、娑婆世界の主である梵天王、尸棄《しき》大梵、光明大梵は、そのお供の一万二千人の天子たちと共におられました。また八人の龍王もおられました。すなわち難陀《なんだ》龍王、跋《ばつ》難陀龍王、娑伽羅《しゃから》龍王、和修吉《わしゅきつ》龍王、徳叉《とくしゃ》迦《か》龍王、阿那婆達多《あなばだつた》龍王、摩那斯《まなし》龍王、優鉢羅《うはつら》龍王たちです。各々、千の百倍のお供たちと一緒でした。

また四人の緊那羅《きんなら》王がおられました。法緊那羅王、妙法緊那羅王、大法緊那羅王、持法緊那羅王たちです。各々、千の百倍の、さらに倍の倍のお供と一緒でありました。また四人の乾闥婆《けんだつば》王、楽《がく》乾闥婆王、楽音《がくおん》乾闥婆王、美《み》乾闥婆王、美音《みおん》乾闥婆王たちです。それぞれ千の百倍のお供たちと一緒でありました。

また四人の阿修羅王がおられました。婆稚《ばち》阿修羅王、佉羅騫駄《からけんだ》阿修羅王、毘摩質多羅《びましったら》阿修羅王、羅睺《らご》阿修羅王であります。各々、千の百倍のお供と一緒でした。また四人の迦楼《かる》羅《ら》王もおられました。大威徳迦楼羅王、大身迦楼羅王、大満迦楼羅王、如意迦楼羅王で、各々、千の百倍の、それを越す多くのお供と一緒でした。韋提希夫人《いだいけぶにん》の子の阿闍世《あじゃせ》王も千の百倍のお供と共におりました。それぞれの者は、仏の足を頭にいただいて礼拝し、退いて一隅に坐っておりました。

その時、仏は弟子たちに囲まれて供養され、敬い尊ばれ、讃嘆されたので、そこで多くの菩薩たちのために無量の意義を含む菩薩を育てる方法、仏に守られる者と名づける大乗の経を説かれました。仏はこの経を説き終えられると、結跏趺坐《けっかふざ》され、無量の意義の基礎という三昧（静かで寂しい静寂の境地）に入って、じっと身動きもされませんでした。

その時、天から曼荼羅華《まんだらけ》、摩訶曼荼羅華、曼殊沙華《まんじゅしゃげ》、摩訶曼殊沙華の花が雨のように降り注ぎ、仏のお身体の上や大勢の人々の上に散って舞い落ち、仏のおられる世界全体が東西南北、上下と六通りに震動し、その時、その席にいた弟子たちは、かつてない出来事に出合って歓喜し、両手を合わせて一心に仏を仰いで見つめました。

その時、仏は眉間にある白い巻き毛から一条の光を放ち、東方の一万八千の世界を普《あまね》く隅から隅まで照らし出し、その光は下は阿鼻地獄に至るまで、上は阿迦尼吒天《あかにた》にまで届いて照らし出し、この世界にありながら、他の国の六種の境遇にある衆生《しゅじょう》たちも、ことごとく目に見えてきて、またかの国におられる仏たちも見え、それらの仏たちが説かれる教えが聞こえてきました。

また多くの比丘、比丘尼や信者たちがさまざまに修行をし、さまざまに道を体得しているのが見受けられ、また多くの菩薩たちが種々の謂《いわ》れ、種々の信条による理解、種々の姿形をもって、菩薩の道を修行しているのも目に見え、また多くの仏たちが、完全で円満な涅槃《ねはん》に入られるのが見え、また多くの仏たちが、完全で円満な涅槃に入られた後、仏の遺骨を納めるための七つの宝、七宝造りの塔が建てられるのが見えました。

その時、弥勒菩薩はこのように考えました。

「今、仏は不思議な奇蹟のさまを現された。一体どのようなわけで、このかつてない現象があるのだろうか。今しも仏は、静寂な境地に入られておられるが、この思いも及ばぬ前代未聞な出来事が現れたことを、一体誰に問えばよいのだろうか。誰が教えてくれるものだろうか」

彼は考えました。

「教えの王者の子であるこの文殊師利菩薩は、すでに昔、過去の量り知れないほどの多数の仏たちに親しくお仕えし、供養してこられたし、それゆえに彼はきっと、この珍しい瑞相を見たことがあるに違いない。今、彼に尋ねてみよう」

その時に、比丘、比丘尼、弟子たちと多くの天子、龍神、鬼神たちはみな、次のように思いました。

「仏のこのような光の神通力によって現れたこの世のさまを、今、一体誰に尋ねればよいのだろうか」

その時、弥勒菩薩は、自らこの疑問を解決しようと思い、また多くの弟子たちの心中を察して、そこで文殊師利菩薩に質してみました。

「どのようなわけで、仏の神通力によるこの奇蹟が現れたのでしょうか。仏は大いなる光を放たれ、東方の一万八千の国土が照らし出されると、その仏の国土の領域の厳かなありさまが、ことごとく見られたということは、いかなるわけでしょうか」

そこで、弥勒菩薩は重ねてこの意趣、思いを述べようとして質しました。

「文殊師利菩薩さま、あなたは何故、眉間の白い巻き毛から大きな光を放ってこの全世界を照らされ、さらに曼荼羅華の花を雨のように降らせて、栴檀《せんだん》の芳香を含んだ風は人々の心を喜ばせてくれたのですか。そのためにこの世界は、みな厳かで清らかになり、そしてこの世界は東西南北、上下に震えました。

その時に集まった人々は、みな心から喜び、身も心も安らいで、未だかつてない思いをしました。眉間から放たれた光が、東方の一万八千の国土を照らし出すと、みな金色に輝きわたり、下は阿鼻地獄から、上は有頂天に至るまで、さまざまな世界の中の、六種類の境涯の中にいる衆生たちの、生まれて死んでいくありさまと、善い行いと悪い行いのありさま、それによって受ける報いのさまが、ことごとく見せつけられました。

また、尊い主であり、勇気のある師子でもある多くの仏たちが、お経のすぐれて精妙な教えについて、述べて説かれました。その声は清らかで、柔らかく響いて、多くの菩薩たちを教えられること、その数は億万の無数倍でありました。

梵天王の声のように清らかで厳かな声は、人々に喜んで一心に聞こうと願わせるもので、それぞれの仏はそれぞれの世界において、正しい教えを説法されるにあたって、種々の謂れや、量り知れないほどの譬《たと》えを用いて、仏の教えを明らかにし、人々に悟りを開いて示すのが見えました。

もし人が苦しみに出遭い、老いと病と死をおそれ厭うならば、その人のために安楽の境地を説いて、多くの苦しみの終わりに導いて至らしめます。もし福徳があり、すでに仏を供養したことがあり、すぐれた教えを求める者には、悟りの教えを説かれます。もし仏の子がいらして、さまざまな修行をし、この上ない智慧を求めるならば、その者のために清らかな道を説かれます。

文殊師利さま、私はここにいて仏が照らした光の中で、この世界のさまざまな物事を見聞きしてまいりました。それは一千億もの事柄にも及んでいます。ガンジス河の砂の数のように多くの菩薩たちが、それぞれの謂れによって仏道を求めているのを見ました。

ある者は布施を行い、金や銀、珊瑚《さんご》、真珠といった宝物、あるいは自分の召使いや車、宝で飾った輿《こし》などを喜んでたてまつり、その布施の功徳を仏の道のために役立て、この教えの乗り物、すなわち欲の世界、色の世界の中で第一のものであり、多くの仏たちによって讃えられるものを得たいと願っています。

あるいはまた、宝で飾った四頭立ての車の縦横に欄干をめぐらせたうえ、花の飾りをつけて布施する菩薩もいます。また、自分の身体を捨ててまで尽くし、妻や子供までを施して、無上の道を求めている菩薩が見られます。さらには、自らの頭や眼、身体を喜んで与え、仏の智慧を求める菩薩も見られます。

文殊師利よ、私には多くの王たちが、仏のもとに詣でて、無上の道を伺い、楽しい国土、宮殿、臣下、側室など、すべてを捨て去って、髭や髪を剃り落し、僧衣を身にまとっているのが見えます。

あるいはまた、菩薩が僧となって一人静かなところに住み、経典を読み上げているのが見られます。また、菩薩が勇んで、強い心をもって精進に励み、深い山の中に入って、仏の道について考えているのが見られます。また、欲を離れ、常に修行に適した静かなところに座り、深く禅を修めて、神通力を体得するのが見られます。

また菩薩が、心安らかに瞑想し合掌して、千万もの言葉で多くの法王たちを讃えているのが見えます。また菩薩が、智慧が深く仏の道への志が堅く、多くの仏たちに伺って答えを聞き、それらすべてを心にしっかりととどめているのが見えます。

また私には、仏の子が禅と智慧を兼ねそなえ、無量の譬えをもって、人々に教えを講じ、心から喜んで法を説いて、多くの菩薩たちを教化し、悪魔の軍勢を撃破して、法の鼓を打ち鳴らしているのが見えます。また菩薩が、静寂に心安らかに黙して、天の神々や龍神たちに敬われても、それを喜びとはしないのが見えます。

また菩薩が、林の中にとどまって、光を放ち、人々の地獄の苦しみを救い、仏の道に入らせるのが見えます。また仏の子が、未だかつて睡りもせずに、林の中を静かに行き来し、仏の道を熱心に求めているのが見えます。

また、戒律をそなえ、厳かな立ち振る舞いには欠けるところもなく、宝の珠のように清浄であり、そのような人が仏の道を求めているのが見えます。また仏の弟子たちが、忍耐の力をそなえ持ち、高慢な人が悪口や雑言を言っても、ことごとく耐え忍んで、仏の道を求めているのが見えます。また菩薩が、多くの戯れや愚かな仲間から離れ、智慧のある者に親しく近づき、一心に心の乱れを除いて、思いを山や林にとどめることが、億千万年にもおよび、そうして仏の道を求めているのが見えます。

あるいはまた、菩薩が供えられた食べ物や飲み物、百種の薬を、仏と僧たちに施し、上等な衣服、千万もの値打ちがあるもの、あるいは値段のつけようのないほどの衣を、仏や僧たちに施し、千万億もの種類の栴檀でつくった宝の舎と、多くの立派な寝具を、仏と僧たちに施し、また清らかな園林《おんりん》、そこには花が咲き、果物が実っていて、泉からは水が流れ、水浴びの池があるものを、仏と僧たちに施し、以上のような布施をし、種々にわたりすぐれたものを、歓んで厭うことなく布施し続け、無上なる道を求めているのが見えます。

あるいは、菩薩のうちには、心の究極の平安という寂滅の教えを説いて、種々に無数の衆生たちを教え導く者がいます。あるいは菩薩が、すべての存在の本体は二つの姿を取ることはなく、虚空のように差別も対立もなく一つの姿だと、観ずるのを見ることができます。また仏の子が、心に何のとらわれもなく、すぐれた奥深い智慧をもって、無上なる道を求めているのが見えます。

文殊師利よ、また菩薩で、仏が亡くなられた後、その遺骨を供養する者がいます。また仏の子が、多くの塔廟を造り、その数はガンジス河の砂の数ほど多く、国土を厳かに飾り、宝の珠で造られた塔は素晴らしく高く、その高さは五千メートル、縦横の長さは等しく、二千メートルあります。一つひとつの塔廟には、各々千の旗のぼりが翻り、付けた幕があって、宝の鈴が鳴り響いています。多くの天神や龍神、人間や人間でないものたちが、香や花、音楽をもって常に供養しているのが見えます。

文殊師利よ、多くの仏の子たちが、仏の遺骨を供養するために、塔廟を厳かに飾り、そのために国土が自然に、素晴らしくよきものになっていることは、あたかも天上界にある樹の王が、その花を一斉に開かせたかのようです。

仏が一条の光を放たれると、私とそこに集まっている多くの者たちは、この国土のすべてが素晴らしいありさまになっているのを見ることができます。多くの仏たちの神通力と智慧は、世にもまれなほど素晴らしいもので、一条の浄い光を放って、無量の国土を照らし出しています。私たちはこれを見て、かつてない思いに打たれました。仏の子、文殊師利よ、どうか大勢の者たちの疑問を解いてください。僧や尼や信者の男女の者たちは、心を弾ませて私とあなたに注目しています。世尊はどういうわけで今、この光を放たれたのでしょうか。

仏の子よ、この時にあたって、この疑いを解いて、喜ばせてください。どのような喜びを人々に与えるために、仏はこの光を放たれたのでしょうか。仏が道場に坐して得られた、こよなき教えを今、まさにそれを説かれようとするのでしょうか。あるいは、必ず私たちも仏になれるという予言を、授けられようとするのでしょうか。

多くの仏の国が、多くの宝によって厳かに浄められていることが示され、また、多くの仏を見たてまつったということは、これはなまなかな理由によるものではありません。

文殊師利よ、どうぞ、ご理解ください。今、ここにいる僧や尼、信者の男女や龍神は、あなたを仰ぎ見て、きっと何かを説いてくださるだろうと、願っています」

その時に文殊師利は、弥勒菩薩や多くの弟子たちに語りました。「善男子たちよ、私が考えるに、今、世尊は大いなる教えを説き、大いなる教えの雨を降らせて、大いなる教えのほら貝を吹き、大いなる教えの鼓を打って、その大切な教えの意味を述べようとしておられるのだ。

多くの善男子たちよ、私は過去に多くの仏たちについて、このめでたい徴《しるし》を見せていただいたが、仏たちはこの光を放たれた後に、大切な教えをお説きになられた。だから知るがよい。今、仏が光を現されたのも、かつての多くの仏たちと同じように、人々に直にことごとく、この世のすべてのものに、信じがたい教えを聞かせて、教えようとされ、このめでたい徴を現されたのに違いない。

多くの善男子たちよ、過去の無量にして無辺、思いもよらず、また数えることもできないほど遠い昔に、仏がおられた。その名は日月灯明《にちがつ》という如来で、供養を受けるにふさわしい人であり、正しくあまねき智慧をそなえ、智慧と実践とが完全にそなわっており、悟りに到達した人で、世界のすべてに通じておられ、最上の人、人間の調教師、天の神々と人々の師であり、仏、世尊と名づけられた。

正しい教えを述べて説かれたが、初めもよく、中ほどもよく、最後もすぐれていました。その教えの意味は極めて奥深く、またその言葉も精妙で巧みであり、内容は純粋で余分なものはなく、完全無欠で、清浄で、清らかな修行のありさまを示していました。

弟子を志す者のためには、そのための四つの真実の法を説いて、生老病死の苦しみから脱して、悟りの境地に到達させ、独りで修行をすることを志す者のためには、十二の因縁の法を説き、多くの菩薩たちのためには、それにふさわしい六波羅蜜《ろくはらみつ》の教えを説いて、無上の正しい悟りを体得させ、一切智者の智慧を完成させたのです。

次にまた仏が出現され、また日月灯明という名でした。次にまた仏が出現され、やはり日月灯明という名でした。このようにして、二万の仏が出現され、みな同じく一つの名で、日月灯明という名でありました。その姓も一つであり、頗羅堕《はらだ》という姓でした。

弥勒よ、まさに知るべきなのだ。初めの仏も、後の仏も、みな同じく一つの名で、日月灯明という名であり、十の如来の尊称を与えられました。その説かれた法は、初めも素晴らしく、中ほども素晴らしく、終わりも素晴らしいものでした。

その最後の仏が、まだ出家されない時、八人の王子がいました。第一は有意《うい》という名であり、第二は善意《ぜんに》という名、第三は無量意という名、第四は宝意という名、第五は増意という名、第六は除疑意という名、第七は響意《こうい》という名、第八は法意という名でした。この八王子は威徳にあふれ、各々が大国を領有していました。

この王子たちは、その父が出家して無上の正しい悟りを得られたと聞いて、ことごとく王位を捨て、父に従って出家し、自らも悟り、他人をも悟らせるという大乗の心を起こし、常に清らかな修行をして、みな法師となりました。そして千万もの多くの仏の身元において、多くの善の根を植えたのです。

この時に、日月灯明仏は、無量の意義を含む、菩薩を教える法、仏に護持されるものと名づける大乗経を説かれました。この経を説き終わった後、仏はすぐさま大勢の中で結跏趺坐して瞑想され、無量の意義の基礎という境地に入って、心身ともに動じることはありませんでした。

この時、天から曼荼羅華、摩訶曼荼羅華、曼殊沙華、摩訶曼殊沙華の花が雨のように降り注ぎ、仏や大勢の人々の上に散り落ち、仏がおられるこの全世界が六通りに震動しました。その時、集まりの中にいた僧や尼、信者の男女と天神、龍神、夜叉、乾闥婆、阿修羅、迦楼羅、緊那羅、摩睺羅伽などの人間や人間以外のもの、及び多くの小王、転輪聖王《じょうおう》など、大勢のものたちは、未だかつてない思いをし、歓喜して合掌し、一心に仏を見たてまつりました。

その時、仏は、眉間にある白い巻き毛から光を放って、東方の一万八千の仏の国土を遍く照らされ、その光がいきわたらない所はありませんでした。そのさまは、今ちょうどここに見える、多くの仏の国土のようでした。

弥勒よ、まさに知るべきなのだ。その時、集まりの中に二十億の菩薩がいて、教えを聞こうと願い求めていました。この多くの菩薩たちは、この光明が遍く仏の国土を照らし出すのを見て、未だかつてない思いにとらわれ、この光の由来を知りたいと願ったのです。

その時に一人の菩薩がおり、その名を妙光と言いました。彼には八百人の弟子がいました。この時、日月灯明仏は、瞑想から立ち上がり、妙光菩薩によせて、菩薩を教える法、仏に護持されるものと名づける、『妙法蓮華経』という大乗経を説かれました。

仏は六十年もの間、その座を立たれず、集まった大衆もまた、一つの所に坐って、六十年の間、心身ともに動じることはありませんでした。仏の説法を聞いている時間は、食事をとる間のように、ほんの短いものに思われました。その時に集まっている人々の中で、一人たりとも身体や心に疲れや倦怠を感じる者はいませんでした。

日月灯明仏は、六十年にわたってこの経を説き終えると、すぐさま梵天や悪魔、修行者、婆羅門《ばらもん》、及び天の神々や人間、阿修羅たちの中において、この言葉を述べられました。『如来はまさに、今日の夜、心身をも滅して完全な涅槃に入られるだろう』と。

その時に一人の菩薩がいて、その名を徳蔵と言いました。日月灯明仏はその菩薩に、将来必ず仏になるであろうとの予言を授けて、大勢の僧たちに告げられました。『この徳蔵菩薩は、私の次に必ず仏となるだろう。その名を浄身如来、尊敬される人、正しく悟りきった人と言われるだろう』と。仏は成仏の予言を終えると、その夜、心身ともに滅した究極の涅槃に入られました。

仏が世を去った後、妙光菩薩は『妙法蓮華経』を保ち、八十年の間、人々のためにその経を説き続けました。日月灯明仏の八人の子供は、みな妙光を師と仰ぎました。妙光は彼らを教化し、無上の正しい悟りへ、しっかりと向かわせました。この王子たちは、百千万億の無量倍という多くの仏たちを供養し終わった後、みな仏の道を完成させました。その中で最後に仏となられたのが、燃灯という名の仏でした。

妙光菩薩の八百人の弟子の中の一人に、求名《ぐみょう》という名の弟子がいました。利得を貪り執着し、また多くの経典を読み上げても、精進することはなく、忘れてしまうことが多く、それ故に、求名と名づけられたのです。しかし彼はまた、多くの善根を植えたことによって、百千万億の無量倍という多くの仏たちに会いたてまつり、供養して敬い、尊重して褒め称えました。

弥勒よ、まさに知るべきだ。その時の妙光菩薩とは、誰あろう、実に私だったのだ。そして求名とは、お前のことだったのだ。今、このめでたい兆しを見ると、昔と何ら異なるところはない。それ故に、思い量ってみると、今現在の如来も、きっと『妙法蓮華経』という、菩薩を教える法、仏に護持されるものと名づける大乗経を説かれるに違いない」

その時、文殊師利菩薩は大勢の人々に向かって、さらに今までの事柄の意義を教え込もうとして、歌によって次のように説きました。

「数えきれないほどはるかな昔を思い出してみると、人々の中に最高の仏がおられて、その名を日月灯明菩薩と言われました。仏は教えを説かれて、量り知れないほどの人々を悟りの岸に渡して、仏の智慧を教え込まれました。

この仏が、まだ出家されない時にもうけた八人の王子は、仏の出家を見て、またそれに従って、それぞれに清い修行をしました。

その時、仏は、大乗の経、無量の意義を含むものと名づける経を説かれて、大勢の人々にそれを広く説き明かされました。そして仏は、この教えを説き終わると、すぐに結跏趺坐し、静寂の境地に入られました。その境地とは、無量の意義の基礎というものです。天からは曼荼羅華の花が雨のように降り注いで、天の鼓は自然に鳴り渡り、多くの神々は、仏を供養し奉りました。

仏のおられる国は、激しく震えおののき、仏は眉間から光を放たれて、さまざまな稀有なるものを示されました。その光は東方の一万八千の国々を照らし出されて、すべての人々が生まれて死んで業《ごう》の報いによって赴くところを示してくださいました。多くの仏の国土は、たくさんの宝によって飾られ、瑠璃《るり》色や頗梨《はり》色に輝いておりました。これは仏が放たれた光に、照らし出されてのことです。

多くの神々や、龍神や夜叉たちが、それぞれ仏を供養するのが見受けられました。また多くの仏たちが、自ずと仏の道を成し遂げて、その身体の色が金色の山のように輝いて、厳かで、形よく素晴らしいものでありました。そのさまは、清らかな瑠璃の中に純金の像を現すようでした。

世尊は、大勢の集まりの中にあって、奥深い法の意義をひろく述べられました。多くの仏の国土の一つひとつには、弟子たちが数えきれないほどいましたが、仏の光が照らし出したことによって、ことごとくその大勢の集まりが見えました。

あるいは、多くの僧たちが、山林の中にあって精進努力し、清浄な戒律をたもっており、それは美しい宝の珠を大事にまもっているかのようでした。また、多くの菩薩たちが、布施や忍辱《にんにく》などの修行をしており、その数はガンジス河の砂のように多いのが見えました。これは仏の光によって照らし出されたことによるものです。

また、多くの菩薩たちが、さまざまな禅の瞑想に深く入って、心身とも静寂を保ち、動ずることはなく、それによって無上の道を求めているのが見られました。また、多くの菩薩たちが、存在するものの究極的な真実の姿を知って、各々がそれぞれの国土において、法を説いて仏の道を求めているのが見えました。

その時に、僧や尼や信者の男女たちは、日月灯明仏が大神通力を現されたのを見て、みな喜びを感じ、互いに尋ね合いました。『これは一体どういうことなのだろうか』と。

天の神々や人々に崇められる尊い仏は、その時初めて静寂の境地から立ち上がられて、妙光菩薩を褒められました。

『お前はまさに、世間の眼のようだ。すべての者に帰依され、信じられて、私の教えをよく保持している。私が説く教えは、お前だけが明らかにして知ることができている』

世尊は妙光を喜ばせ、この法華経を説かれました。六十年という年月が過ぎる間、座を立たれることはありませんでした。そしてその時説かれた、この上なく優れた教えを、この妙光菩薩はすべてしっかりと受け止め、記憶しておりました。

仏はこの法華経を説かれて、大勢の者たちを喜ばせると、次いでただちにこの日に、天神や人々に告げられました。

『すべての存在の真実のありよう、物事の実質、実体の意義は、すでにお前たちに説いて聞かせた。私は今夜、きっとこの世を去るだろう。お前たちは一心に精進して、怠けてはならない。多くの仏に会うことは、極めて難しいのだ。一億年という長い年月の間においても、たった一度だけ会うことができるほどだろう』

仏の多くの子供たちは、仏がこの世を去られると聞いて、それぞれ悲しみと憂いを抱きました。『仏が姿を消されるのはどうしてこのように早いのだろうか』と。

尊い教えの主であり、教えの王でもある仏は、多くの者たちを安らかに慰められて、次のように言われました。

『私がもし姿を消した時でも、お前たちは決して恐れたり嘆いてはならない。この徳蔵菩薩は、悩みのない智慧によって、明らかになるものの真実の姿に、その心がすでに通達することができた。彼は次にきっと仏になることだろう。その名を浄身というであろう。また量り知れない大勢の者たちを、悟りの岸に渡すであろう』

そして、仏はその夜にこの世を去られました。そのさまは、まるで薪が燃え尽きて、火が静かに消えるようでありました。仏の多くの遺骨を、それぞれが分け合って、数えきれないほどの塔を建てたものです。

ガンジス河の砂の数のように多い弟子たちは、さらに精進を重ね、無上なる教えの道を求めて進みました。この妙光菩薩は、仏の教えの蔵を守り抜いて、八十年にわたって広く法華経を説き続けました。この八王子たちは、妙光菩薩に教えを開かれて、無上なる道に心を堅く志して、必ず数え切れないほどの多くの仏さまたちに出会うに違いありません。

八人の王子は、多くの仏たちを供養し終わって、仏たちに従って、大いなる道を修めて、相次いで仏となることができました。そして次から次へと、将来、仏になるであろうという予言を、人々に与えたのです。その最後の天の神々の中の、最上の神である仏は、その名を燃灯仏と言われました。そして多くの仙人たちの導師として、数え切れないほど大勢の者たちを救われたのです。

この妙光法師に一人の弟子がおりました。怠け者で欲深く、物事に執着して、金持ちの家の人と遊んだり、権威のある人に媚びたりして、せっかく習った教えも捨ててしまい、忘れて、粗雑な者でした。そしてそのために、求名と名付けられました。

しかしまた一方では、多くの善い行いをして、その結果、数え切れないほどの多くの仏たちに、出会うことができました。多くの仏さまたちを供養し、仏に付き添って修行をし、六波羅蜜をそなえて、今、仏の師子のような釈尊にまみえたのです。

彼は後に、必ず仏となるだろう。そしてその名を、弥勒菩薩というだろう。広く多くの衆生たちを救済して、その数は量り知れないほどのものだろう。

かの仏がこの世を去られた後、怠惰であった者、それがあなたなのだ。そして、妙光法師とは、今のこの私のことだ。私が灯明仏を見たてまつったときも、その元の光のめでたい徴《しるし》は、実はこのことだったのだ。

このことから、今の仏も法華経を説かれようとしていることがわかるのです。今のありさまも、ちょうど以前に現されたありがたいできごとの徴と同じなのです。これが多くの仏たちが、教えを説くやり方なのです。今の仏が、光を放たれたのも、この世界の真実の姿という意義を示して、教えようとするためのものなのです。

人々よ、今こそ、しっかりと心に留めて、知り尽くしなさい。合掌して、一心に待ちなさい。仏は必ず、教えの雨を降らせて、仏の道を求める者を満たし、満足させるに違いない。

悟りへの三つの道を求める多くの人々に、もし疑いや後悔の心が生じたならば、仏は必ずその人のために、余すところなく悩みを一掃されて、救ってくださるに違いないのです」

妙法蓮華経方便品《ほうべんぽん》第二

その時にお釈迦様は、静寂の境地から安らかに立ち上がられて、舎利弗に申されました。

「多くの仏たちがそなえている智慧は、きわめて深遠なもので、量り知れないものだ。その智慧は、簡単に理解できるものではなく、また立ち入ることができない。そのわけは、私はかつて、百千万億という数えきれないほど多くの仏に親しく近づいて、その元で仏たちの無量の教えの法をすべて修行し、強い意志をそなえて精進努力し、その評判が広く聞こえていたものだ。そうやって、きわめて深遠で、未だかつてない教えを体得した。その教えは、聞く者のそれぞれの能力に応じて、さまざまな形で説かれたものだから、その真意はなかなか理解しにくいものだ。

舎利弗よ、私は仏となってからこの方、種々の謂れ、種々の譬喩をもって、広く教えを説いて、無数の手立てによって、人々を教え導き、彼らからそれぞれの執着を離れさせてきた。なぜならば、仏は人々を教え導く手段と、物事の本質を見極め、悟る上での完全性を、すでにそなえているからだ。

舎利弗よ、仏の真理を究める智慧というものは、広大で深遠なものだ。四無量心（四つの無限感覚）、四無礙《むげ》（四つの自由感覚）、十力（十の偉大な力）、四無所畏（四つの畏れを知らぬ自信）、禅定《ぜんじょう》（心静かな瞑想）、八解脱《げだつ》（八つの解放）、三三昧（三つの安らぎをそなえている境地）があり、深く限りのない境地に入り、一切の未だかつてなかった教えのためのすべを体得したのだ。

だから舎利弗よ、仏はさまざまにわきまえ応じて、巧みに多くの教えを説いているのだ。その言葉は柔軟で、多くの人々の心を喜ばせる。だから舎利弗よ、要点をかいつまんで言えば、限りなく無量の未だかつてなかった教えを、仏はことごとく体得したということなのだ。

もうやめよう、舎利弗よ、これ以上、説いてもお前たちにはわかるまい。なぜかと言えば、仏が体得したものは、この世で第一の、私にしかない、容易に理解することのできぬ教えであって、ただ仏たちだけが諸法、実相という、すべての物事のありのままの姿を、よく確かめ尽くすことができるからなのだ。

その姿とは、次のようなものだ。すべての物事の存在のあり方、如是相、そして物事の特質、如是性、そしてその物事の本質、如是体、そしてその物事の働き方、能力、如是力、そうした作用、如是作、そうした物事の直接的な原因、如是因、そして物事の間接的な条件、如是縁たちによって生じた結果、如是果、そしてそれらのものたちの結果としての報い、結末、如是報、そして物事の始まりと結末が究極的に一貫してつらなり、平等につらなっていくということ、如是本末究竟《くきょう》等が、そうなのだ」

その時に世尊は重ねて、今まで述べられたことを理解させ伝えようとして、次のように歌をもって説かれました。

「この世の最高者である仏の数は、量ることはできはしない。山の神、川の神、森の神といった多くの神々や、世の中の人々、すべての生きとし生けるものの類の中で、仏について真に知ることができる者は、滅多にいはしない。仏の十力、四無所畏、八解脱といった特性、様々な悟りの境地、それに加えて、仏が備えたその他の教えについて、思い量ることができる者はいない。

私は昔、無数の仏につき従い、多くの道を究めて修行し、深く優れた教えを体得したのだ。億劫の無量倍という長い間にわたって、多くの道を修めた結果、その成果を見ることができたのだ。私はもうすでに、ことごとく物事を見極め、体得することができた。

この教えは、生半可な言葉で示すことはできはしない。それを表す真の言葉が、滅多にないからなのだ。仏の他に、生きとし生けるものの類で、仏の教えを理解できるものは、多くの菩薩たちの中でも、信仰の力が固く強い者を除いては、一人もいはしない。

多くの仏たちの、さらに多くの弟子たちの中で、かつて多くの仏を供養し、すべての悩み、迷いがなくなって、今、この世において最後の肉体に留まっている、そのような人たちでさえ、なかなか理解の及ぶところではないのだ。

たとえこの世に、智慧第一と言われている舎利弗のような者が満ち溢れて、思いをつくし、一緒に思い努めても、なお仏の智慧を量ることはできはしない。たとえ舎利弗のような者が、十万人いたとしても、またそれ以外の多くの弟子たちが、この国に満ち満ちていたとしても、いくら思いをこらして共に考えても、仏の智慧を量ることはできはしないだろう。

一人で悟りを開いた仏のような理智をそなえ、悩みのない、この世で最後の肉体を有している人たちが、この世界に満ち満ちて、その数が竹林のように多くあり、それらの人たちが共に一心に努めて、仏の真実の智慧を思い量ろうとしても、そのほんの一部を知ることもできはしないだろう。新たに仏の道を選んで、従って進もうとしている者たち、菩薩で多くの仏を供養し、多くの教えを理解して、それについて人々に説明できる者、そのような者たちが、ガンジス河の砂のように多くいて、それらの者が一緒に思い量ったとしても、仏の智慧を知ることはできはしない。

舎利弗に告げたい。悩みの汚れをそなえていない不思議な、きわめて奥の深い優れた教えを、私はもうすでにそなえることができたのだ。私だけが、この教えの本質を知っている。私以外の多くの仏も同じことだ。

舎利弗よ、お前は知らなくてはならない。多くの仏たちにあっては、その言葉に異なるところはないということ、つまり仏たちの説く教えの真理は、すべて同じで、必ず大きな信仰の力を生み出させるものに違いない。

仏はしばらくの間、教えについて説かれた後、必ず物事の真実を伝え教えられるだろう。多くの信者たち、教えを慕って集まっている多くの者たちに告げるが、私は人々を苦しみの呪縛から解き放ち、真の安息を体得させてきた。その際、仏は教えの手段の力によって、三乗の教え（三つの実践の方法）を示したのだ。人々をいろいろな執着から離れさせ、そこから脱出させようとしたからだ」

その時に、大勢の集まった人々の中の、かなり修行をして、悟りに近づいていた高弟、位の高い弟子たちは、つまり阿若憍陳如をはじめとする千二百人の弟子たちは、次のように考えました。

「仏はどういうわけで、ねんごろに教えの手立てを称えて、今のようなことを言われたのだろう。仏の体得された教えは、深遠で理解しにくく、その真意はなかなか知ることが難しい。すべての弟子たちの理解の、とても及ぶところではない。

しかし仏が、唯一無二の理解について説かれたのであれば、我々もまたその教えを体得して、悟りの境地に近づいているわけなのだ。しかし今、仏がこのように言われたその言葉の意味が、我々にはとても理解することができない」と。

その時に舎利弗は、多くの弟子たちの心中の乱れを察して、自分自身も理解することができなかったので、仏に向かってこう申し上げました。

「世尊よ、一体、何の理由があって、仏の最高の教えの手立てと、深遠で余人には理解しにくい教えを、自ら称賛されたのでしょうか。

私は、昔から今に至るまで、あなたからこのような教えをお聞きしたことがありません。今、ここにいる多くの弟子たちは、迷い、疑いを抱いております。どうか、仏よ、お願いいたしますが、このことを広く分かりやすく説明してくださいませ。あなたはどういうわけで、今、しみじみとこの深く優れた、理解しにくい教えについて、称賛されたのでしょうか」

その時に舎利弗は、さらに今、申し上げた言葉の真意を述べようとして、歌にして申しました。

「太陽のように光り輝く智慧をそなえられた仏は、長い年月の後、やっとその教えを説かれようとしました。仏は自らこのような不可思議な法（十力、四無所畏、三三昧、禅定、八解脱など）を、自ら体得されたと説かれましたが、仏が道場で説かれた教えについて、質問をすることができる者はおりません。仏が言われた、仏さまの心の思いは、余人に思い量ることは難しいということについても、その言葉の意味を問うことのできる者さえおりません。

問う者もいないのに、仏はご自分から、ご自分の修められた道を称賛されております。仏の智慧は、極めて優れたものであり、すでに多くの仏が得られたものでもあります。煩悩の汚れのない多くの弟子たち、心の安穏を求める者たちはみな、今、あなたの言葉を聞いて、迷い、足踏みをしております。あなたはどういうわけで、このようなことを言われたのでしょうか。

修行してきて、心に汚れのない多くの高弟たちは、今みな、疑いを抱き、迷っております。仏は一体どうして、このようなことを言われたのだろうか。悟りを求める多くの弟子たちは、今、互いに顔を見合わせ、心に疑いを抱いて、私たちにとって最高の指導者であるあなたを、ただ仰ぎ見ております。このことは一体、どういうことでしょうか。どうか、仏よ、私たちのために、さらに詳しくお話しください。

あなたは多くの弟子たちの中で、私のことを智慧において第一であると言われましたが、その私は今、私自身の智慧では、あなたの言われたことが理解できず、疑いが生じ、迷っております。私がこれまでに、あなたに仕えて獲得した、習得した教えは一体、教えの極みのものであるのか、それとも私自身が、未だに修行の途中にあるということなのでしょうか。

仏の口から、仏の教えによって生まれた子である弟子の私たちは、合掌し、今、じっとあなたを仰いでお待ちしております。どうか、お願いですから、優れた声を出して、我々のために教えの真実を教えてくださいませ。

多くの神々や龍神たちは、ガンジス河の砂のように数多くおり、仏の教えを求めている多くの菩薩たちの数も、八万人もおります。またさらに、多くの、万億という国々の転輪聖王までがやってきており、今、合掌して、あなたを敬い、教えの完全な道をお聞きしたいと思っております」

その時、仏は舎利弗に告げられました。

「舎利弗よ、もう止めなさい。このことは二度と説くことはできないのだ。もし、このことを説くならば、全世界の天の神々や人々は、みな驚いて、怪しむに違いない」

しかし舎利弗は、さらにまた重ねて、仏に申し上げました。

「世尊よ、お願いです。どうか、教えてください。お願いです。どうか私たちに教えてくださいませ。なぜなら、ここに集まっている者たちの、数え切れないほど多くの、百千万億の、さらに無数倍という衆生たちは、昔、多くの仏たちに出会い、多くの優れた、その神秘の力に触れて、それなりの智慧をそなえたものです。仏の説かれることをお聞きするならば、すぐさまに、そのことを敬い、信じることができるはずです」

その時に舎利弗は、さらに重ねて、その願いの筋を述べようとして、歌によって申しました。

「教えの王である、この世で最高の尊者のあなた、どうか、教えてください。どうか、ためらわずに教えてくださいませ。今、この場所にいる量り知れない大勢の者たちは、あなたの教えを、敬い、信じることのできる者たちばかりですから」

仏はまた言われました。

「止めなさい、舎利弗。もし、このことを説いたならば、全世界の天の神々や阿修羅たちは、みなきっと怪しむに違いない。思い上がった比丘の者たちは、大きな穴に落ち込んでしまうだろう」

その時に、仏は重ねて言われました。

「止めなさい。今さら、教えて何になろうか。私の教えは優れていて、思いつくことは難しい。多くの思い上がっている者たちは、それを聞いても決して、敬って信じることはできないだろう」

その時、舎利弗は、三度重ねて仏に申し上げました。

「世尊よ、どうか、お聞きください。お願いです。どうか、その最高の教えを、教えてください。今、この場所にいる私のような、百千万億という大勢の者たちは、これから末々まで、すでに過去において、仏さまから教えを受けてきました。

このような人々は、きっと仏の説法を聞いて敬い、信じることができ、それによって長い間、心が安らかになり、人生にとって利するところが多いことでしょう」

その時、舎利弗は、重ねてこの意趣を述べようとして申し上げました。

「この上ない最高者である仏よ、どうか、第一の教えを説いてくださいませ。私は、仏の長子たるものです。どうか、道理を踏まえてお説きくださいますように。この集まりの量り知れない大勢の者たちは必ず、その教えを敬い、信ずることができましょう。

仏はすでに、かつて世々にわたって、これらの者たちを教え込まれてきました。みな、心を一つにして合掌し、仏のお言葉をお聞きしようとしております。私たち千二百人、及びその他にも、仏を求めている者たちがたくさんおります。

お願いでございます。この大勢の者たちのために、道理を踏まえてお説きくださいますように。この者たちは、その教えをお聞きしたならば、ただちに大きな喜びを生ずることでありましょう」

その時に世尊は、舎利弗に告げられました。

「お前はすでに、繰り返し三度にわたって、私に願いを請うてきた。どうして教えを説かずにおられようか。お前よ、今、よく聞いて、よく考え、心に念じなさい。私はお前のために、道理を踏まえて、ものごとを説いて教えよう」

仏がこの言葉を説かれた時、その集まりの中に、僧や尼、信者の男女たちが五千人いましたが、彼らはすぐさまその座を立って、仏を礼拝して出ていきました。そのわけは、これらの者たちは罪の根が深く重いばかりでなく、思い上がっており、未だ得ていないものを得たと思い込み、未だ悟っていないものを悟ったと思い込んでいたという過ちがあって、そのようなわけで、自らを省みて、この座にとどまらなかったのです。世尊は黙ったまま、彼らを止めようとはされませんでした。

その時に仏は、舎利弗に次のように告げられました。

「今、私の周りに集まっている者たちの中から、枝葉が除かれ、純粋に正しく実のある者たちだけとなった。

舎利弗よ、あのような思い上がった人々は、退くがよい。お前よ、よく聞くがよい。まさにお前のために説こう」と。

舎利弗は申し上げました。

「はい、そのとおりでございます。世尊よ、ぜひ、お聞きしたいと思います」

仏は舎利弗に告げられました。

「このようなすぐれた教えは、多くの仏、如来が、あるいっときだけ説かれるものであって、ちょうど優曇華《うどんげ》の花が、ある時に一度だけ咲いて現れるようなものである。舎利弗よ、お前たちは必ず信じなければならない。仏の説くところは、その言葉に偽りはない。

舎利弗よ、多くの仏たちの、それぞれの相手に応じた説法は、その意趣はなかなか理解しがたいものなのだ。なぜならば、私は無数の教えの手立て、種々の謂れ、譬喩や言葉によって、多くの教えを述べて説いたからだ。この教えは、思慮分別によって理解できるものではない。ただ、多くの仏たちだけが、この教えを知ることができる。なぜかといえば、多くの仏たちは、ただ一つの大事な謂れのみの故に、この世に姿を現されるからだ。

舎利弗よ、一体いかなるものを、多くの仏はただ一つの大事な謂れのためだけに、世に出現されると名づけるのだろうか。それは、多くの仏は人々のために仏の智慧を開いて示し、彼らを清らかにしたいと思うが故に、この世に出現されたのだ。人々に仏の智慧を示そうと欲するが故に、この世に出現された。人々に仏の智慧を悟らせようと欲するが故に、この世に出現された。人々をして仏の悟りを得るための道に入らせようとするが故に、この世に出現されたのだ。

舎利弗よ、これらのことを、多くの仏はただ一つの大事な謂れの故に、この世に出現されたというのだ」

仏は舎利弗に告げられました。

「多くの仏は、仏をめざす菩薩だけに教え込まれるのだ。仏のなされることは、いろいろあるけれども、それも常にただ一つのことのためである。すなわち、ただ仏の知見を人々に示し、悟らせるということのみのためだ。

舎利弗よ、如来はただ一つの仏の手立てによって、人々のために教えを説かれるのだ。他の手立て、二つのもの、あるいは三つのものは存在しない。舎利弗よ、一切の十方の多くの仏たちの教えも、また同様である。

舎利弗よ、過去の多くの仏たちも、量り知れない無数の教えの手立て、種々の譬れ、譬喩や言葉によって、人々のために多くの教えを述べて説かれた。この多くの教えも、みな一つの仏の教えの手立てのためなのだ。この多くの人々も、多くの仏たちから教えを聞き、ついにみな、一切を知る仏の智慧を獲得したのだ。

舎利弗よ、未来においても多くの仏たちが、この世に出現されることだろう。その仏たちもまた、量り知れない無数の教えの手立て、種々の譬れ、譬喩や言葉をもって、人々のために多くの教えを述べて説かれるだろう。その教えもみな、一つの仏の教えの手立てのためなのだ。この多くの人々も、多くの仏たちから教えをお聞きし、ついに一切を知る仏の智慧を得ることができるであろう。

舎利弗よ、現在における十方の量り知れない百千万億という数の仏の国土の中の多くの仏が、生きとし生けるものに徳を与え、安らかにすることは多くある。この仏たちもまた、量り知れない無数の教えの手立て、種々の謂れ、譬喩や言葉によって、人々のために多くの教えを述べて説かれる。その教えもみな、一つの仏の教えの手立てのためだ。その多くの人々も、仏から教えをお聞きして、ついに一切を知る仏の智慧を得ることができるのだ。

舎利弗よ、この多くの仏たちは、ただ仏をめざす菩薩のみに教え込まれるのだ。それは、仏の智慧を人々に示されようとするが故に、仏の智慧を人々に悟らせようとされるが故に、仏の智慧の道に人々を入らせようとされるが故なのだ。

舎利弗よ、私も今、また同様だ。さまざまな人々には、さまざまな欲望や心に深く執着するものがあることを知って、それぞれの本性に応じて、種々の謂れ、譬喩や言葉、教えの手立てによって、彼らのために教えを説くのだ。舎利弗よ、私がこのようにするのはすべて、ただ一つの仏の教えの手立てによって、仏の智慧を人々に伝えようとしていることのためだ。

舎利弗よ、十方世界の中には、仏の教えの手立ては、二つとあるものではない。まして三つのものが、あるわけもない。舎利弗よ、仏たちは、五つの汚れに満ちた悪い世の中に、出現されてくるのだ。

その五つの汚れとは、すなわち時代そのものの汚れ、生きている者の煩悩が盛んであることの汚れ、生きている者の心身が衰え退くことへの汚れ、そして誤ったものの考え方が盛んであることの汚れ、また生きている者が短命になることの汚れ、といったことだ。舎利弗よ、時代が汚れて乱れている時には、人々も汚れて、汚れ尽くしている。物を惜しんだり、物欲が強く、嫉妬の心も深い。そして彼らが、多くの間違った行いをするために、多くの仏は、教えの手立てによって、ただ一つの仏の教えの手立てを区別して、三つの手立てを説かれたのだ。

舎利弗よ、もしも私の弟子の中で、自分が阿羅漢（位の高い弟子）である、辟支仏《びゃくしぶつ》（菩薩に次ぐ者）であると思っているような者たちが、多くの仏はただ菩薩たちだけに教え込まれるのであるということも聞かず、それを知らなかったとしたら、うぬぼれた彼らは仏の弟子ではないし、阿羅漢でもないし、まして辟支仏などではありはしない。

また舎利弗よ、これらの多くの者たちが自ら、自分はすでに阿羅漢となることができた、これがこの世における最後の肉体だと、これが究極の悟りだなどと思い込んで、再び無上の正しい悟りを求める心を起こさなかったとしたら、まさに知るべきなのだ。こうした手合いは、みな思い上がった増上慢の人々であるということを。

それはなぜか。もし人間であって、本当に高弟となることができた者がいたならば、この教えを信じないというような、そのようなことはありようがないからだ。ただ、仏が姿を消された後で、仏がおられない場合は、別のことだ。なぜなら、仏が姿を消された後には、このような教えを受持し、読み込んで、その意義を理解することができる、そのような人は数少ないからだ。それ故に仏が姿を消され、後に残された人々は、もしも他の仏に出会うことができるのであれば、その仏の説かれた教えによって、確固とした不動心を、得ることができるだろう。

舎利弗よ、お前たちは今、一心に信じ、理解し、仏の言葉を受けて、心に仕舞い込むべきだ。多くの仏の言葉の中に、偽りなどありはしない。他の手立てがあることはなく、ただ一つ、仏の教えの手立てがあるだけなのだ」

その時に仏は重ねて、教えの意義を述べようとして、説かれました。

「僧や尼の中で、おごり高ぶりを抱く者がいる。自分をたのんで心のおごった者、女ながら信心を欠いた者もいる。そのような人々は五千人もいる。彼らは自分のその過ちに気づかず、戒を、規律を保つことを怠けていて、その後生を大事に抱え込んでいる。

そのような智慧に乏しい者たちは、すでに出ていってしまった。彼らは、お前たちの中の落ちこぼれだ。仏の威厳のある徳を前にして、去っていった。これらの人々は、日頃、福徳が少なくて、この教えを受けることに堪えられないからだ。この集まりの中には、余分な枝や葉っぱはいなくなった。ただ多くの純粋に、実のある者たちだけが残っている。

舎利弗よ、よく聞きなさい。多くの仏たちが得られた教えは、量り知れない教えの手立ての力をもって、これらの人々のために説かれるのだ。生きとし生けるものの心に思うところと、種々の修行の道、いろいろな欲、過去に行った善悪の行いの結果、仏はことごとくそれを知った上で、多くの謂れと譬《たと》えと、言葉と教えの手立てをもって、すべての者たちを心から喜ばせてくれる。

あるいは、経典、それを称える歌、あるいは、昔のいろいろな物語。実際にあった驚くべき事柄の物語を説いて、またそれらを支えている因縁や、因縁の仕組みや譬え話、あるいはその仕組み、授受と、論議と九つの決まりを説かれるのだ。

智慧が鈍く、劣ったやり方を楽しみ、生死の世界に執着し、量り知れないほど多くの仏のもとで、深遠で優れた道を、修行もせずに、多くの苦しみに悩み乱されている。そのような人々のために、仏は涅槃という心の、絶対の平安を説かれるのだ。

私は以上のような教えの手立てを設けて、仏の教えに入ることができるようにしてきた。しかし、私は未だかつて、お前たちが必ず、仏の道を全うすることができるであろうとは、説きはしなかった。未だかつてそのように説かなかった、そのわけは、説くべき時が未だに到来しなかったためなのだ。今が正しくその時である。

確固として今、私は真実の大きな教えを説こう。私はこの九つの規律を、人々にそれぞれに従って説いてきた。大きな教えの、入るための基本であるからなのだ。それ故に、このお経を説いたのだ。

仏の子で、心が清く、柔軟で、智慧において優れ、量り知れないほど多くの仏たちのもとで、深遠で優れた道を修める者たちが、何人かはいる。この多くの仏の弟子たちのために、私はこのすべてを上回る経典を、今、説くのだ。

私はこのような人こそが、来世において仏の道を達成すると予言することができる。深く心に仏を念じ、清い戒律を修め、保っているからだ。これらの人々は、仏となることができると聞いて、大きな喜びに身体が満たされるだろう。仏は彼らの心のうちを、知っている。それ故に、彼らに最も大切な、大乗の教えを説くのだ。

身近な弟子たちや菩薩が、私の説く教えを、ほんのわずかでも聞くならば、彼らはみな、仏になることに疑いはない。この私が治める仏の国の中には、ただ一つの手立てによった教えだけがあって、それ以上のものはなく、二も三も、ありはしない。

ただ仏の教えの手立てとしての説法は、別のことだ。ただ仮の言葉によって、生きとし生けるものを導き入れるのだが、仏の智慧を説こうとするがためにも、多くの仏がこの世に出現されるのであるが、その場合、ただこの一つの仏の教えだけが真実であり、その他のものは、ありはしない。仏は最後の最後には、小さな教えをもって、生きとし生けるものを救おうとすることは、ありはしない。仏は自らの大きな教えの手立てを心得ておられ、その教えは禅定（静かな心）と智慧との力によって、厳かに飾られているのだ。この教えによってこそ、生きとし生けるものは救済されるのだ。

自らは、この上ない道である大きな教えの手立て、すべてに対して平等な教えを悟りながら、もし小さな教えの乗り物によって、ほんの一人でも教え込もうとするなら、もの惜しみとおごりの心を出してしまうだろう。そのようなことは、決してありはしないことだ。もしも、人々が私を信じて、帰依するならば、私は欺くことは絶対にない。また、おごりや嫉妬の心も全くない。すべてのものの中の悪を断じ尽くしているからなのだ。それ故に私は、十方において、ただ一人、畏れるものはありはしない。

私は三十二の姿をもって身を飾り、光明をもって世間を照らし出す。量り知れないほどの人々に尊ばれて、彼らのために、この世の真実の姿のあり方を説くのだ。舎利弗よ、よく理解しなさい。私は以前に誓いを立てて、すべての人間たちを、自分と同じようにしようと努めてきた。私が願っていたその願いは、ようやく満たされて、すべての人間たちを教え込んで、それぞれ仏の道に入らせたのだ。

私が人々たちに出会って、仏の道を教えるならば、智慧のない者は混乱し、迷い戸惑って、その教えを受け取ることはできないだろう。私にはよくわかっている。そうした人間たちは、今までに善いことをしたこともなく、五つの欲望にとらわれて、愚かしい欲望のために、悩みを抱いているのだ。

三種類の悪道の中に落ち込んで、六種類のみじめな境涯に身を置き、醜さをさらし、多くの苦しみを受けている、そうした身体の内の悩みは、いつも常に大きく膨らんでいき、多くの苦しみに苛まれることになる。邪《よこしま》な見解の森の中に踏み込んで迷い、一切は有であるとか、あるいは一切は無であるとか。誤ったものの考え方の森の中に踏み込んで、一切は存在するとか、あるいは一切は実在しないとか、多くの誤った考え方に身をゆだねて、六十二種類の誤った考え方をするようになっている。

偽りの教えに、深く執着して、かたくなにそれを受け入れ、捨て去ることができない。そして自分自身だけを拠り所として、自分自身のことだけを考え、思い上がっておごり、あるいは人におもねって、心を曲げて、不実な人間になってしまう。長い間にわたって、仏の名前を聞かず、また新しい教えを聞くこともないのだ。このような人間たちを救うことは非常に難しい。それ故に、舎利弗よ、私は教えの手立てを設けて、人々の苦しみを無くすためにいろいろな道を説き、死なるものをも示してみせるのだ。

人間の死について説き明かすといっても、それは真実の救いの境地ではありはしない。なぜなら、この世に存在するものは、すべてもともと、そのままやがては死んで、この世から姿を消すことになっているのだ。仏の弟子たちは、仏の道を修行し尽くせば、来世には仏となることができるだろう。

私には人々を教えて救う手立てと、その力があり、それによって三種類の教えの手立てを示したが、実はすべての仏たちは、ただ一つの救いの道を説かれてきたのだ。今や、この大勢の者たちは、すべてこの点についての疑いが晴れたことだろう。

多くの仏たちの言葉は、それぞれ異なるものでは決してなく、実はただ一つであって、他のものは存在しないのだ。数え切れないほどはるか昔に、この世に現れ、姿を消された無数の仏たちは、その数も量り知ることはできない。このような多くの仏たちも、いろいろな謂れ、譬えと、数え切れないほどの教えの手立ての力をもって、一切の存在のありようを述べて、説かれてきた。この多くの仏たちは、すべて一つの手立てで教えを説いて、量り知れないほどの衆生たち、人間たちに教え込み、仏の道に入らせた。

また多くの偉大な聖人たちは、全世界の天の神々と人間、多くの生き物たちの心の底にある思いを知って、さらに異なった教えの手立てによって、最も優れた教えを明らかにされてきたのだ。

もし人々の中で、多くの過去の仏に出会って、その教えを聞いて施しを行い、規律を保ち、忍耐の行をして、禅定、智慧などをもって、さまざまに福徳を示し、智慧を修めるような人がいるならば、そのような数多くの人たちは、実はすでに仏の道を成し遂げているのである。

多くの仏がこの世を去られた後に、その遺骨を供養する者がいて、百億種類の塔を建てて、金や銀や水晶、硨磲《しゃこ》や瑪瑙《めのう》、赤い珠、瑠璃色の珠をもって、清らかに広く、厳かに飾り立てる。多くの塔を建て、あるいは石造りの廟を建て、香りの高い木やその他の材料、瓦や土などによって塔廟を建てる者もいる。野原に土を積んで、仏を祀る廟をつくったり、子供たちが戯れに砂を集めて仏塔をつくる。こうした人たちは、みなすでに仏の道に入っているのだ。

子供たちが戯れに草や木や筆、あるいは自分の指で仏像を描いてみせる。このような人々は、次第に功徳を積み重ね、大きな憐れみの心を備えて、みなすでに仏の道に入っており、そして多くの菩薩たちを教え込んだり、量り知れないほど多くの人たちを救済しているのだ。あるいはまた、喜びの心をもって仏を称える歌を歌ったり、仏の徳を称え、わずかな音楽を奏でて、仏を供養するだけでも、そのような人たちは、みなすでに仏の道に入っているのだ。

もし誰かが、戯れにでも一本の花を仏のために供えるならば、その人は次第に、無数の仏に出会うことになるだろう。あるいはまた、願い事のために礼拝をし、ただ手を合わせただけでも、あるいはまた、片手をあげ、あるいはまた、わずかに頭《こうべ》を垂れて、仏の像を供養しただけでも、やがては無量の仏に出会うこととなり、みずから、この上ない清い道を進んで、広く数多くの人たちを救済した上で、心身ともに究極の人生を終えることになるだろう。

そのありさまはちょうど、薪が燃え尽きて、火が次第に消えていくようなものだ。それは、人間にとっての、この上ない幸せな一生と言えるに違いない。もし誰かが、心が乱れたままでも、仏を祀る建物の中に入って、たとえ一度だけでも仏に、私のこれからを委ねますと、唱えるならば、その人たちはもうすでに、仏の道に入っているのだ。多くの過去の仏や、今この世におられる仏、あるいはその後に現れる仏から、この教えを聞くことがあったならば、人々は、みなすでに仏の道に入っているのだ。

これからの世の中に現れるだろう多くの仏は、その数は量り知れないが、それらの仏たちは、すべてそれぞれの教えの手立てを講じて、法を説かれるに違いない。すべての仏は、量り知れないほどの教えの手立てをもって、多くの人間たちを救済して、悩みを滅し尽くした仏の境地に入らせることだろう。もし教えを聞くということがあるならば、その人たちは一人として仏になれない者はいないだろう。多くの仏の本来の願いは、私が行じてきた仏の道を、すべての人間たちに、同じように体得させるということなのだ。

これからの未来の世の中に現れるだろう、多くの仏たちは、百千億の無数の、それぞれ異なる多くの教えを説かれるだろう。しかし、それは実は、一つの仏の教えのための手立て故なのだ。

人間の最高者である仏たちは、この世の者にはそれぞれ自身の、肯定的な存在性というものはなく、仏の本質は、縁起の技法によって生じると知って、加えて一つの教えの手立てを説かれるのだ。もののとどまり方、ものの本来的、在り方そのものであって、この世の姿はそのままで、普遍の真理の現れなのであると。そう悟られた後に、仏は教えの手立てを用いて説かれるだろう。

天の神々と人々に敬われる、現在の世のすべての仏は、ガンジス河の砂のように数多く、世間に出現されるのも、人間たちを安らかにさせるためであり、またその故に、このような教えを説かれるのだ。最高の悟りの、安らかな境地を知りながら、教えの手立ての力を働かせて、いくつかの道を示すのだが、それは実際は、仏の教えのための手立て故なのだ。

人間たちの行いと、心の底にある思いと、過去の行為の結果、よく精進して、清く、あるいは諸々の素質、能力が優れているか否かということを知って、種々の謂れ、譬えや言葉によって、それぞれの素質に応じて、教えの手立てを設けて、人々に教えられているのだ。この私も今また、過去の仏たちと同じことなのだ。人々を安らかにさせようとして、いろいろな教えの入り口を用意して、仏の道を説いて示しているのだ。仏は智慧の力によって、人間たちの心の在り方を知り、教えの手立てをそれぞれ用いて、多くの法を説き、人々がすべて喜ぶことができるように努めているのだ。

舎利弗よ、知って欲しい。私は仏の身をもって観察して、六種類の因縁の境涯にある生きとし生けるものを見ると、貧しさに困ったり、福徳と智慧がなく、生と死の険しい道に入って、苦しみは相次いで絶えることはない。五官の欲望に深く執着して、そのありさまは、牛がよくするように、自分の尻尾にすがろうとして、ぐるぐる回りをするようなものだ。

激しい欲望にさいなまれ、そのために盲《めしい》となって、暗い世の中を見通すことができない。そして、偉大な力を持つ仏に、その苦しみを断つ方法を求めないで、あえいでいる。

多くの誤った考え方に、深く入り込んでしまい、新しい苦しみによって、さらにその苦しみを捨てようとしているが、こうした人々のために、私は大きな憐れみの心を起こしたのだ。

私はかつて悟りを開いた菩提樹の下に、初めは座り込み、そしてまた立ち上がって、菩提樹の木を眺め、その周囲を歩き回って、三十七日の間、このようなことを考えた。

『私が体得した智慧は、奥深く優れており、この上ないものだ。しかし、人々の本性は鈍くて、快楽にばかり執着し、その愚かさのために、盲となっている。このような者たちを一体、どのようにして救うことができるだろうか』と。

　その時に、多くの梵天、帝釈天、世界の守護者の四天王、及び大自在天、さらに多くの天の神々たちと、そのお供の百千万の天の神々たちは、恭《うやうや》しく合掌し、礼拝して、私に教えの輪を回すことを願ってくださった。私はそこで、このように思ったのだ。

『もし私が、仏の教えの手立てだけを称えたならば、人々は苦しみに埋もれていて、この教えを信じることはできないだろう。それどころか、その教えを破って、信じないで、そのために三種類の悪道に落ちるだろう。それならば私は、彼らに教えを説くことはせず、むしろこのまま速やかに、この世を去っていこう』と。

　それに次いで、私は過去の仏の行った教えの手立ての効力を思い、『私が今得た道も、また三つの教えの方法として説こう』と考えた。

　このように思った時、周囲の仏たちがすべて現れて、清らかな声で私を慰め、諭された。『善いことだ、善いことだ、釈迦文《もん》よ。導師の第一人者よ。この無上の教えを得られながら、他の多くの仏たちにならって、教えの手立ての力を用いることは、大切なことだ。私たちは、みな最も優れたこの上ない教えを得たけれど、多くの人間たちのために区別して、三つの乗り物として説くことにしよう。

智慧の少ない者たちは、劣った教えを好んで、自らが仏となるということを信じようとはしない。それ故に、教えの手立てとして、区別して、それぞれ多くの効果を説くのだ。しかしまた、三つの方法を説くと言っても、それは仏を目指す菩薩たちだけを教えるためなのだ』と。

舎利弗よ、知るがよい。私は尊い仏の、奥深く、清らかな美しい声を聞いて、喜んで仏に帰依し奉ると唱えたのだ。そしてまた、このように考えた。『私は汚れた、悪い世に出現してきた。多くの仏たちが、今まで説かれたように、私もまたそのように行っていこう』と、こう考えた後、波羅奈《はらない》（ベナレス、現バラナシ）に出かけていったのだ。

そしてあらゆるものが、本来そのままでは、ひ弱であるというありようは、言葉でもって言い表すことができないので、教えの手立てを講じて、五人の比丘たちに法を説いたのだ。これを『転法輪』と名付けた。これによって『涅槃』という言葉、そして『阿羅漢』という言葉、『法』と『僧』という言葉が、それぞれ区別されて、存在することになった。

『はるか遠い昔から、涅槃の教えを称え、示して、生死の苦しみを永遠に絶って、無くすのだ』と、私はこのように説いてきた。

舎利弗よ、知るがよい。私が仏の子供たちを見ていると、仏の道を求める者たちの、その数は千万億の、はるかに倍の倍であり、ことごとく敬いの心をもって、みな仏の所にやってきた。彼らはその昔、多くの仏から教えの手立てとして説かれた法を聞いたのだ。私はそこで、このように考えた。『仏が世の中に現れたわけは、仏の智慧を説こうとするためなのだ。今がちょうど、その時なのだ』と。

舎利弗よ、知って欲しい。素質において鈍く、智慧の劣った人や、ものの表の形だけにすがって、おごり高ぶっている者たちは、この教えを信じることができない。今、私は喜びに満ちている。畏れることなく、多くの菩薩たちの中において、正しく、真っ直ぐに、教えの手立てを講じて、この上ない道だけを説いていこう。

菩薩たちは、この法を聞いて、疑いもすべて晴れて、千二百人の高弟たちも、すべて仏となることだろう。過去、現在、未来の三世の仏の説法のやり方の通りに、私も今またそれにならって、分別を越えた教えを説きたいと思う。仏たちが世に出現されるのは、それぞれはるかに、遠く隔たっており、それ故、その時々に仏に出会うことは、大層難しい。

たとえ仏が世に出現されたとしても、この教えを説かれるということは、またさらに難しいことだ。量り知れない無数の時を経ても、この教えを聞くことは、また難しいのだ。

そして、この教えを聞くことのできる者、このような人もまた、得難いものだ。例えば、得ることのできない優曇華の花は、すべての者がみな、愛しているが、しかし天の神々や人々にとっては、希にしか見られない。そのような花が、ある時、ひとたび出現するようなものだ。

そのように得難い教えを聞き、歓喜し讃嘆して、たった一言でも発すれば、それはすでに過去、現在、未来、三世のすべての仏を供養することになるのだ。そのような人は、甚だ希であり、優曇華の花以上のものだ。お前たちよ、疑いを抱いてはならないぞ。仏は多くの教えの王であり、広く大勢の集まりの者たちに告げる。

『ただ一つの手立てというものによってのみ、多くの仏、菩薩たちを教化するのであって、耳だけでものを聞いている弟子など、存在しない』と。

お前たち、舎利弗と多くの高弟たちは、知るべきなのだ。この優れた教えは、多くの仏たちの秘密の教えであるということを。五種類の汚れのある、この悪い世にあって、ただ多くの欲望だけにとらわれていることにより、次に来たるべき世の悪人は、仏の説かれる唯一つの教えの手立てを聞いても、迷い惑って、それを信じて受け入れることをせずに、その教えを破壊して、悪道に落ちるだろう。しかし、その一方、恥じて、清らかになり、仏の道を志し求める者がいるならば、正にそのような者たちのために、広く一つの手立てという教えの道を、称えるべきなのだ。

舎利弗よ、自覚しなさい。多くの仏たちの教えは、このように万億という数多くの教えの手立てをもって、それぞれにふさわしいように説かれているのであり、学習しない者は、それを明らかにすることはできはしないということを。

しかしお前たちは、すでに世界の師である多くの仏たちが、それぞれふさわしい教えの手立てを設けられたということを知っている。それ故に、また多くの疑惑をいだくことなく、心に大きな喜びを生じて、みずからが仏になることができると知るのだ」

（付記）

この方便品の中に出てくるお釈迦様が、弟子たちに三度も懇願されて究極の教えを説いて伝えようとした時、多くの未熟な弟子たちが遠慮して座を立って退席してしまうのを眺め、お釈迦様がそれを良しとされて止めようとはなさらなかったという挿話を、平安時代に活躍した才女の『枕草子』の作者である清少納言が、当時の宮中である行事が始まる前に、多分退屈で長たらしいその催しものを敬遠して何人かの者たちがぞろぞろ退席していくのを眺め、この方便品の中の挿話を作中で引いて彼らをからかって揶揄しているくだりがあります。

この事実を見ても、仏教の真髄の法華経が昔からいかに日本の社会に浸透していたかがわかります。

第一の如是相とは何のことかというと、言ってみれば何であれ、そこにあるものの生来の姿のことです。つまり桜の花には、桜になる花としての生来の姿がある。ソメイヨシノとか、山桜とかだけでなく、季節外れに咲くような桜もあって、大方の桜は春を知らせて、パッと一面に咲き、人々はそれを眺め、「ああ、春が来たな」と喜びます。しかし、寒い季節に咲いても、やはり桜は桜で、他の花とは違う、誰が見てもはっきりと違って、日本人にはともかくぴったりくるものがあるのです。

第二の性とは、桜に限らず、何にでもそうした姿、つまり相を現す生来の性質があるのです。桜に共通した花の形や、主に春に咲くということ、そしていかにも深く、いかにも潔く散っていくという桜の、桜たる所以としての際立った性格です。

第三の体とは、性質というのは、その本態から生まれてくるもので、本態といっても、桜ならぬ桜の奥の奥にあって、桜を桜たらしめている、遺伝学的に言えば、花としての遺伝子のようなものです。本来はそれほど深いところにあるものですが、この際は、いつもなんとなく陰気で、暗いヤツだなと思っていたら、両親に早く死なれていて、その後いろいろ苦労してきたらしいといった、個人の人生の歴史のようなものと考えておくのもいい。後に示しますが、お経の名解説者の松原泰道先生は、これらの如是を自分という人間に置き換えてみたら、一層よくわかると言っておられます。

第四の力とは、桜が桜として春になれば満開に花を咲かせて、花が散れば葉を茂らせるという当たり前のようでも、目に見えない確かな桜としての生き方の力です。譬《たと》えは悪いが、人に知られたくないような暗い過去を持つ人が、得てして陰気で人に意地悪をするとか、犯罪に走りがちだということにも、なぞらえられると思います。

第五の作は、そうした力がもたらす作用と言えます。桜の木にこもった力は、やがて春を感じとって花を咲かせます。風にも耐えて花を持ち続け、葉を茂らせ、枝を伸ばします。といっても、桜ひとりで満開の美しい花を咲かせられるのではなく、実は四季のめぐりめぐりの効用、夏の暑い日差し、冬の冷たい厳しい雨とて、桜を今年はいつになく素晴らしい桜として咲かせてみせるもので、そうした周囲の諸々の力が働いての、見事な桜の開花という結果となるということを忘れてはなりません。

第六の因とは、すべての現象、物事にはそれがそうなるための、いろいろな原因があるということです。原因なしに現れ出てくる物事は決してありません。

第七の縁とは、「今年の桜はことのほか美しいな」というような、現象の陰にある、その年の気象とか、その桜の樹の周りに、いつもと違った養分の水が流れ込んでいたとか、あるいは誰かが、去年の花の出来にあきたらず、ことさらに手を加えたとか、いろいろな条件が重なったり、偶然も含めてさまざまな機会が訪れたりするとかいうことです。しかし、後に記しますが、人間は浅い知恵のままに、「これはなんという偶然なんだろう」と思っているだけで、実はこの世には、果たして本当の偶然などあるのかということが、人生の大きな問題のひとつなのです。

第八の果は、ことの結果です。今年の桜は、いつになく綺麗に咲いていた、咲いたという花の姿、花の状態、そしてその陰には、いくつかの原因があり、それがさらに縁に出会って結ばれ、花なら花の咲きぐあいという結果になって現れるのです。

そうした八つの条件というものが備わって、人生のいろいろな出来事が、私たちの目の前に現れ出てくるということを、私たちはこの法華経の、物事に対する認識の分析を心得て、ことに処していけば、必ず私たちの人生は正しく開けてくるはずです。

妙法蓮華経譬喩品《ひゆほん》第三

その時に、舎利弗はおどり上がって喜び、すぐに立ち上がって、手を合わせ、世尊の顔を仰ぎながら、このように申しました。

「今、世尊から、この教えを聞かされ、心がおどるような、未だかつてない不思議な思いをしております。なぜならば、私は昔、世尊からこのような教えを聞き、多くの菩薩たちが世尊から、仏になるだろうという予言を受けて、実際に成仏されるのを見てまいりました。しかし私どもは、なかなかそうはなれずにおりました。自らが、仏の無量の真理と悟りを体得することができずにいることを、悲しく思っておりました。

世尊、私はいつも一人で山に入ったり、木の下に座禅して、その時もいつもこのように思っておりました。

『私たちも他の弟子たちと同じように、物事の真実の本性に近づいているのだ。それなのにどうして、仏は小さな手立てによって、私たちを教え込もうとしておられるのだろうか』と。

これは実は、私たちの過ちでありまして、世尊の責任ではございません。なぜならば、仏になるための無上の正しい悟り（阿耨多羅三藐三菩提）を成し遂げることを、仏がお教えになることを待っていたならば、必ず大きな手立てによって救いとられることができたでありましょう。

しかしながら私たちは、教えの手立てとして、それぞれにふさわしいように説かれた教えを、我が身に照らして理解することはなく、最初に聞いた仏の教えを、すぐさまそのまま信じて、受け入れ、思い巡らせて、その教えによって安息、満足したのです。

世尊、私はずっと昔から、昼も夜も、いつも自分を責めてまいりました。しかし今こそ、仏から、これまで聞かされたことのない驚くべき教えを聞かされ、多くの疑いや後悔を断ち切り、身も心も安らかに、穏やかになることができました。

そこで今日、初めてわかったのです。私たちも、真に仏の子であって、仏の口から生まれ、教えの中から生じて、仏の教えの一部を体得できたのだということを」

その時、舎利弗は重ねて、胸の思いを述べようとして、仏を称えて申しました。

「私は今、仏の説法のお声を聞いて、未だかつてない思いをし、大きな喜びのうちに、疑念がすっかり取り除かれました。昔からずっと仏の教えに与《あずか》って、大きな教えの手立てを失いませんでした。仏のお声は、希なものであって、生きとし生けるものの、悩みを除くことができます。

私はすでに、煩悩の汚れを取り除くことはできていましたが、今、仏のお声を聞いて、また心の悩みが取り除かれました。私は山の中や谷間に住まい、木の下で座禅をしたり、歩き回りながら、いつもこんなことを考えておりました。嘆きながら、自分を責め続け、どうして自分を欺いてしまったのだろうか、と。

私たちもまた仏の子であり、同じように、煩悩の汚れのない世界に入りはしたが、未来において、この上ない仏の道を説くことができません。金色に輝く身体、三十二の相、十の力、多くの解脱をそなえる仏と、同じように共に一つの教えの中にありながら、それでも私は、これらのものを得ることができません。

八十種類の素晴らしい相、仏だけにそなわっている十八不共法《ふぐほう》（十八の優れた特質）、このような特徴は、すべて私たちにはもう失われてしまっております。

私が一人で、さまよっていた時に、仏は大勢の人々の中にあって、その素晴らしい噂が世間に満ちあふれ、広く生き生きとして、生きている者たちに利益を与えられているのを見て、私は反省しました。この利益を私は失ってしまった。私は自らを欺いてしまったと。私は昼も夜も、いつもこのことを思い続けております。

それ故に、世尊にお尋ねしたいのです。私は正しい道を失ってしまったのでしょうか。それとも失ってはいないのですか、と。私がいつも世尊を拝見しますに、多くの菩薩たちを褒め称えておられます。それ故に、いつもこのようなことを思い巡らせたのです。

今、仏の説法のお声を聞いておりますと、仏はそれぞれにふさわしいように、教えをお説きになられました。その教えによって得られた、悩みの汚れのない境地は、思うことが難しいものであります。それは人々を、悟りを得て仏となる場所に、導いてくれるものであります。

私はもと、誤った生き方に執着していて、多くの外道の導師となっていました。仏は、私の心を知られて、誤りを取り払い、真の境地についてお説きになられましたので、私は誤った見解を、すべて取り除いて、空の法において、悟りを得ました。

その時、私は思いました。『悟りの境地に到達することができたのだ』と。しかし今、はじめてわかりました。これは真実の悟りの境地ではなかったということを。

もし仏になることができた時には、三十二の相をそなえ、天の神々や人、夜叉や龍神たちが恭しく敬うことでしょう。その時に、はじめて、永久にすべてを滅し尽くして、余すところがないと思うことでありましょう。

仏は大勢の集まりの中で、私が必ずや仏になるであろうとお説きになりました。このような説法の声を聞き、疑いや後悔がことごとく除かれました。

初めは仏の説かれたことを聞いて、心の中で驚き、疑いの念をもちました。すなわち『悪魔が仏になりかわって、私の心を乱しているのではないだろうか』と。仏は種々の謂れや譬えによって、巧みに説法をなさいますが、その心は海のように安らかであり、私はそれをお聞きして、疑念が断たれました。

仏はこのように説かれました。『過去の世の、無量に多くのこの世を去られた仏たちも、教えの巧みな手立てによって、みなこの教えを説かれた。現在の、また未来の仏は、その数は量り知れないけれども、また多くの教えの手立てを用いて、このような教えを説かれるであろう』と。

今の世尊も、生まれ出てから出家し、道を体得され、教えの輪を回されましたが、同じようにまた教えの手立てによってお説きになっておられます。

世尊は真実の道を説かれます。しかし、魔王の波旬《はじゅん》には、そのようなことはありません。このことから私は、これは悪魔が仏になり代わったのではないということを、はっきりと知りました。

私は疑いにとらわれていたために、これは悪魔のしたことだと思ってしまったのです。仏の柔らかなお声は、奥が深く、素晴らしく、そのお声で、清らかな教えを説かれるのをお聞きして、私の心は大きな喜びにあふれて、疑いや後悔は全くなくなり、真実の智慧の中に安住することができました。

私は、やがて必ず仏になって、天の神々や人々に敬われ、この上ない教えの輪を回し、多くの菩薩たちを教えていきたいと思っております」

その時、仏は舎利弗にお告げになりました。

「私は今、天の神々や多くの人たち、修行者、婆羅門たちの大勢の集まりの中で、教えを説くつもりだ。私ははるか昔、二万億の多くの仏の元において、この上ない仏道のために、常にお前を教え込んできた。お前もまた、長い年月の間、私に従って勉強してきた。私は教えの手立てによって、お前を仏の道に導き入れた。それ故に、お前は私の説法の中に生まれたのだ。

舎利弗よ、私は昔、お前を仏の道に志願させた。それなのに、お前は今、すべてそれを忘れてしまい、自分ですでに悟りの境地を得たと思い込んでいるが、私は今、昔たてた願いによって修めてきた道を、再びお前に思い出させようとするために、多くの弟子たちに、この大乗経典の『妙法蓮華経』という、菩薩を教え込む教え、仏に護持せられるものと名付けられるものを教えとして説くのだ。

舎利弗よ、お前はこれからの世の中で、量り知れず、限りもなく、思いも及ばない長い時間を過ぎて、千万億の、さらにその倍の多くの仏たちを供養し、正しい教えを保って、菩薩が実践する道をそなえて、必ずや、仏となることができるだろう。

その号を華光如来《けこう》、人々の供養を受けるにふさわしい存在、正しく、普くに及ぶ智慧をそなえた人、智慧と実践とが完全にそなわった人、悟りに到達した人、世界のすべてに通じている人、最上の人間、人間の調教師、天の神々と人々の先生、すなわち仏、世尊という、その国を離垢《りく》と名付けるだろう。

その国は平らかで、清く厳かに飾られ、平穏で平和で豊かであり、天の神や人々でにぎわい栄えるだろう。その土地は瑠璃からなっていて、八本の交錯した道路があり、黄金づくりの縄で、それらの道が仕切られており、その側に一本一本が、七つの宝を実らせている木が茂っていて、いつも花や果物が生《な》っているだろう。そのような国において、華光如来もまた、三つの教えの手立てによって、生きとし生けるものを教え込むだろう。

舎利弗よ、その仏は、世に出られる時には、たとえ悪世ではなくても、本来の誓いによって、三つの教えの手立てで教えを説かれるだろう。そして、その時代を大宝荘厳《だいほうしょうごん》と名付けよう。どういうわけで、大宝荘厳と名付けられるのか。それは、その国の中では、菩薩を大きな宝とするからだ。

その国の菩薩たちは、限りなく無数で、思いも及ばぬほど大勢いて、数えることも譬えることもできないほどだ。仏の智慧によって知る以外に、誰も彼らの数を知ることはできはしない。その菩薩たちは、歩こうとする時には、仏の宝の華を踏んでいくのだ。

この多くの菩薩たちは今、初めて、仏を求める心を起こしたのだ。みんな久しい間、功徳の木を植えて、百千万億の無量倍という多くの仏の元で、清らかな修行をし、いつも仏たちに称えられ、仏の智慧を求め続け、大神通力をそなえて、すべての教えに通じ、素直で偽りがなく、志の念が固い者たちばかりだ。そのような菩薩たちが、その国に満ちあふれているのだ。

舎利弗よ、華光仏の寿命は十二億年だろう。ただし、それは王子として、まだ仏となっていない時を除いてである。その国の人々の寿命は、八千年であろう。華光如来は一億二千年を過ぎた後、堅満《けんまん》菩薩に、無上の正しい悟りを得るだろうという予言を授け、多くの比丘たちにこう告げるだろう。

この堅満菩薩は、次には必ず仏になるだろう。その号を華足安行《けそくあんぎょう》如来、供養を受けるにふさわしい人、正しく目覚めた人と言おう。その仏の国もまた、同じことだ。

舎利弗よ、この華光仏が姿を消した後、また正しい教えがこの世に留まる期間は、三十二億年であり、それに似た教えが世に留まるのもまた、三十二億年だろう」

その時に世尊は、重ねて教えの意義を述べようとして、歌をもって説かれました。

「舎利弗は、来世に仏、すなわち、すべてを知り尽くす尊き者となり、その号を名付けて華光と言うだろう。そして、量り知れない多くの者たちを救済するだろう。

無数の仏を供養し、菩薩としての修行や、十の力をそなえた功徳を身にそなえて、この上ない仏の道を悟るだろう。量り知れないほどの時を過ぎた後の時代を大宝荘厳と名付け、その仏がおいでになる世界を、離垢と名付けるだろう。

そこは清らかで、何の汚れもなく、瑠璃を地面に敷いて、黄金の綱で道を仕切り、七つの宝で出来たさまざまな色の樹木には、いつも花が咲き果物が実っているだろう。

その国の多くの菩薩たちは、いつも志が堅く、不思議な力や菩薩の修行を、みなすでに身にそなえていて、無数の仏の身元で、立派に菩薩の道を究めるだろう。そのような優れた人々は、華光如来によって、教化された人たちなのだ。

その仏が王子である時には、国を捨て、世の栄華を捨てて、この世における最後の身体において、出家して仏道を完成させるだろう。華光仏が、この世に留まるその寿命は十二億年であり、その国の人々の寿命は、八千年だろう。

その仏が姿を消された後、正しい教えが世に留まる期間は、三十二億年であり、広く生きとし生けるものたちを救済することだろう。正しい教えが滅び尽きた後、それに類似した教えが、三十二億年の間、続くだろう。その仏の遺骨は、広く流布して、天の神や人々が、よく供養することだろう。

華光仏のなされる、その事柄はすべて以上のようなものだ。人間の中の最高者であるその人は、最も優れた存在であって、並ぶ者はありはしまい。その人こそ、喜ぶがよい。お前、舎利弗のことなのだ」

その時に、多くの童男童女の信者たち、あるいは天神、龍神、夜叉、乾闥婆、阿修羅、迦楼羅、緊那羅、摩睺羅伽といった大勢の者たちは、舎利弗が仏の前で、無上の正しい悟りを得るだろうという予言をたまわったのを見て、おどり上がって喜びました。

それぞれの者たちは、着けていた着物をぬいで、それを仏に差し出したり、帝釈天や梵天王たちは、数多くの天子たちと一緒に、天の上で着ている素晴らしい衣や、天井の曼荼羅華や摩訶曼荼羅華などを、仏の上に散らして供養しました。

散らされた天の上の衣は、空に舞い散って、ひとりでに翻って、大勢の天の神々は、百千万種にものぼるさまざまな音楽を、空の中で鳴らし、いろいろな天の花を降らせて、「仏はその昔、波羅奈において、初めての教えを説かれたが、また今こそは、無上最大の教えを説かれたのだ」と、称えました。

その時、多くの天子たちは、重ねてその意味を述べようとして、歌い上げました。

「仏は昔、波羅奈において、四つの教えの輪を回して説かれ、すべての存在を、五つの種類に分けて教え、それぞれの生と死について説かれました。そして今また、最も優れた、この上ない偉大な教えを唱えられ、この教えは極めて深遠で、それを信じることのできる者は、極めて少ないでしょう。

私たちは昔から何度となく、世尊の説法を聞いてきましたが、未だかつてこれほど深遠な優れた説法を、聞いたことはありませんでした。世尊がこの教えを説かれた時、私たちは大喜びし、智慧のある舎利弗は今、世尊から、やがて成仏するだろうという、予言を受けることができました。

私たちもまたそのように、やがて必ず仏となって、全世界において、最も尊く、この上ない存在となることができるでしょう。仏の道は思い量ることは難しく、そのために仏は、教えの手立てを設けて、それぞれにふさわしいように教えを説かれました。私たちのあらゆる福徳の行い、私たちのこの世における、あるいは過去の時代における、あらゆる福徳、仏にまみえた功徳とを、ことごとくこれから仏道にふり向けたいと思います」

その時、舎利弗は仏に申し上げました。

「仏よ、私は今、もう疑いも後悔もなく、仏の目の前で、この上ない正しい悟りを得るだろうという、予言を受けることができました。今、ここにいる千二百人という大勢の、心が自由自在になった者たちが、その昔、習い努めている頃に、仏はいつも教えて申されました。

自分の説く教えは、生、老、病、死を離れさせ、この世をいかに去るかを究め尽くすものなのだ。ここにいる、学んでいる者たち、ここにいる、さらに学ぶべきものがある人、学ぶべきものが、もはや何もない無学の者たちは、それぞれに我があるという見解、存在は有である、あるいは、存在は無であるというような見解などは、捨て去ったことによって、それで安楽の境地を得たのだと、思い込んでおります。

しかし今、世尊の前で、これまでに聞いたことのない教えを耳にし、みな、疑惑に陥りました。どうか、世尊よ、願わくは我らのために、その謂れを説いて、私たちの疑いと後悔を除いてくださいますように」

その時、仏は舎利弗に次のように申されました。

「私は先に、多くの仏たちが、いろいろな謂れ、譬え、言葉をもって教えの手立てを設け、説いたのは、すべてこの上ない正しい悟りのためなのだと言ったではないか。その多くの教えは、みな菩薩を教化して、高きに導くためのものなのだ。

舎利弗よ、今また、譬えをもってこの意義を明かしてやろう。智慧のある者たちは、この譬えによって理解することができるだろう。

舎利弗よ、どこかの国、どこかの町に大金持ちがいたとしよう。彼はもう年を取って、身体が衰えながらも、財産や、その富は量り知れないほどあって、多くの土地や家を持っており、それに多数の召使いを抱えている。

その家は、広く大きく、門がただ一つだけある。さまざまな人たちが大勢中にいて、百人、二百人から五百人までも、その中に住んでいる。建物は朽ち古びて、壁も崩れ落ち、柱の根元も腐り、梁や棟は傾いて、とても危ない。

ある時、突然、この屋敷の周りに火の手が上がり、家が火事になってしまう。ところが、その長者の子供たち十人、二十人、三十人までが、この家の中にいるのだ。この長者、金持ちは、この火が四方から起こるのを見て、驚いて考えた。

『私は、この燃え盛っている家の門から、なんとか逃げ出すことができたけど、しかし子供たちは、燃え盛る家の中にいながら、喜んで遊び戯れることに夢中で、火事に気がつかず、知りもしない。驚きもしない。恐れもせずにいる。火が回って、身に迫って、苦痛がその身を責め苛もうとしているのに、それを恐れて逃れようという心もなく、外に出ようとする気もない』

舎利弗よ、そこでこの長者は考えた。

『自分には力があるし、腕の力も強い。子供たちをひとまとめにして、襟をつかんで、引き出すこともできるし、そうしてみようか』

しかしさらに、次のように考えた。

『この家には、門がただ一つしかなくて、しかも狭くて小さい。子供たちはまだ幼くて、何もわからずに遊びに夢中になっているが、ひょっとすると、このまま火に包まれて、焼け死んでしまうかもしれない。それならば、私は彼らにその恐ろしさを、説いて知らせてやらなければならない。この家はもう、焼けて崩れようとしているのだ。できるだけ早く逃れ出て、火に焼かれないようにしてやらなければならない』

こう考えて、子供たちに、『お前たちは早くこの家から出なさい』と叫んで教えるが、子供たちは遊びに熱中し、その言葉を信じて受け入れようともせずに、驚きもしないし、恐れもしないで出ようとする心を起こさない。

一体、火に焼かれるということは何なのか、どういうものかも知らずに、ただ東に西に走り戯れていて、ただ父親をぼんやり見つめているばかりなのだ。

その時に、その長者はこのように思った。

『この家はもう、大火に焼かれている。私も子供たちも、適当な時に出なかったならば、きっと焼かれて死んでしまうだろう。私は今、手立てを設けて、子供たちをこの災難から、逃れさせてやらなくてはならない』

そこで父親は、子供たちが珍しい玩具や変わったものを欲しがり、それに執着することを知っていたので、彼らにこう告げたものだった。

『お前たちが玩具遊びをするものは、滅多になくて手に入れることが難しいが、もしお前たちが今それを取らなかったら、後になって必ず悔しい思いをするだろう。そのようなさまざまな、羊の引く車、鹿の引く車、牛の引く車が今、門の外にある。だからここから出て、それで遊んだらどうだ。さあ、お前たち、この燃えている家の中から、早く出ていきなさい。お前たちが欲しいと思う、外にある車は、すべてお前たちに与えてやろう』

子供たちは、父親の言う珍しい遊びの道具について聞いて、それが自分たちが欲しがっていたものと、ぴったり合うことを知って、それぞれ喜んで、互いに押し合いへし合いして走り出し、我先にと、燃えている家から飛び出した。

その時に長者は、子供たちが全員無事に、焼けている家の中から、逃れ出ることができたのを見て、心が安らいで喜び、心がおどったものだった。

すると子供たちが、それぞれ父親に向かって、『お父さん、先ほど、おっしゃった羊の車、鹿の車、牛の車を、どうかここで私たちに約束通り、早くください』と、叫んで願った。

その時に舎利弗よ、その長者はそれぞれの子供たちに、みな同じ、一番大きな車を与えたものだった。その車は台が高く、広く、大きく、いろいろな宝物で周りを飾り、周りに手すりまで付いていて、素晴らしい遊びの道具だった。花飾りのついた車の中には、敷き物が幾重にも敷かれて、赤い枕が置かれていて、そしてそれを白い牛が力一杯、引いて走る。その牛は美しく大きな力を持っていて、車の走る速さはまるで風のようで、多くの下僕たちが、その車に付き添って、子供たちに仕えてくれる。

長者は多くの車の中でも、一番大きく美しい牛の引く車を、子供たち一人ひとりに与えてやった。そして、考えた。

『自分の財産は、限りなくある。その中で貧しい、劣った、小さな車を、子供たちに与えるべきではない。この幼い子供たちは、みんな私の子供なのだから、愛することに隔てなど、ありはしない。私にはこのように七つの宝物で飾り尽くした、大きな車がある。その車の数も、量り知れない。その車を一人ひとりに与えるべきであって、決して与えるものに差別をしてはならない。なぜなら、私がこの車を国中の人に与えたとしても、貧しくなるということはないのだ。ましてや、愛する子供たちに与えることが惜しいというようなことが、あるはずがない』

その素晴らしい車に乗り込んで、子供たちはそれぞれ、その素晴らしさに驚き、喜んでいたが、しかしそれは元々、彼らが望んだことでは決してなかったのだ。

舎利弗よ、お前はどのように考えるか。この長者が、子供たちに一様に、すべて宝で飾り尽くした大きな車を与えたことは、偽りだったのではなかろうか」

そして舎利弗は、答えて申しました。

「いえ、世尊、この長者は、ただ子供たちを火事の災難から逃れさせ、その命を救うことができたのでして、それは決して、偽りではありません。

子供たちはその命を全うすればこそ、遊ぶ玩具を手にすることができたのですから。まして や、手立てを講じて誘い出し、火に包まれた家から彼らを救い出したことは、決して偽りなどではなく、もしこの長者が、一番小さな車さえ与えなかったとしても、それは決して偽りではありません。

長者は、こう考えていたからなのです『私は何か手立てを講じて、子供たちを誘い出して、彼らを救うことにしよう』と。これからしても、長者の行ったことは、偽りではありません。

まして長者は、自分が財産や富を量り知れないほど持っていることを知っていて、子供たちにその利益を与えようと思い、平等に一番大きな車を与えたのでありますから、尚のこと、長者の行ったことは、子供を誘い出すための偽りなどでは決してありません」

そして仏は、舎利弗に頷きました。

「その通りだ。お前の言う通りなのだ。

舎利弗に告げる。私もまた、その長者と同じことなのだ。もろもろの聖者の中の尊き者であり、世界の父親なのだ。すべての人々は、みな私の子供なのだ。彼らはこの世の快楽に深く執着して、それから逃れる智慧がない。この厄介な世の中は安らかでなく、燃えている家のようなものだ。多くの苦しみに満ち満ちていて、とても恐ろしく、常に生老病死の憂いがある。そのような火が燃え盛っていて、止むことがないのだ。

如来は常にこの厄介な世間という、燃えている家を離れて、寂として独りで住まい、林野に心安らかに身を置いている。今、この俗の世界は、すべて私の所有なのだ。そしてその中の衆生たちは、ことごとく私の子供なのだ。しかも今、このところにはさまざまな憂いや災難が多く、ただ私一人だけがそれを救って守ることができるのに、彼らは私が教え導いても、それを信じて受け止めようとはしない。さまざまな欲望というけがれの中に陥って、それに執着しているからだ。

そのために私は教えの手立てを講じて、三つの教えの乗り物を説き、多くの衆生たちにこの現世の苦しみを知らしめて、その世界から脱する道を明らかにして、述べて説いているのだ。これらの子供たちは、もし心が堅固に定まれば、三明《さんみよう》と六神通とをそなえて、悟って退くことのない菩薩になることができるはずなのだ。

舎利弗よ、私は衆生たちのためにこの譬えによって、一つの仏の教えの乗り物を説いているのだ。お前たちが、もしこの言葉を信じて受け入れることができるならば、すべてみな、仏道を成し遂げることができるだろう。この教えの乗り物は奥深く広く、何にもまして清らかなのだ。さまざまな世間において、これにまさるものはありはしない。仏が悦んでよしとされたものは、すべての衆生が褒め讃え、供養し礼拝すべきものなのだ。

億千という量り知れない多くの力と、苦しみからの解放、禅定、智慧、及びそれ以外の仏の教えがある。このような乗り物を与えて、多くの子供たちを日夜、量り知れない長い時にわたって、常に遊び戯れることができるようにしてやり、多くの菩薩と弟子の者たちとを、この宝の乗り物に乗せて、直ちに道場に連れていきたい。このような謂れから、周りをいくら探しても、さらに他の教えの乗り物はないのだ。ただ仏の教えの手立てだけなのだ。

舎利弗に告げる。お前たちはすべて私の子供だ。私は父親なのだ。お前たちは無限に長い年月にわたって、多くの苦しみに身を焼かれていた。私はそれをみな救い上げて、この厄介な世界から逃れさせてきた。

私は先に、お前たちは悟りを得たと説いたけれども、それはただ生と死（輪廻）を越えただけで、実際には本当の安楽な境地に達してはいない。今、お前たちの成すべきことは、ただ仏の智慧を求めることだけだ。もし菩薩がこの集まりの中にいるならば、心を一にして多くの仏たちの真実の法を聞きなさい。

多くの仏と世尊は、教えの手立てをもってお前たちを導いていかれるけれども、導かれる衆生はみなすべて菩薩なのだ。もしも人が智慧が浅く、愛欲に深く執着しているならば、これらの者たちのために、苦しみという真理を説かれる。人々は心に喜びをおぼえ、未だかつてない思いをするだろう。仏の説かれている苦という真理は、真実であってそれ以外のものではない。

もしも衆生が苦しみの根源を知らず、深く苦しみのもととなるものに執着して、ほんのしばらくの間でも捨てることができないでいるならば、これらの者たちに教えの手立てを講じて、教えの道を説いて聞かせたい。すなわち、さまざまな苦しみの原因は、貪欲なのだ。

もしその貪欲を滅すれば、ものごとに執着するよりどころがなくなってしまう。こうして多くの苦を滅してしまうことを第三の真理と名づけるのだ。その苦しみの解除という真理のために、苦しみからの解放に至る道を修めるのだ。さまざまな苦しみの束縛から離れるのを、解脱を得ると名づけるのだ。

その場合、その人は何から解脱することができたのだろうか。ただ真実ならざる偽りのものから離れたことのみこそ、解脱といえるのだ。だから実際には、まだすべての解脱を得たわけではない。それ故に仏は、この人はまだ実際には安楽の境地にはいないと説かれるのだ。この人はまだ、この上ない仏の道を得ていないために、私の心においては、安楽の境地に至らしめたとは思わない。私は教えの王であり、教えにおいて自在だ。人々を心安らかにさせようとするために、世に出現してきたのだ。

舎利弗よ、私のこの教えの真理のしるしは、世間を利益《りやく》しようと思うから説くのだ。気の向くままに、みだりに宣伝してはならない。もしもこの教えを聞く者がいて、喜び、それを押しいただくならば、その人は、もはや仏への道において退くことのない菩薩なのだ。もしも、この経の教えを信じ受け入れる者があるならば、その人は、すでにかつて過去の仏にお会いして、恭しく敬い供養した者であり、またこの教えを聞いたことがある者なのだ。

もしもある人が、お前の説いたことを信じることができたならば、その人は、とりもなおさず私を見、またお前と、弟子の集まりと多くの菩薩たちを見ることになるのだ。この法華経は、深い智慧を有する者たちのために説くので、浅い智慧しかない者たちは、これを聞いても迷い疑い、理解することはできまい。すべての弟子、及び修行者たちは、この経に対してその力の及ぶところではない。

舎利弗ですら、この経によって、信仰に入ることができたのだ。ましてやほかの弟子たちは、なおさらのことだ。その他の弟子たちも、仏の言葉を信じるから、この経に従うのであって、自分たちの智慧の及ぶところではないのだ。

また舎利弗よ、おごりたかぶり、怠けていて、固定的な自我があると誤った見解をもつ者には、この経を説いてはならない。愚かな人間は智慧が浅く、五官の欲望に執着していて、たとえ聞いても理解することができない。だから彼らにも、また説いてはならない。

もしも人が信ずることなく、この経を悪しざまにそしるならば、それはとりもなおさず、すべてのこの世の中の仏の源を断つことになるだろう。あるいはまた、眉をひそめて疑惑をいだくならば、その者は、その人の罪の報いが説かれるのをきっと聞くことだろう。

もしは仏が世においでになる間、もしはこの世を去られた後に、このような経典をそしったり、お経を読み上げ、書き写し、保つ者を見て、いやしめ、憎んでねたんだり、恨みをいだくようなことがあれば、その人の罪の報いを、お前は聞くがよい。

そのような人は命が終わって、阿鼻地獄に堕ちるだろう。一億年という非常に長い時間を過ぎ、その時が尽きると、また新たに生まれかわり、そのようにして巡り巡って、無数の時を経ることになるだろう。地獄から抜けだしても、きっと畜生の世界に堕ちるであろう。もし犬や野良犬になったならば、その姿はまだらに禿げて、痩せこけており、色は黒く、疥《ひぜん》や癩《かったい》に冒され、人のなぐさみものとなり、また人々に嫌われ、いやしめられるであろう。

いつも飢えと渇きに苦しんで、骨と皮ばかりにやつれはてるであろう。生きている間は苦痛を受け、死ねば瓦や石を投げつけられる。仏の源を断っているから、このような罪や報いを受けるのだ。もしは駱駝《らくだ》となり、あるいは驢馬《ろば》の中に生まれても、その身にいつも重い荷物を背負い、杖や鞭で叩かれながら、ただ食べ物や水草のことばかりを思って、それ以外には何も知ることがない。この経をそしったために、その罪を受けることは、このとおりだ。

あるいはまた野干《やかん》となって集落にやってくれば、身体は疥や癩ができていて、そのうえ眼も片方しかなく、多くの子供たちに打たれ殴られ、さまざまな苦痛を受けて、ある時は死に至るであろう。そこで死んでも、さらに生まれ変わって大蛇の身体を受けるであろう。

その形は長大で長さは五十メートルもあり、耳は聞こえず愚かで足がなく、くねくね腹ばいし、さまざまな小虫たちにつつかれ、昼となく夜となく苦しみを受けて、休まることがないだろう。この経をそしったために、その罪を受けることは、このとおりだ。

もしも人間になることができても、さまざまな能力において鈍く劣っていて、背は低く、容貌も醜く、手はひきつり、足はいざって、目も見えず耳も聞こえず、せむしとなることだろう。何か言おうとすることがあっても、人はそれを信じて受け入れようとはしないであろう。口の息は常に臭く、そして幽鬼や化け物に取りつかれることだろう。貧しくいつも困り果てて下賤の身となり、人に使われ、病も多く、苦痛に痩せ衰え、頼るすべもありはしない。誰かに親しみ馴染んだとしても、その人は、彼のことなど意中には置かず、もし何か得るものがあっても、すぐさまそれをうかつにも失ってしまう。

もし医術にかかり、処方にしたがって誰かの病を治そうとしても、かえって新たに他の病を増すことになったり、あるいは死に至らしめてしまう。もしも自分が病を得れば、誰もそれを治してくれることもなく、たとえ良い薬を飲んだとしても、また一層病の激しさを増すことだろう。もしも他の人が謀反を起こしたり、ものを奪ったり、盗みを働いた場合にも、それらの罪がかえって自分の禍となってふりかかってくる。

そのような罪人は、永久に多くの聖人たちの王である仏の、説法して教え込まれる教えにお目にかかることがないだろう。そのような罪人は、常に仏の教えに触れることのない境涯に生まれ、気が触れ、耳も聞こえず、心乱れて、永久に仏の教えを聞くことはないだろう。

無数というガンジス河の砂の数ほど多い年月もの間、生まれると耳も聞こえず、口もきけぬ者となり、身体のあちこちが不完全でよくきかず、常に地獄に住まって、さながら森や高楼に遊ぶがごとくであり、その他の悪い境涯にあることが、自分の家にいるようなものだ。そして駱駝や驢馬や犬などの中に、彼らは暮らすことになるだろう。この経をそしったために、その罪を受けることは、このとおりだ。

たとえ人間に生まれることができたとしても、耳が聞こえず目も見えず、口もきけなくなり、貧しく、もろもろの病に冒され、我と我が身をさいなむことになるだろう。いろいろなできものが身体を覆って、身体は常に悪臭をはなって、垢にまみれて不浄なのだ。うぬぼれて、自分の見解に深く執着していて、怒りを増し、淫欲がさかんで、その対象として人だけではなく獣をも避けはしない。この経をそしったために、その罪を受けることは、以上のとおりだ。

舎利弗に告げる。この経をそしる者の、もしその者の罪を説こうとすれば、長い長い時間を尽くしても、まだ説き尽くすことはできないだろう。このようなわけから、私はことさらにお前に語るのだ。智慧のない人々の中で、この経を説いてはならない。もし素質がすぐれ、明らかに智慧を有し、多くを聞いて忘れず、記憶力にすぐれ、仏の道を求める者がいるならば、そのような人にこそ、説くべきなのだ。もしもある人が、かつて百千億もの仏にまみえて、もろもろの善の種を植え、信心が堅固であったならば、そのような人にこそ、この経を説くべきだ。

もしもある人が精進して、常に慈しみの心を実践し、自分の身体、生命をも惜しまないならば、そのような人にこそ、説くべきなのだ。もしもある人が、敬い尊ぶことを修して、二心あることなく、もろもろの愚かな者たちから離れ、独り山林や渓谷に住んでいるならば、そのような人にこそ、説くべきなのだ。

また舎利弗よ、もしも悪い友達を捨てて、善い友達に近づくような人を見たならば、そのような人のためにこそ、説くべきなのだ。もしも仏の弟子で、戒律を清らかに保つことが、清らかな珠のようであり、大乗経典を求めている、そのような人を見たならば、そのような人のためにこそ、説くべきなのだ。もしもある人が、怒ることなく、その性質が素直で心が柔軟で、常にすべてのものにあわれみをかけ、多くの仏を尊び敬うならば、そのような人のためにこそ、この経を説くべきなのだ。

また仏の弟子で、大勢の集まりの中で、清浄な心で種々の謂れ、譬え話として言葉をもって、教えを説くことが自由自在であるならば、そのような人のためにこそ、この経を説くべきなのだ。もしも修行者が、完全な智慧を有する人のために、四方に教えの法を求めて合掌し、押しいただいて、ただ大乗経典だけを、心に喜んで受持するばかりか、他の経典からは一偈《いちげ》をも受けないならば、そのような人のためにこそ、説くべきなのだ。

人が心の底から仏の遺骨を求めるように、そのように経を求めて、得た時にそれを押しいただき、その人がまた、他の経を求めようとせず、また今までに、仏典以外の典籍をも心に思ったことがないならば、そのような人のためにこそ、説くべきなのだ。

舎利弗に告げる。私はこのようなありさま、仏の道を求める者たちについて説こうとするならば、非常に長い年月を満了しても、まだ説き尽くすことができないであろう。そのような人々であれば、理解し信ずることができるであろうから、お前はそのような人のためにこそ、この法蓮華経を説くべきである」

（付記）

この譬喩品の火宅、火の邸宅から、子供たちを救い出すために、長者が門の外にある、いくつかの車の中から、あえて一番大きな車を、子供たちそれぞれに与えたという譬えは、仏教にとって、非常に大きな意味を持っています。すなわち、大乗仏教、小乗仏教という言葉がありますが、それはこの譬喩品の中の、長者が子供たちを、火から救い出すために言った、大、中、小の様々な車の中から、子供たち一人ひとりにあえて一番大きな美しい車を与えたというところから、大きな乗り物、小さな乗り物、つまり大乗、小乗、救いの手立ての区別が問われていて、それが大乗仏教、小乗仏教という抽象的な、仏教による救済の手立ての比較に使われているわけですが、いずれにしろ、教えによって人々を救う方法は、それぞれの立場によって幾通りもあるでしょうけど、しかし仏の説く救いの手立てなるものは、究極、悩める人々を徹底的に救い出し、涅槃、すなわち死につながる大きな安らぎに導くことに、他なりません。

すなわち仏教による人々の救済には、その人々が置かれた人生の立場に応じての、さまざまな手立てがあるということを、ここで乗り物の譬えを設けて、釈尊は説かれていたわけです。

妙法蓮華経信解《しんげ》品《ほん》第四

その時に、長老の須菩《しゅ》提、摩訶迦旃延、摩訶迦葉、大目犍連たちは、仏からお聞きしたこれまでにない尊い教えと、仏が舎利弗に、やがて無上の正しい悟りを得るだろうと予言されたことに感動し、小躍りしてすぐに座から立ち上がり、衣服を整え、衣服の右肩肌を脱いで外し、右の膝を地に着けて、一心に手を合わせ、身体を折り曲げて、仏を礼拝し、その顔を仰ぎ見ながら申しました。

「私たちは僧の集まりの上役となっておりますが、みんな年を取り、老いさらばえました。自分ではもうすでに、安楽の境地になったのだと思い、とてもその任に堪えるところではないと思っておりました。そして無上の正しい悟りを、自ら進んで求めることはいたしませんでした。

今、世尊が以前から教えを説かれ、すでに長い年月が経っておりますが、私はずっと仏の教えを伺う座にありましたけれども、身体はもう疲れて病んでおり、救いの狭い道だけを念じて、菩薩の務めとして勝手に行い、自己満足して、仏の国を浄め、人々を教えて悟りに向かわせるという務めを果たすことに喜びを感じず、またそれを望みもしませんでした。

そのわけは、世尊が私たちを欲望の世界から引き離し、涅槃の悟りを授けられたからでありあります。しかしまた今、私たちは年を取り、老いさらばえて、仏が菩薩に教えられた無上の正しい悟りに対して、少しでもこれを喜び願うという心を起こしはしませんでした。

ところが今、私たちは仏の前で無上の正しい悟りを得るという予言を、他の弟子たちにも与えられたことを聞いて、大喜びをして、これまでにない思いをいたしました。今、ここで突然に、類い希なる教えを聞くことができようとは思いもしませんでした。これは実に素晴らしい役得を得たものだと、その幸いを喜んでおります。量り知れないほどの珍しい宝が、求めもしないのに自然に得られたのです。

世尊よ、私たちは今、譬えを聞いて、それによってあなたの教えの尊さの意義を明らかにしようと思います。例えば、このような人がいたとしましょう。若いうちに父親を捨てて、家を逃げ出し、長い間、他国に住んで十年、二十年と経ち、やがて五十年も過ぎました。そして年を取るにつれ、益々貧困の苦しみが募って、あちこちをさまよい、着る物や食べ物を求めておりましたが、偶然にも元の国の方に向かいました。

一方その父親は、以前からずっと子供を捜し求めていましたが、見つけることができずに、途中のある城下町にとどまりました。そして父親の家は次第に豊かになって、その財産は量り知れないほどのものになりました。金銀、瑠璃、珊瑚、琥珀《こはく》、水晶などという珠玉が、たくさん倉庫に満ち溢れておりました。

大勢の召使いを雇い、使用人たちが働いていて、象や馬や車、牛や羊なども数多く飼われておりました。そして、くまなく他の国にまでも金銭を貸して、利益を得ており、物売りの商人や買い物の客なども、大勢集まっておりましたが、その時に困り果てた子供は、あちこちの村を旅して、ついにその父の住まっている町にやってきました。

父親は、かねてからその子供のことを思っていましたが、もう別れてから五十年以上にもなるのに、まだこれまで一度もその子供のことを、人に話したことはありませんでした。

そして、『多くの財産や宝物があり、珍しいものが倉庫にも満ち溢れているけれども、子供はいはしない。もし私が死んでしまったならば、この財産を委ねるところもなく、散り散りになってなくなってしまうだろう』。そういうことで、いつもいつもその子供のことを思っておりました。そして、『もしあの子供がいたならば、財産を任せて、与えてやれば、心が安らかになって、生きる楽しみも増すだろう』と、思い続けておりました。

世尊よ、その時に困り果てた子供は、あちこちで下働きをしながら、偶然にも父の家の前にやってきました。門のかたわらに立って、離れた所からその父親を見ると、立派な毛皮を敷いた腰掛に坐り、宝物で飾られた台に足を乗せ、大勢の婆羅門や王侯貴族、金持ちたちが、みんな恭しく取り囲んでおりました。

真珠の玉飾りなどは、その値は千万もするほどのもので、それで身を飾り、雇人や召使いたちが払子を持って、左右に立って侍《はべ》っておりました。宝物を鏤《ちりば》めた戸張で、その上を覆い、さまざまな花でできた飾った幕を垂らして、香水を地に注ぎ、たくさんの花を散らしながら、取引をしておりました。

このように威厳に満ちた父親を眺めて、落ちぶれ果てた子供は、父親に大きな力があるのを悟って、恐れおののき、ここにやってきたことを後悔しました。そして密かに、『この人は王様なのだろうか、あるいは王様と同じくらいの人なのだろうか、自分がやってきて雇われて働いて、物を得ようとするようなところではないようだ。もっと貧しい村に行って、そこで働くことがあれば、なんとか飲み食いができるだろうから、それに越したことはない。もしも長くここに留まっていれば、捕まり、強いられて、働かされるかもしれない』。そう思って、そこから足早に走り去りました。

その時に、長者の父親は、坐っている椅子からその男を見るなり、すぐにそれが、かつて出奔した子供であることに気がついて、喜んで、『今、私の財産や富を与える者がようやく現れてきた。自分はいつも、子供のことを思い念じていたけれども、見つける手立てがないままに、時が過ぎていった。それが今、突然、あの子の方からここにやってきた。これで私の願いが叶ったのだ。自分は年老いたけれども、まだまだこの財産を惜しんで、自分の子供に与えてやりたいと思い続けているのだ』

そこですぐに、側にいた召使いを遣わして、彼の後を追いかけさせ、連れてこさせようとしました。そこで使いの者は、急いで走っていって、その子を捕まえました。

すると、貧しさに落ちぶれた子供は驚いて、大変だと驚き、遣いの者を恐ろしい敵だと思い込んで、大声で『私は何も悪いことはしておりません。どうして捕まえるのですか』と叫びましたが、その使いの者は、ますます強引にその子供を捕まえ、引きずって連れ戻しました。

その時にその子供は、『自分は何の罪もないのに、捕らわれてしまった。これはきっと殺されるに違いない』と思い込み、そして恐怖が募り、気を失って地面に倒れてしまいました。

父親は遠くからこの様子を見て、使いの者に、『その者にはもう用はない。無理やりに連れてくるようなことはしなくていい。冷たい水を顔にかけて、目を覚まさせてやりなさい。そしてもう二度と話しかけてはいけない』と。

そのわけは、父親はその子の心根が、貧しさのあまり劣っていることを知って、自分が強く身分が高いので、それが子供にとっての恐れとなる、ということを知っていたのです。これが自分の本当の子供だと、明らかに知っていても、手立てとして他人に、これは我が子だということは言いませんでした。

使いの者は彼に、『今、お前を放してやろう。好きにするがいい』と言いました。落ちぶれた子供は、喜んで驚き、地面から這い上がって、やがて貧しい村に行き、そこで衣食を求めて暮らすようになりました。

その時に長者は、その子をまた身近に誘って引き寄せようと思い、手立てを講じて、密かに二人の顔形がやつれ衰え、貧しげな者を差し向けることにしました。そして、このように命じました。

『お前たちはあの男の所へ行って、おもむろにこう言いなさい。ここに良い働き場所がある。二倍の給料も与えよう。もし、その貧しい男が承諾したなら、連れてきて働かせなさい。どんな仕事を望むかと言ったら、彼にこう言ってやりなさい。お前を雇うのは、汚物の掃除のためだ。俺たち二人もお前と一緒に仕事をしよう』と。

そこで二人の使いの者は、すぐ貧しくやつれた子供を捜し出し、以上のことを詳しく伝えてやりました。その時に卑しくやつれ果てた子供は、まずその給金を取って、それから二人と共に、汚物の掃除をすることになりました。父親は子供を見て、あわれみ、不思議な悲しみの思いに打たれました。

また別の日は、窓から遠目に我が子の身体を見ると、疲れ痩せ衰えて、糞や土で汚れ果て、いかにも汚く不浄な姿であります。そこで父親は、身にまとった玉飾りや素晴らしい衣服や、立派な飾り物を外して、あらためて粗末な、破れて垢のついた衣を身に着け、土で身体を汚し、右の手には汲み取りの器を持って、おどおどした様を装い、そして多くの働いている人々にこう言いました。

『お前たち、精を出して働いて、怠けるようなことがあってはならないぞ』

父はこのようにして、手立てを講ずることによって、その子に近づくことができました。

そして後でまた、こう申しました。

『おい、お前さん。お前はいつもここで働きなさい。他所に行ってはならないよ。お前の給金を増やしてやろう。いろいろ必要な鉢や器や米や麦、塩や酢などの類は心配しなくてもいいから、遠慮することはない。いくらでも与えてあげる。また、一人年老いた使用人がいる。必要なら、それもお前に与えてやろう。安心して暮らすがよい。私はお前の父親のようなものだ。心配することはない。

なぜなら、私はもう年老いているが、お前はまだ若い。お前は働く時はいつも、欺いたり怠けたり、怒ったり恨んだり、恨み言を言ったりしたことはなかった。すべてお前については、他の働く人たちと同じように、このように思い、悪いことはしないということを知っている。だから今後は、私の実の子供のようにしてやろう』

そして、ただちにその長者は、あらためてその子のために名前をつけてやり、息子と名付けました。

その時、貧窮の息子は、このもてなしを喜びましたが、まだ自分は他所からやってきた身分の低い使用人だと思っておりました。

このような経緯から長者は、さらに二十年の間、常に汚物を掃除させました。その後は、その二人は心がお互いに通じ、信じ合って、出入りを阻むことはなくなりました。しかし息子のとどまっているところは、まだ元のままでした。

世尊よ、時にその長者は病気となり、自分の死期が遠くないことを悟って、落ちぶれた息子にこう言いました。

『私には今、たくさんの金や銀、珍しい宝物があって、倉庫に満ち溢れている。その中で多いとか少ないとか、取るべきところとか与えるべきところとか、お前はそれらについてすべてを知っておきなさい。私の心はこのようなものだ。お前には私のこのような心を、ぜひわかってほしい。なぜなら今、私とお前は一心なるものだ。気を配り用心して、財産を、宝物を失うことのないようにしなさい』と。

そこで落ちぶれた息子は、その命令を受けて、多くの物、金や銀、珍しい宝物や多くの蔵を知り尽くしましたが、それでも尚、一度の食事さえ願ったり、盗もうとする心はありませんでした。しかも息子のとどまっている場所は、まだ元のままで、自分は下劣の者であるという思いを、まだ拭い去ることはできませんでした。

それからまたしばらくの時が経って、父は息子の心が次第に通じて安らかになってきて、大きな志が出来上がり、自分からこれまでの心が卑しいと思うようになったのを知って、死ぬ前に息子に命じて、親族や国王、大臣、貴族、あるいは金持ちたちを集めさせたところで、自分からこう述べました。

『みなさん、知っておいてほしい。この者は実は私の子供なのです。私の実の子です。昔の街から私を捨てて逃げだし、あちこちさすらって苦労して、五十年以上が経ちました。その元の名前は、これこれで、私の名前もこれこれこれです。

昔から、もとの街で心配して、捜し続けていましたが、ある時、突然に、思いがけずここで出会って、この子供を取り戻すことができました。この者は本当に私の子供なのです。私は本当にその父親なのです。私が今、所有するすべての財産は、すべて息子のものなのです。これまで出し入れしてきたものについては、息子がよく知っております』と。

世尊よ、この時、落ちぶれはてた息子は、父親のこの言葉を聞いて驚き喜んで、この上ない思いをし、このように考えました。

『私は元々、こんなことを願って求めることはなかったのに、今、この宝の蔵は自然に私のところへやってきた』

世尊よ、大変な富をもった長者とは、とりもなおさず仏のことであります。私たちはすべて仏の子のようなものであります。仏は常に、私たちが仏の子であると説いてこられました。

世尊よ、私たちは三つの種類の苦しみのために、生き死にの輪廻の中で、さまざまに苦労し、迷いまどって、智慧もなく、つまらない教えを願って執着しておりました。

そこで世尊は私たちに、じっくり考えさせ、世のすべての物事についての誤った考えという汚物を、除き去ってくださいました。私たちはそのような中にあって、勤め励んで、涅槃に到達するという素晴らしい贈り物を得ました。これを得たからには、喜び勇んで、自分でこれまで充分と満足して、『仏の教えの法の中に身を置き、勤め励んで得たものは、まことに多い』と考えました。

しかも世尊は、私たちの心がつまらぬ欲望に執着し、劣った教えを願うことをご承知になって、そのまま捨ておかれて、『お前たち、実は仏の真理を見きわめ悟る智慧と、宝の蔵との持ち分が必ずあるのだ』という説明をされはしなかったのです。

世尊は、教えの手立てによって、仏の智慧を説かれましたのに、私たちは仏から涅槃という一日分の給金を手にして、ただそのことによって大きなものを得たと思い込んで、この大きな手立てに対して、それを強く望むということがありませんでした。

また私たちは如来の智慧にもとづいて、多くの菩薩たちのために教えを示し、述べて説きはしましたが、しかし、自らは如来の智慧を望み願うということはしませんでした。

なぜかといいますと、仏は私たちが劣った教えを安易に願うことをおわかりになっていて、教えの手立ての力によって、その私たちに応じた、小さな手立てとして、小乗をお説きになったのに、それでも私たちは、真に仏の子であるということを知らなかったからなのです。

今こそ、私たちは悟りました。世尊は仏の智慧において、もの惜しみをされることが全くないということを。そのわけは、私たちは昔からずっと、真実、仏の子であったのですが、しかしただ、劣った教えのみを願っておりました。もし、私たちに優れた教えを願う心があったならば、仏は私たちのために大きな手立ての教えをお説きになっていたのでしょうから。

しかし、今や世尊は、この経の中ではただ一つの教えの手立てのみを説かれました。そして昔は、菩薩の前で劣った教えを願う弟子たちをそしられましたが、それでも実際には大きな手立てによって、それらを教化されたのです。

それゆえに、私たちはこのように思います。『もともとは、心に望むということはありませんでしたが、今、教えの王の大きな宝がひとりでに手に入りました。仏の子が当然、得るべきものは、すでにすべて手に入れることができました』と」

その時、摩訶迦葉は、重ねて以上の意義を述べようとして申し上げました。

「私たちは今日、仏の教えの声を聞いて、喜び、小躍りして、今までにないものを得ることができました。仏は、弟子たちも必ず仏になることができると説かれました。それによって、この上ない宝物が、求めもしないのに、自然と私たちの手に入ったのです。

私にとって仏もまた、この長者と同じような存在でした。私が必要なものを望んでいることを知っておられて、これまでにお前は仏になるだろう、ということはおっしゃいませんでした。

そして私たちは、多くの煩悩の汚れをなくすことによって、悟りの小さな手立てを成就するという、声聞《しょうもん》という弟子であると説かれました。

仏は私たちに言われたのです。『最上の道、これを習い修める者は必ず、仏になることができるだろうと、説きなさい』と。

私はその仏の仰せを受けて、菩薩たちのためにさまざまな謂れ、さまざまな譬えをもって、この上ない道を説いてきました。多くの仏の子供たちは、私に従って法を聞いて、夜も昼もこれを考え、務め励んで学んできました。

この時に多くの仏たちはすぐさま彼らに、『お前は来世において、必ず仏となることができるだろう』という予言を授けられました。

すべての仏たちの秘密の教えの蔵の謂れを、ただ菩薩のためにだけ、その真実の事柄を述べて、仏のためには真実の、素晴らしい要を説かれませんでした。

それはあたかも貧しい息子が、その父に近づくことができて、多くの物を預かり、知ったにも拘わらず、心にそれを望もうとしなかったようなものです。

私たちもまた、そのように仏の教えの宝の蔵を知りながら、自らそれを望み、願うということがありませんでした。私たちは、心の内の悩みをなくすことができたことで、これで満足できたと思い、ただこのことだけを悟って、さらにそれ以上のことはありませんでした。

私たちは仏の御国を浄め、人々を教え導くということを聞いても、あまり喜ぶことはありませんでした。それはなぜでしょうか。すべての存在は、みな実体がなくて、空であり、生まれることも滅することもない、大きいということもなく、小さいということもなく、悩みの汚れもなく、今の現象を越えているのです。このように考えていたので、喜び願う心を抱くということもなかったのです。

私たちは長い間、仏の智慧を貪るように求めることもなく、執着することもなく、またそれを願うこともありませんでした。しかも自分で、この教えが究極のものだと思っていました。

私たちは長い間、空の、うつろな教えを修習して、三界《さんがい》の苦しみから逃れることができて、この身体だけを遺すという、涅槃にまでは至っていました。

仏の私たちに対する教えは、むなしく終わらずに、私たちは悟りを得て、それでもって私たちはすべて、すでに仏の恩に報いることができたと思っておりました。

私たちは、多くの仏の子供たちに、菩薩の教えを説いて、仏の道を求めさせてはいましたけれども、しかも、自分たちでは、長らくこの教えを願い望むことはありませんでした。

導師が私たちを捨てておかれたのは、私たちの心を観察されたからであり、初めにあえて本当の利得、教えの利益があるとは説かれませんでした。それは豊かな長者が、息子の志の下劣なことを知って、教えの手立ての力によって、その心を柔軟にし、そして、後に初めてすべての財宝を預けたようなものです。

仏もまた、そのように極めて希なことを現されました。我々が所詮卑しい、貧しい、卑小な教えを願う者であると察知されて、教えの手立ての力によって、その心を整えて、そこで初めて偉大な智慧を教えられたのです。

私たちは今日、未だかつてないことを得ました。これまで望みもしなかったものを今、自然に得ることができたのは、ちょうどあの貧しい、卑しい息子が、無尽蔵な宝を得たようなものです。

世尊よ、私たちは今、仏の道を体得し、その果報を得ました。悩みも汚れもない存在を見つめる、清らかな目を得ることができました。

私たちは長きにわたって、仏の清らかな教えを守ってきて、今日初めて、その素晴らしい報いを得ることができました。教えの王である仏の教えの中で、長い間、身を清めて務めてはきましたが、今、全く汚れのない、この上ない大きな報いを得たのです。

私たちは今、真の弟子であります。仏の道を説く声を、すべての者に聞かせたいと思います。私たちは今、本当の高弟です。多くの世間の天の神々や、人間や悪魔、梵天など、広くそれらの中にあっても、彼らから尊ばれて、供養を受けることができるはずです。

大きな恩のある世尊は、極めて希なことを手立てとして、私たちを憐れみ教え、大きな利益、人生の利益を与えられました。無量の長い時間をもってしても、一体誰が、この恩に報いることができるでしょうか。

手足を使って、供え物を捧げ、頭の頂を地に着けて礼拝し、すべてのものを捧げて供養したとしても、それでもすべてその恩に報いることは、とてもできません。

あるいは、押し頂いて両肩にお乗せして、河の砂の数にも等しいほどの長きに亘って、心を尽くして敬い、また美味しい食べ物、立派な衣服、それら様々なものを供え、いろいろな薬をもって供養し、牛頭《ごず》栴檀、いろいろな珍しい宝物、それによって塔廟を飾り立てて、立派な布地を地に布いて、その上に乗って供養すること、河の砂の数ほど多い、長い時間であったとしても、それでも尚、報いることはできません。

仏たちは、極めて希な存在であり、量り知れぬ永遠の存在であり、思いも及ばない偉大な力を備えておられます。悩みの汚れがなく、生き死にの変化を越えた存在であって、多くの教えの王であり、そして、低く劣った者たちのために、苦労して導くことを耐え忍んでおられます。

この世の事象、出来事にとらわれている凡人たちに、それぞれに応じて教えを説かれ、多くの仏はその教えにおいて、最も自由自在であられます。多くの衆生の種々さまざまな欲、願望、及びその意志力等を察知されて、それぞれの頼るところに応じて、数限りない譬えによって、教えをお説きになっておられます。

多くの人間たちの前世から積んできた善行に応じて、また教えを受け止める力がそなわっている者、そなわっていない者も分けられ、種々に思いを図って、相手を分別し、よく相手の本質を知り尽くされて、一つの教えの乗り物を、それぞれに応じて、三つの乗り物として説かれたのです。

妙法蓮華経薬草喩《やくそうゆ》品《ほん》第五

その時に世尊は、摩訶迦葉と多くの弟子たちに告げられました。「よろしい、迦葉よ、よく仏の真実の功徳を説いた。お前の言う通りだ。しかし、仏には量り知れぬ無限の功徳があるのだ。お前たちが考え及ばぬほどの長い時間にわたって、その功徳を説いたとしても、とても説き尽くすことはできないだろう。

迦葉よ、知るがよい。仏はあらゆる教えの王であり、その説かれたものは、すべて真実なのだ。すべての教えの智慧にもとづいて、手立てによって説法をするのだ。その説かれた教えは、すべて一切を知る智慧を踏まえているのだ。

仏はあらゆる教えが、行きつくところを観察して、知っており、またあらゆるものたちの奥深い心の働きを知り尽くして、それらに自在に精通しておられる。また多くの教えを究めつくして明らかにし、多くの衆生にすべての智慧を示されるのだ。

迦葉よ、例えば三千大千世界の山や川、渓谷や平原に生えている草木、草むらさまざまな薬草の、その種類は数多くあって、名前や形もそれぞれ異なっている。そこへ厚い雲が空に満ちわたって、三千大千世界を覆い尽くし、一時に雨を降らす。その潤いは広く草や木、森やさまざまな薬草の小さな根、小さな茎、小さな枝、小さな葉、中くらいの根や中ほどの茎、中ほどの枝、中ほどの葉、大きな根、大きな茎、大きな枝、大きな葉をすべて濡らして、潤してくれる。

さまざまな樹木の、大きなものや小さなものは、上中下に応じて、それぞれその雨を受け取るが、同じ雲が降らせた雨によっても、それぞれのその種類、性質に応じて、それを受け取った草木は生長し、花を開かせ、実をつける。このように同じ地に生えていて、同じ雨が潤したものであっても、さまざまな草木にはそれぞれの違いがある。すべてそのようなものなのだ。

迦葉よ、知るがいい。仏もまた、これと同じことだ。仏がこの世に出現することは、大きな雲が起こって、雨を降らすようなものであり、大音声で、この世界の神々、人間、阿修羅の世界にまで、くまなく行きわたらせるのは、ちょうどその大きな雲が、三千大千世界の国を覆うようなもので、大勢の集まりの中で、次のような言葉を発するのだ。

すなわち、『私は仏であり、供養を受けるにふさわしい者。正しく行って、智慧をそなえた人、智慧と実践とが完全にそなわった人、悟りに到達した人、世間のすべてを知った人、最上の人、人々の調教師、天の神々と人間との指導者、仏、すなわち世尊なのだ。

まだ悟りの世界にいたらない者、まだ解脱していない者を解脱させ、まだ心の安らかでない者を安らかにさせ、まだ涅槃に至らない者に涅槃を得させてやる。この世についても、未来の世についても、ありのままに知らせるのだ。

仏は一切を知っているものであり、一切を見るものなのだ。悟りへの道を知るものであり、その道を拓くものであり、その道を教えるものなのだ。お前たち、神々や人々、阿修羅よ、教えを聞くために、みな、ここにやってくるがよい』

その時、無数千万億の衆生たちは、仏の所にやってきて、教えを拝聴した。如来はそこで、その衆生たちの能力の優劣、努力や怠けぶりを見通して、それぞれが堪えることのできる段階に応じて、量り知れないほどさまざまな教えを説いて、すべての者たちを歓喜させ、心安らかに、優れた恩恵を獲得できるようにするのだ。

この多くの衆生たちは、その教えを聞いた後は、この世において心安らかになり、死んだ後には、善い世界に生まれ、その境涯によって安らいで、また教えを聞くことができるのだ。

その教えを聞き終われば、多くの妨げから離れて、さまざまな教えの中において、その能力に応じて、次第次第に、仏の道に入ることができるのだ。それはちょうど大きな雲が、すべての草木、森林、さまざまな薬草の上に雨を降らす時に、それらの種類、性質に応じて、それぞれその潤いを受けて、それぞれが生長することができるようなものだ。

仏の説く教えは、ただ一つのありよう、一つの味わいを持つものであって、それは悩みからの解脱というありようであって、究極的には、すべてを知り尽くす仏の智慧に至るということなのだ。

衆生が仏の教えを聞いて、それを保持し、読誦して、その説法の通りに修行する場合でも、それによって得られる功徳は、自覚し知ることは、できはしない。

なぜかと言えば、ただ如来だけがこの衆生の種類、ありよう、本質、本性をよく知っており、またどのようなことを心に思い、どのようなことを考え、どのような修行をするかということ、どのように心に思い、どのように考え、どのように修行するかということを、どのような手立てによって心に収め、どのような手立てによって考え、どのような手立てによって修行し、どのような手立てによって、どのような教えを得るかということを、よく知っているからだ。

衆生がさまざまな場にとどまっているのを、ただ如来のみが、ありのままに見て、明らかに自在に知り尽くしているからだ。草木や森林やさまざまな薬草は自らが己の上中下といった性質を知らないが、仏は知っている。

仏は、教えが一つのありよう、一つの味であるということを知っているので、それは悩みからの解脱というありよう、さまざまな業の束縛からの離脱のありよう、苦しみの取り除き方、究極の安らぎであって（常寂滅相）、最終的には空に帰着するもので、仏はこれを知り尽くしているが、衆生の心の意向を観察して、それを大事にしてやるからこそ、すべてを知り尽くす仏の智慧を、すぐに説くことはしないのだ。

お前たちよ、迦葉よ、これは非常に希なことなのだ。如来がそれぞれにふさわしく説かれている教えを知って、それを信ずることができ、受け取ることができるということは。なぜならば多くの仏が、それぞれにふさわしく説かれた法は、なかなか知ることは難しく、理解に遠いものだからだ」

その時に世尊は、重ねて以上の意義を述べられようとして、教えを説かれました。

「迷いの人生を打ち破る教えの王が、この世に出現して、人々の意欲に従って、さまざまに教えを説く。如来は尊く偉大であって、その智慧は奥深く、この教えの要所については、沈黙を守り、急いで説くことはない。なぜなら、智慧のある者がその教えを聞けば、それを信じて理解することができるのに対して、智慧のない者は、それを疑い、迷って、長く悟りを失うことになるだろうから。

それ故に、迦葉よ、仏は人々の能力に従って教えを説いて、種々の奇縁によって、正しい理解を得させるのだ。

迦葉よ、知るがいい。それは例えば、大きな雲が世界に湧き起こって、すべてのものをくまなく覆い尽くし、恵みの雲は湿り気を帯び、稲妻が光り輝き、雷鳴は遠くまで轟いて、多くの者たちを喜ばせ、日の光は覆い隠されて、地上は清々しくさわやかになり、雲は低く垂れこめて、手が届きそうなのだ。

その雨は一様に、四方に降り注ぎ、地面の至るところが潤って満ち足りる。山や川、険しい谷のひっそりとした、奥深い土地に生えた草木や薬草、大小の樹木、さまざまな穀物、稲やさとうきびや葡萄といった食物は、雨によって潤い、豊かに実り、乾いた大地は隅々まで潤って、薬草や樹木が生い茂る。

その雲から生じた同じ味の水によって、草木や森林はそれぞれの持ち分に従って、その潤いを受け止める。あらゆるさまざまな樹木は、上も下も中も、それぞれ等しく、その大小に従って生長することができるのだ。根や茎や枝や葉、花や果実の艶やかな色は、その同じ雨によって、すべて潤うことができる。その本体と姿や形と性質が、大小に分かれているように、同じ潤いを受けても、それぞれがそれぞれに生い茂って育っていく。

仏もまた、そのようなものなのだ。この世に出現するのも、譬えて言えば、大きな雲がすべてのものを覆い尽くすように、世に現れてから、多くの衆生たちのために、多くの教えの真実と道理を踏まえて述べて、教え込む。大聖者である仏は、さまざまな神々や人間のすべての集まりの中で、次のように申し述べる。

私は仏であり、人間の最高者なのだ。この世に出現することは、あたかも大きな雲が現れるようなものだ。私は、乾いて枯れているような、あらゆる人間たちを満ち潤し、彼らのすべてが苦しみから離れ、安らかな楽を得て、この世を楽しみ、そして安楽の境地を得られるようにするのだ。

多くの神々と人間たちの集まりよ、よく聞くがよい。みなここにやってきて、この上ない尊いものを仰ぎ見なさい。私は世尊であり、私に勝るものは、ありはしない。人々を安らかにするために、この世に出現してきたのだ。大勢の集まりのために、私は不死の妙薬である清らかな教えを説く。その教えは、ただ一つの味わいを備えている。すなわち、解脱と涅槃なのだ。ただ一つの優れた教えをもって、この教えの意味を説き、そしていつも大きな手立てによって、それへの手がかりを設けて授けるのだ。

私がすべてのものを見る場合、それはみな平等であって、決して区別はせず、愛着や憎しみの心があることなど、ありはしない。私にはおごりや執着というものは一切なく、また限りやさわりも、ありはしない。常にすべての者たちのために、平等に教えを説いているのだ。ある一人のために教えるように、大勢の者たちに対しても教えるのだ。

私は常に、教えること以外に、他のことをしたことは、かつてありはしない。行く時も来る時も、坐している時も立っている時も、いつも教えを説いて、決して疲れて飽きることはない。私はこの世を満ち足りたものにする。

雨がくまなく乾いた大地を潤すように、尊い人にも貧しい人にも、地位のある者にも、下の者たちにも、教えを守っている者にも、教えを破っている者にも、立派な態度がそなわっている者にも、そなわっていない者にも、正しい見解を持っている人にも、邪な見解を持っている人にも、また素質の優れた人にも、劣っている人にも、みな同じく教えの雨を降らせて、しかも、倦み疲れることは、ありはしない。すべての衆生たちのうちで、私の教えを聞く者は、その教えを受け取る力量に応じて、さまざまな位置にとどまるのだ。

人間や天の神々の、転輪聖王や帝釈天、梵天、さまざまな王たちの地にとどまる。これは小さな薬草でしかない。煩悩の汚れのない教えを知り、涅槃を体得し、六種の悟りを起こし、中でも三つの神通を獲得し、一人で山中に身を置いて、常に禅を行って、悟りを得る。これは中の薬草である。世尊の境地を求めて、自分は必ずや、仏になろうと努力をし、禅の修行をする。これは上の薬草なのだ。

また多くの仏の子たちが、仏の道に専心して、常に慈悲の修行をし、自らが仏になることが決まっていて、疑念の余地がないと知る。これを小さな木と名付ける。神通の力を発揮しつつ、退くことのない教えの輪を回し、量り知れない百億千の衆生、人々を救済する。このような菩薩を大木と名付けるのだ。

仏の平等の教えは、一つの味の雨のようであるが、人々はその性質に応じて、受け取り方がそれぞれ異なっており、それはちょうどあの草木が、雨をそれぞれ異なって受け取るようなものだ。

仏はこの譬えによって、教えの手立てを講じて、教えを開いて示し、さまざまな言葉によって、ただ一つの教えを述べて説くけれども、それは仏の智慧にあっては、海の水の一滴のようなものでしかない。

私は教えの雨を降らせて、この世を満ち足りたものにする。人間たちは、その一つの味の教えを、己の力量に応じて修行するが、そのことはちょうど、あの森林、薬草、さまざまな樹木が、その大小に応じて段々と生い茂って生長していくのと同じことだ。

多くの仏たちの教えは、常に同一の味によって、世界すべてのものが、一様にそれをそなえることができるようにする。それを段々と修行していって、すべてが悟りの結果を得るのだ。

弟子たちが山林に住んで、この世における最後の身体をとどめながら、教えを聞いて、その報いを得る。これは、薬草がそれぞれ生長を増すことができるのと同じことだ。

多くの菩薩たちが、智慧をしっかりと体得していて、三界、欲の世界、色の世界、それを離れた無色の三界に達し、最上の教えの乗り物を求める場合、これは小さな木が生長を増すことができるのと同じことだ。

また禅を行って、神通力を得て、あらゆる存在が空であると聞いて、心に大きな喜びを抱き、無数の光明を放って、多くの衆生を救済する。これは、大木が生長を増すことができるのと同じことなのだ。

このように迦葉よ、仏の説かれた教えは、譬えて言えば、大きな雲が、同一の味の雨によって、人という花を潤して、それぞれ実をつけることができるようにするということなのだ。

迦葉よ、知るがよい。さまざまな謂れ、さまざまな譬えによって、仏の道を開き示すが、それが仏の教えの手立てであり、また多くの仏たちについても、同じことなのだ。

今、お前たちのために、最上の真実を説き明かそう。多くの弟子たちは、みな、悟りに入ってしまったのではない。お前たちの行っている修行は、実は菩薩の道なのであって、段々に学んでゆき、誰もが必ずや、仏になることができるだろう」

妙法蓮華経授記《じゅき》品《ほん》第六

その時世尊は、説法を中断されて、大勢の聴衆たちに、次のように告げられました。

「この弟子の摩訶迦葉は、将来の世において、必ずや、三百万億の仏に仕え奉って、仏たちを供養して敬い、多くの仏たちの無量の偉大な教えを、広く述べて説くことができるだろう。

そして彼自身は、最後には仏となることができるだろう。その名を光明如来と称し、人々から仰ぎ尊ばれるにふさわしい、正しく、人々を普く感動させる智慧をそなえた者、智慧と実践とが完全にあわせそなわった人、悟りに到達した人、世界のすべてに通じている人、すなわち人間の最上の人、人間たちを正しく調教する指導者、天の神々と人々との師匠、すなわち仏、世尊と呼ばれるだろう。

その国を光徳と名付け、仏がこの世に住まわれている時代を、大荘厳と言うだろう。その仏の寿命は、十二億年であり、仏の説く正しい教えが、世に存続するのが二十億年。またその後に、正しい教えに似た教えが、この世に続いて行きわたるのも、二十億年もの間だろう。

その国は厳かに飾られていて、さまざまな汚れや瓦礫や茨や棘、糞尿などの汚物もなく、その土地は平らかで、でこぼこや窪み、丘も高い山もないだろう。そして大地は瑠璃から出来ていて、宝の木が茂って並び、黄金を縄にして、その道のほとりを区切り、辺りにはさまざまな宝の花が散りまかれて、清らかなものだろう。

その国には、千億の無量倍もの菩薩がいて、また道を志す無数の人々がいるだろう。悪魔の仕業もなく、たとえ魔王や魔の一族がいたとしても、そこではみな、仏の教えを守護するだろう」

そこで世尊は、さらに再び、以上のことを述べようとして、次のように説かれました。

「多くの弟子たちに告げよう。私は仏の目で、この迦葉を見ると、彼は未来の世において、量り知れない長い年月を経た後に、必ず仏となることができるだろう。そして次の世にあっては、三百万億という多くの仏を供養し、仕え奉って、仏の智慧を求めるために、清らかに純潔の行を修めるだろう。

最高である人を供養した後、すべての最上の智慧を修習し、その身体は、最後には仏となることができるだろう。その国は清らかで、大地は瑠璃で出来ており、さまざまな宝の木が茂っていて、道のほとりに並び、黄金の縄が道を区切って、見る者を喜ばせるだろう。いつも良い香りを漂わせ、多くの美しい花を散らせて、数々の珍しいものによって、厳かに飾り尽くされ、その大地は平らかで、凹凸はないだろう。

菩薩たちが数えきれないほどいて、彼らの心は柔軟で、よく整えられていて、偉大な神通力を獲得しており、仏たちの大乗の大きな手立ての経典を体得しているだろう。多くの弟子たちは、煩悩の汚れのない身体をもっていて、教えの王である仏の子であって、その数は数えることもできないほどであり、神通力を得た眼によっても、数えることは不可能なほどだろう。

その仏の寿命は、十二億年だろう。正しい教えが世に存続するのは、二十億年の間であり、正しい教えに似た教えが、さらに存続するのは、やはり二十億年もの間だろう。光明如来に関することは、以上の通りだ」

　その時に、大目犍連、須菩提、摩訶迦旃延たちは、みな、身体を震わせながら、一心に合掌して、世尊の尊いお顔を、瞬きもせずに仰ぎ見ました。そして異口同音に声を揃えて、「偉大な勇者である世尊よ、私たちを憐れんで、仏のお声をお聞かせくださいますようにお願いいたします。

　もしも私たちの心の奥をお知りになって、成仏の予言を授けられますならば、それは甘露を注いで、熱を除き、清々しい涼しさが与えられるのと同じようでありましょう。

　飢えの国からやってきて、たちまち大王の宴の席に出会ったとしても、心に疑いと恐れを抱いていて、まだあえて、すぐにそれを食べようとせずに、王の仰せを受けた後に、やっと手をつけるような、そのような立場と私たちも同じことです。

　いつも小さな手立ての、教えのやり方に思いを巡らせていて、どのようにすれば、仏のこの上ない智慧を得ることができるのかということを知りませんでした。仏のお声が、私たちも仏となるだろうと言われるのを聞いても、心にまだ不安を抱いていて、未だすぐにそのご馳走を食べようとはしないようなものです。

もし仏から、成仏の予言が与えられたならば、そこで初めて心が安らいで、さわやかな気持ちになれることでありましょう。

偉大な勇者である世尊は、常に世間を安らかにしようとなさっております。どうか私たちに、成仏の予言をお与えくださいませ。飢えながらも、仰せを待って、初めて食べられるようなものですから」

その時に世尊は、大弟子たちの思いを察知されて、多くの者たちに告げられました。

「この須菩提は、未来世において、三百万億以上の、多くの仏にまみえ奉って、仏を供養し、敬って、常に純潔の行を修め、菩薩の道を体得して、その最後の身をもって仏となることができるだろう。

その名を名相《みようそう》如来、そして供養を受けるにふさわしい人、正しく、あまねく智慧をそなえた人、智慧と実践とが完全にそなわった人、悟りに到達した人、世界のすべてに通じている人、最上の人、人間たちの調教師、天の神々と人々の指導者、仏、世尊と言うだろう。

その仏が世に住する時代を、有宝と名付け、その国土を宝生《ほうしよう》と名付けるだろう。その大地は平らかで、頗梨で出来ており、宝の木が茂って、さまざまな高い丘や窪地、砂や小石、瓦礫や棘、糞尿の汚物もなく、宝で出来た花が一面に咲き揃っていて、その国土の住民は、みな宝で飾られた高殿、立派な楼閣に住んでいるだろう。

弟子たちの数は、量り知れずに、それを数えようとしても、知ることができないほどだろう。多くの菩薩たちの数は、千万億の無数倍だろう。

その仏の寿命は十二億年であり、正しい教えが世に存続する期間は二十億年。そして、正しい教えに似た教えが、世の中に続いて伝わるのも、二十億年だろう。その仏は、いつも虚空の中におられて、人々のために教えを説いて、量り知れないほどの数の、菩薩や弟子たちを解脱させるだろう」

そこで世尊は再び、以上の教えの意義を述べようとして言われました。

「多くの弟子たちよ、今、お前たちに告げよう。みな、一心に仏の説法を聞きなさい。私の大弟子の須菩提は、必ず仏となることができるだろう。そしてその名を名相と言うだろう。必ず万億の無数倍という多くの仏たちに仕え、仏の行いに従って、次第に偉大な道を体得するだろう。

そして前世の最後の身体としては、仏だけがそなえる三十二の特質をそなえることができ、その姿は端正で優れて心が柔らかく、宝で出来ている山のようだ。その仏の国は、厳かで清らかで淀みがなく、それを眺める者たちは、誰しもそれを素晴らしいと憧れ、楽しまない者はいないだろう。

仏はその国の中で、量り知れない数の人々を救われるだろう。その仏の教えを受ける者たちの中には、数多くの菩薩たちがおり、彼らはすべて優れた能力を持ち、退くことのない教えの輪を回していくだろう。その国は、常に多くの菩薩たちによって、飾られているだろう。そして弟子たちも、数え上げることができないほど多く、みなそれぞれ、三種類の不思議な力を得て、また六種類の神通力をそなえていて、八種類の解脱を体得していて、大きな徳をそなえているだろう。

その仏の説法は、量り知れない神通力と、変化を現し出すことは、とても考えも及ばないほどだろう。神々や人々の数は、ガンジス河の砂ほども多く、それらがみな一緒に合掌して、仏の言葉を聞いて受け止めるだろう。その仏の寿命は十二億年だろう。正しい教えが世の中に存続するのは、二十億年の間だろう。正しい教えに似た教えが、世に続いて存在するのも二十億年だろう」

その時、世尊はまた多くの比丘たちに、弟子たちに告げられました。
「私は今、お前たちに教えよう。この大迦旃延は、次の世においてさまざまな供物によって、八千億の仏を供養し、お仕えして、それを尊び、そして多くの仏たちが姿を消された後に、それぞれに塔を建てるだろう。それは、目もくらむほど高く、その幅も、その半ばに近い大きさで、すべて金や銀、瑠璃、硨磲、瑪瑙、真珠といった宝物を取り合わせて飾られており、多くの花、身を飾る品々、また二万億の仏を、まさしく同じように供養するに違いない。

　これらの仏たちを供養し終わって、菩薩の道を身に付け、必ず仏となることができるだろう。その名を閻浮《えんぶ》那《な》提金光《だいこんこう》如来。供養を受けるにふさわしい人、正しい道を行く人、智慧をそなえた人、智慧と実践が完全にそなわった人、悟りに到達した人、世界のすべてに通じている人、最上の人、人間たちの教え親、天の神々と人々の師匠、すなわち仏、世尊と言うだろう。

　その国の大地は平らかで、地面は頗梨で出来ており、宝の木で厳かに飾られていて、黄金を縄にして、道のほとりが区切られており、美しい花が地面を覆って、周囲は清らかで、それを見る人々は歓喜するだろう。四種類の悪い境涯である地獄、餓鬼、畜生、阿修羅の世界の者たちは、全く存在せず、天の神々や人々が多くいるだろう。

多くの弟子たち、また菩薩たちの数は、無量万億にのぼっていて、その国を厳かに飾っているだろう。仏の寿命は十二億年であり、正しい教えが世の中に存在する期間は二十億年。そして正しい教えに似た教えが存続するのも、また二十億年だろう」

そこで世尊は、重ねて以上の意義を述べようとして言われました。

「多くの弟子たちよ、みな、一心に聞きなさい。私が説くことは真実であり、それ以外の何ものでもない。この摩訶迦旃延は必ずや、種々さまざまな素晴らしい供物によって、多くの仏たちを供養するに違いない。多くの仏たちが姿を消された後には、七つの宝物によって飾った塔を打ち建て、また花や素晴らしい香りによって、仏の遺骨を供養し、その最後の身体には、仏の智慧を得て、正しい悟りを完成し、その国は清らかで、万億無量倍の数の人々を救済して、十方の世界の者たちに供養され、その仏の放つ光は、他に勝るものがないだろう。

そして、その仏の名を閻浮金光と言うだろう。菩薩と弟子たちのすべての輪廻を断ち切っているものたちが、量り知れぬほど多くいて、その国を厳かに飾り立てているだろう」

その時に世尊は、再び大勢の者たちに告げられました。

「私は今、お前たちに教えよう。この大目犍連は必ずや、種々さまざまの供物によって、八千の多くの仏たちを供養し、敬い、崇めたてまつるに違いない。仏たちが姿を消した後には、それぞれに塔を建設し、その高さは三百メートル、縦横も同じく百五十メートルであろう。金銀、瑠璃、硨磲、瑪瑙、真珠など七つの宝を飾り合わせて、多くの花々、塗り物、香りの高い粉や絹づくりの傘、幟や旗で供養することだろう。

その後に、また二百万億の仏を供養する場合も、これと同じようにするに違いない。彼は必ず仏となることができるだろう。その名を多摩羅跋栴檀香如来《たまらばっせんだんこう》。供養するにふさわしい人、正しく普く智慧をそなえた人、智慧と実践とが完全にそなわった人、悟りに到達した人、世界のすべてに通じている人、すなわち最上の人、人間の教え親、天の神々と人間との教え親、仏、すなわち世尊と言うだろう。

その時代を喜満《きまん》と名付け、国を意楽《いらく》と名付けるだろう。その国土は平らかで、地面は頗梨で出来ており、宝の木によって厳かに飾られ、真珠作りの花を散らして、辺りは清らかであり、それを見る者は、歓喜するだろう。神々や人々が多くおられ、菩薩や弟子たちの数は、量り知れないだろう。仏の寿命は二十四億年であり、正しい教えが世に存続する期間は、四十億年。正しい教えに似た教えが存続する期間も、やはり四十億年だろう」

そこで世尊は重ねて、それまでの教えの意義を述べようとして、言われました。

「私のこの弟子、大目犍連は、その身体を捨てた後には、八千二百万億の諸々の仏、世尊に会うことができるだろう。仏の道を求めて供養して、敬い、仏たちの元で、常に純潔の修行を成し遂げ、量り知ることのできない長い期間にわたって、仏たちの塔廟を供養するだろう。

段々と仏の道を体得していって、意楽国において仏となることができ、その名を、多摩羅跋栴檀香如来と名付けるだろう。その仏の寿命は、二十四億年だろう。常に神々や人々のために、仏の道を説くことだろう。弟子たちの数は量り知れず、ガンジス河の砂の数ほどあって、三明六通という神通力を有しており、偉大な徳を備えているだろう。

菩薩たちも数え切れないほどいて、その志は堅固で、精進努力し、仏の智慧を求めて、みな、退くことはないだろう。仏が姿を消された後に、新しい正しい教えが世に続く期間は、四十億年であり、正しい教えに似た教えもまた、同様だろう。

私の多くの弟子たちのうち、徳を有している五百人たちの者は、すべて必ず仏になれるという予言を授けよう。未来のその世において、ことごとく仏になることができるだろう。私とお前たちの前世からの宿縁を、私は今、ここで説き明かそう。お前たちよ、よく聞くがよい」

妙法蓮華経化城喩《けじょうゆ》品《ほん》第七

仏は多くの比丘、弟子たちに告げられました。

「昔々、量り知れぬほど、思いもよらぬ遠い昔に、仏がおられた。その仏は、大通智勝如来《だいつうちしょうにょらい》。供養を受けるにふさわしい方、正しく普遍的な智慧をそなえた人、その智慧と実践を兼ねそなえた人、そして悟りに到達した人、最も詳しく世界を知る人、この上ない最上の人、人間たちの教え親、天の神々と人々の師匠、仏、世尊という名前だった。その仏が住まわれた国の名前を好成《こうじょう》と名付け、その時代を大相《だいそう》と称した。

弟子たちよ、その仏が姿を消したのは、遥か遠い昔のことだったが、例えばこの大宇宙、三千大千世界にある、あらゆる物質の要素を、ある人はすり潰して墨にして、東方に向かって、千の国を過ぎて一つの点をつけるとしよう。その一点の大きさは微塵ほどのものだが、また千の国を過ぎてまた一点をつけるとしよう。

そのようにして繰り返し行っていって、ついに物質要素から成る墨を使い果たしたという場合、お前たちはどのように考えるか。この広大な国について、宇宙について、数学者、あるいは数学者の弟子たちは、その国の果てについて知ることができ、その数を、広さを知ることができるだろうか」

「それはとてもできません、世尊」

「弟子たちよ、この人が通り過ぎた宇宙の一点を置いた国と、置かなかった国とを、すべてすり潰して塵にして、一塵を一億年としたとしよう。その仏が姿を消されてからの年月の長さは、その塵の数を過ぎること、無量無辺の、百千万億倍の長さなのだ。私は如来の知見の力によって、その遠い昔を、今日のように見ることができるのだ」

その時に世尊は、重ねて次のように述べようとして、韻を踏んで言われました。

「私が過去世の、無量無辺の遠い昔を思い起こしてみると、仏がおられた。その仏は大通智勝というお名前だった。

ある人が、力によって、大宇宙をすり潰して、この多くの物質をすべて墨にして、千の国土を過ぎて一点を置くとしよう。このように繰り返して置いていき、この多くの微塵の墨をすべて使い果たしたとするが、そのような広大な国土の一点を置いた国と、置かなかった国と、再びことごとくすり潰して塵にして、その一塵を一億年としよう。

この多くの塵の数よりも、仏がおられたその時代は、遥かに遠い。あの仏が入滅、姿を消されてから、そのように量り知れないほどの時が経っているのだ。如来の自由自在の智慧によって、あの仏の入滅とその弟子たちや菩薩たちを知ることは、ちょうど目の前の入滅を見るようなものだ。

お前たちよ、知るがよい。仏の智慧は、清らかで優れており、煩悩の汚れや妨げは全くなく、無量の時の長さを見通すことができるのだ」

仏は大勢の者たちに告げられました。

「大通智勝仏の寿命は、五百四十万億年の長きにわたっている。その仏はもと、悟りの場に坐って、悪魔の軍勢を打ち破り、無上の正しい悟り、阿耨多羅三藐三菩提が得られそうになったのだが、しかしその目前において、諸仏の悟りが現前しない。そして一億年から十億年の間、結跏趺坐したまま、身も心も不動を保ったのだが、しかし尚、諸仏の悟りは、その身に体得されることはなかった。

　ところで、忉利天《とうり》の神々は、先よりあの仏のために、菩提樹の下に師子座を設けておいた。その高さは百メートル、仏はこの座に坐して、無上の正しい悟りを獲得されるようにと願っていたのだが、仏は初めてこの座に坐られた。その時、多くの梵天王たちは、その座の周囲、百メートルにわたって、たくさんの天上の花を降らせた。香りのいい風が、時に吹いてきて、萎んだ花を吹き去っては、仏の入滅の時まで、いつもこの花を降らせ続けた。

　四天王たちは、仏を供養するために天上の鼓を打ち続けた。その他の天の神々は、大上の音楽を奏でて、十億年が過ぎ、仏の入滅の時まで、奏で続けたのだ。

　比丘たちよ、弟子たちよ、大通智勝仏は、十億年も経過してから、諸仏の悟りを現前し、無上の正しい悟りを完成されたのだ。

　この大通智勝仏は、まだ出家されない時に、十六人の子供があった。その第一の子供を、智積《ちしやく》と言った。子供たちはそれぞれ、種々さまざまな珍しい玩具を持っていた。父が無上の正しい教えを獲得したということを聞いた子供たちは、みな大事にしていた玩具を捨てて、父である仏のところへ出かけていった。

母たちは涙を流しながら、その子たちについてゆき、見送った。祖父の転輪聖王と百人の大臣たち、そのほか百千万億の人々が、みな一緒に子供たちを取り囲んでついてゆき、悟りの座に辿り着いた。

そこでみんな大通智勝仏に近づき、仏を供養し、心から敬い、尊重し、讃嘆しようとした。そこで仏の所へ到着するとひざまずき、頭に仏の足をいただいて礼拝し、仏の周りを右回りに三度回り終えて一心に合掌し、世尊を仰ぎ見て、韻を踏んで讃嘆した。

『大威徳のある世尊は、衆生を救済しようとして無量億の時間をかけて、そして今ここに仏となられました。多くの誓いは満たされ、素晴らしく、めでたいことこの上もないことです。

世尊が世の中に出現されることは、非常に希なことで、ひとたびお坐りになるや、十億年の間、身体も手足も静かに安らかにして動かされはしませんでした。

その心は常に静かで安らかで、乱されることはありませんでした。それが究極に達して、長く静寂となり、煩悩の汚れのない教えのうちに安らかに身を置いておられます。

今、世尊が安らかに仏の道を完成されたのを見て、私たちは素晴らしい利益を得られ、共々讃え喜んで、嬉しく思いました。

衆生は常に苦悩をいだいて、盲目のように行先は暗く、導いてくれる導師もいません。苦しみを滅する道も知らず、したがって苦しみからまぬがれる解脱を求めることも知りません。

長きにわたって、悪い境涯を増し、多くの天上の神々を減らしていきました。闇から闇へと入っていって、長く仏の名を聞くことがありませんでした。

今、仏は最上で安らかな煩悩の汚れのない道を獲得されました。私たちと天の神々や人々は、最も大きな徳、喜びをそれによって得たのです。それゆえに、私たちはみな、頭に仏の御足をいただいて礼拝し、この上なく尊い人に帰依するのです』

その時に、十六人の王子たちは、韻を踏んだ言葉によって仏を讃え終わると、世尊に教えをお説きくださいと頼み、みな、次のように言った。

『世尊よ、どうか、教えをお説きください。それによって心が安らぐ者が、さぞかし多いことでしょう。多くの天の神々や人々をあわれみ、どうか、私たちに喜びを与えてくださいませ』

そして重ねて、次のように韻を唱えた。

『この世の勇者である世尊には、他に並ぶ者がおりません。百種の福徳によって自らを厳かに飾り、無上の智慧を獲得されました。どうか、世間の者たちのために教えを説き、私たちと多くの衆生たちを救済し、そのために仏の教えを踏まえて、あきらかに道を示し、仏の智慧をそなえさせてくださいませ。もし、私たちが仏となることができれば、人々もまた仏となることができましょう。

世尊は、人々の心の奥底の思いを知り、またその行いのさまを知り、さらにその智慧の力を知っておられます。その心の願い、および修めた福徳、これまでの前世の行いの業、これらについて世尊はすべてご存じになっています。どうか、この上ない教えをお説きくださいますように』と」

仏は大勢の者たちに告げられました。

「大通智勝仏が、無上の正しい悟りを獲得された時、東西南北と四方の上下、あわせて十方の、おのおの五百万億の諸仏の世界は、六通りに震動して、それぞれの国の地中の、深くて芯にある太陽や月の光も照らすことができない場所までが明るくなった。

その中に住む者たちは、その光によって初めて互いに相手を見ることができて、みな、次のように言った。

『この世のなかに一体どうして、たちまちのうちに多くの人間たちが生じたのだろうか』

と。

また、これらすべての国土世界において、欲望の多くの天の神々たちの宮殿から、他の宮殿に至るまでが六通りに震動し、大きな光がくまなく世界を照らして、その光は天の神々の光より勝っていた。

その時に、東の方にある五百万億の多くの国々の中の宮殿に、光明が照り輝いて、その明るさはいつもの倍であった。婆羅門の僧たちは、それぞれこのように考えた。

『今、我々の宮殿は、今までになく輝いている。これは一体どういう謂れで、このような瑞相が現れたのだろうか』

この時、多くの婆羅門の僧たちは、それぞれ訪れ合って、共にこのことを論じ合った。

ところで、その集まりの中に一人の婆羅門のリーダーがいて、その名を救《く》一切《いっさい》と言った。

彼は大勢の婆羅門の僧たちのために、歌を唱えて次のように告げた。

『我々の多くの宮殿に輝いている明かりは、今までにない輝きだ。これは一体どういうわけだろうか。それぞれ、みんなでこの謂れを尋ねなければならない。偉大な徳を有する天界の神々が生まれたのだろうか。それとも仏がこの世に出現されたのだろうか。この大きな光は、くまなく十方を照らしている』

その時、五百万億の国土の婆羅門の僧たちは、宮殿と一緒に、それぞれ花の器に多くの天上の花を盛って、一緒に西方に行き、この瑞相の謂れを尋ねてみた。

するとそこに、大通智勝如来が、悟りの座である菩提樹の下で、高い椅子に坐って、それを多くの天の神々や龍王、乾闥婆、緊那羅、摩睺羅伽、あるいは人間と人間以外の者たちが、恭しく敬って取り囲んでいるのが見え、それに十六人の王子たちが、仏に教えを説かれるようにと願っているのが見えた。

そこですぐさま、大勢の婆羅門の僧たちは、仏の足を頭に頂いて、礼拝をし、仏の身の周りを百千回も回って、天上の花を仏の上に散らした。その撒かれた花は、須弥山《しゅみせん》のように高く積もって、同時に仏の菩提樹にも、その花を散らして供養した。その菩提樹は、高さ百メートルもあった。花による供養が終わると、それぞれが自分たちの宮殿を、その仏に奉って、次のように申し上げた。

『どうか、私どもにあわれみをかけて、法の利益に与らせてくださいませ。奉りました宮殿をどうか、どうか、お納めくださいませ』と。

そこで大勢の婆羅門の僧たちは、仏の御前で一心に、異口同音に、次のように讃えて唱えた。

『世尊がこの世に現れることはきわめて希なことです。お会いすることができるのは、難しいことでしたが、今、世尊は無量の功徳をそなえ、すべての者を救い上げて守り、天上の神々と人間たちの偉大な師匠として、世界の者たちをあわれんでくださいます。十方の多くの衆生たちは、それで余すところなく、すべてが利益を蒙ります。

私たちは、五百万億の国々からやって参りました。深い瞑想の楽しみを捨ててまでしてやってきたのは、仏を供養するためであります。先の世に成し終えた福徳によって、私たちの宮殿は極めて厳かに、飾られております。そして今、それを世尊に差し上げます。どうか、あわれみを垂れて、それをお納めくださいませ』

その時に、大勢の婆羅門の僧たちは讃え終わって、それぞれ次のように申し上げた。

『どうか、世尊よ、教えをお説きになってくださいませ。人々を救済し、涅槃への道をお開きください』

そこで大勢の婆羅門の僧たちは一心に、異口同音に、仏を讃えて唱えた。

『世界の勇者、人中の最高の方、なにとぞ教えを説かれ、大きな慈悲の力によって、苦しんでいる衆生たちを救ってくださいませ』と。

その時に、大通智勝如来は無言のまま、うなずかれた。

また東南方の五百万億の国々の、数多くの婆羅門の僧たちは、それぞれの住まいの光が、これまでになく輝くのを見て喜び、躍り上がって、心たかぶり、即座にそれぞれが訪ね合って、この出来事について論じ合った。

その時に、その集まりの中に、一人の大梵天王がいて、その名を大悲と言い、彼は大勢の高僧たちに、出来事を讃えて、次のように言った。

『これは一体、どういうわけがあって、このようなことになったのだろうか。我々の住まっている多くの宮殿に輝いている光は、今までにない大きな輝きだ。偉大な徳を持たれた、天界の神が生まれたのだろうか。それとも仏が、この世に出現されたのだろうか。

未だかつて、このようなことは見たことがない。みんな、一心にそのわけを探そう。一千万億の国を探し回っても、光を尋ねて、その光のもとを求めていこう。多分、仏がこの世に出現して、苦しんでいる者たちを救済されるのだろう』

その時に五百万億の国々の、大勢の婆羅門の僧たちは、宮殿と一緒に、それぞれの花の器に、天上の花を盛り上げて、そろって西北の方面に行き、この素晴らしい出来事の謂れを尋ねてみると、大通智勝如来が悟りの座である菩提樹の下で、高い椅子に坐っておられ、それを大勢の天の神々や龍王、乾闥婆、緊那羅、摩睺羅伽、人間と人間以外の者たちが、恭しく敬って、取り囲んでいるのが見え、それに十六人の王子たちが、仏に教えの法を説かれるようにとお願いしているのが見えた。

そこで大勢の婆羅門の僧たちは、仏の御足を頭に頂いて、礼拝し、仏を右回りに百千回も回って、そして天上の花を、仏の上に撒き散らした。撒かれた花は、須弥山のように高く積もって、そして、仏の菩提樹にも花の供養をした。

その花の供養が終わると、それぞれが自分たちの宮殿を仏に奉って、次のように申し上げた。

『なにとぞ、私どもにあわれみをかけて、徳をお与えください。差し上げました宮殿を、どうか、納めてくださいますように』と。

大勢の婆羅門の僧たちは、仏の前で一心に声を揃えて、仏を讃えて、次のように言った。

『尊いお方、神々の中の最高のお方よ、迦陵頻伽のような美しい声によって、人々をあわれみ給う方に、我々は今、心から帰依し、敬い奉ります。

百八十億年という長い時間が、仏がこの世に存在しないままに、虚しく過ぎていきましたが、その間に三種類の悪い生き様が満ちて、天の神々が少なくなってしまいました。

今、仏はこの世に出現されて、人々のためにその目となり、この世の者たちが帰依して、赴く所、すべてのものを救って守られ、衆生の父となって、あわれみ、徳を与えてくださいます。我々は、前の世からの福徳のお陰で、今、ようやく世尊にお会いすることができました』

その時、大勢の婆羅門の僧たちは、仏を讃え終わって、それぞれ次のように申し上げた。

『どうか、世尊よ、すべての者たちをあわれみ、教えをお説きになってくださいませ。そして、人々を救ってくださいますように』

そこで僧たちは、一心に声を揃えて、仏を讃えて言った。

『偉大なる聖者よ、教えをお説きになって、この世界の誠のあり方を明らかにし、苦しんでいる人々を救済し、大きな喜びを与えてくださいますように。

人々がこの教えを聞けば、悟りを得、あるいは天界に生まれ、さまざまな悪い境涯が減少し、忍んで善を為す者が増えることでしょう』

その時、大通智勝如来は、無言のままに頷いてそれを許された。

また、大勢の者たちも、南方の五百万億の国々の、数多くの婆羅門の神官たちも、それぞれがそれぞれのお宮の光が、これまでになく光り輝いているのを見て、喜び、躍り上がって、驚いてすぐさま、それぞれが訪れ合って、一緒にこのことを論じ合った。

『一体、どういうわけで、我々のこのお宮がこのように光り輝くのだろうか』

その時に、その集まりの中に一人の婆羅門の神官のリーダーがいて、その名を妙法と言ったが、彼は大勢の神官たちの集まりで、出来事を讃えて言った。

『我々のお宮に、光が明るく輝いている。これは謂れのないはずがない。この素晴らしい出来事のわけを尋ねてみよう。
百千億という、長い時間が過ぎたと言ったけれども、未だかつて、このようなありさまは見たことがない。大きな徳を持たれた、天界の神が生まれたのだろうか。それとも、仏がこの世に出現されたのだろうか』

その時に、五百万億の国々の大勢の婆羅門の僧たちは、その宮殿と一緒に空を飛んで、それぞれさらにたくさんの天上の花を盛りたてて、一緒に北の方に行き、この目出度い出来事の謂れを尋ねてみると、大通智勝如来が悟りの座の菩提樹の下の高い椅子に坐っておられて、それを大勢の天の神々や龍王、乾闥婆、緊那羅、摩睺羅伽、人間と人間以外の者たちが、恭しく敬いつつ、取り囲んでいるのが見えた。それに十六人の王子たちが、仏に教えを説かれるように願っているのが見えた。

そこで大勢の婆羅門の神官たちは、仏の足を頭に頂いて、礼拝し、仏の周りを百千回も回って、そして天から運んだ花を、仏の上に散らした。その花は須弥山のように高く積もって、そして仏の菩提樹にも花の供養を行って、その花の供養が終わると、それぞれが自分たちのお宮を仏に奉って、次のように言ったものだ。

『どうか、私どもにあわれみをかけて、徳をお与えくださり、差し上げました宮を、お使いくださいますように』

その時に大勢の婆羅門の神官たちは、仏の前で一心に声を揃えて、仏を讃えて、次のように申し上げた。

『世尊にお会いできることは大層難しい。世尊は多くの悩みを、打ち破られた方であります。百三十億年という、長い時間を過ぎて、今、やっとお会いすることができました。世尊は、多くの飢えて餓えている人間たちに、教えの雨を降らせて、満たしてくださいます。昔から、未だかつて見たことがない、量り知れない智慧をお持ちの方なのです。優《う》曇波《どんば》羅《ら》の花のように、見ることの難しいあなたに、今日、やっとお会いすることができました。我々の多くの神殿は、光をあなたから蒙って、厳かに飾られました。世尊よ、どうか、大きな慈悲によって、なにとぞ、それをお納めくださいますように』

その時に、婆羅門の神官たちは、仏を讃え終わると、それぞれ次のように言った。

『どうか、世尊よ、教えをお説きくださって、それによってこの世のすべての神々、悪魔、婆羅門の神官、そして修行者たちがみな、心安らかになって、救われることができますように』

そこで大勢の婆羅門の僧たちは、一心に声を揃えて、仏を讃えて申し上げた。

『天上と人間の中で最も尊いお方、どうか、無上の教えを説いて、偉大な教えの鼓を打ち鳴らし、偉大な教えのほら貝を吹き鳴らしてくださいますように。

くまなく偉大な教えの雨を降らせて、無量の衆生たちを救済してくださいませ。我々はみな、あなたに帰依し、お願い申し上げます。どうか、深遠なお声の説法をお述べくださいますように』

その時に大通智勝如来は、無言のままに頷いて許された。西南の方から地下に至るまで、これと同じようであった。

その時に、上方の五百万億の国々の、大勢の婆羅門の神官たちは、みなすべて、自分たちが住んでいる宮殿の、その光明がひときわ強く輝いて、昔からこれまでになかったありさまを見て、喜び躍り上がり、いつにない思いを生じ、それぞれ訪れあって、ともにこのことを論じ合った。

『どういうわけで、われわれの宮殿に、このような光明があるのだろうか』と。

その時、その集まりの中に、一人の婆羅門の神官のリーダーがいて、その名を尸棄《しき》と言い、彼は大勢の神官の集まりの中で、出来事を讃えて言った。

『今、どういう謂れによって、我々の宮殿が威徳ある光明に輝き、未だかつてないほど、厳かに飾られているのだろうか。このような素晴らしいありさまは、これまで、聞いたり見たりしたことがない。偉大な徳をもっている天界の神が生まれたのだろうか。それとも仏が出現されたのだろうか』と。

その時に、五百万億の国々の、大勢の婆羅門の僧たちは、宮殿と一緒に空を飛んできて、それぞれの花皿に、たくさんの天上の花を盛って、ともに下方に行き、この目出度い出来事の謂れを尋ね求めた。

すると大通智勝如来が、悟りの座である菩提樹の下の師子座に坐っておられ、それを大勢の天の神々や龍王、乾闥婆、緊那羅、摩睺羅伽、人間と人間以外のものたちが、恭しく敬いつつ、その周りを取り囲んでいるのが見え、さらに十六人の王子たちが、仏に教えの法を説かれるように請うているのが見えた。

そこで大勢の婆羅門の僧たちは、仏の御足を頭にいただいて礼拝をし、右回りに百千回回って、天上の花を仏の上に散らした。その撒かれた花は、須弥山のように高く積もった。そして、仏の菩提樹にも花で供養をした。その供養が終わると、それぞれが自分たちの宮殿を仏に奉って、次のように申し上げた。

『なにとぞ、私どもにあわれみをかけ、利益をお与えくださいませ。差し上げました宮殿を、どうかお納めくださいますように』

そこで大勢の婆羅門の僧たちは、仏の前で一心に声をそろえて、次のように申し上げた。

『素晴らしいことです、多くの仏たち、この世を救う尊い聖者にお会いすることは。仏たちは、これで欲界、色界、無色界の三界《さんがい》の苦しみから、多くの人たちを救済できます。あまねき智慧をもった神々と人間の中の尊い方は、多くの人々をあわれみ、広くすべてのものを済度されます。昔から、量り知れないほどの長い時が空しく過ぎて、仏が世におられることはありませんでした。

世尊がまだ世に出現されなかったときは、十方の世界は常に暗い闇であり、悪しき境界が増大し、また阿修羅も盛んでした。天の神々の集まりは次第に減少し、彼らは姿を消して、悪しき境涯に堕ちました。仏から法を聞くことがなく、常に不善のことを行い、身体も力も智慧も、みな減少しました。

罪を犯した悪業の因縁によって、安楽そのものと安楽の想いを共に失い、邪な見解にとどまって、善行の修め方を知らず、仏の教化をこうむることもなく、常に悪しき境界に堕ちるのです。

仏はこの世の眼となって久遠《くおん》の年月を経て、やっと今、ここに出現されました。多くの人々をあわれんで、この世に出現されました。すべてを超えて、正しい悟りを成就されました。我々は喜んで慶賀し、またその他のすべてのものたちも、喜び驚いて感嘆しました。

われわれの宮殿は、光を受けて厳かに飾られました。その宮殿を今、世尊に献上いたします。あわれみを垂れて、納めお受け取りください。願わくは、この功徳が、あまねくすべてのものに行きわたり、私どもと人々が、共に仏道を成就することができますように』

その時、五百万億の国土の大勢の婆羅門の神官たちは、仏を讃え終わって、それぞれ仏に申し上げた。

『なにとぞ、世尊よ、教えの法をお説きくださいますように。それによって、一切衆生を安穏ならしめることが多く、済度することが多いでありましょう』

その時に大勢の婆羅門の神官たちは、仏を讃えて申し上げた。

『世尊よ、教えの法を説いて、不死の法の太鼓を打って、苦しみ悩む衆生を救済し、涅槃に至る道を教えてくださいませ。

なにとぞ、私どもの願いを聞き入れて、優れた美しい音声で私たちを憐れみ、無量の功徳を、長い間に修められた教えの法を、お説きくださいますように』

その時に大通智勝如来は、十方の大勢の婆羅門の神官、そして十六王子の願いを聞き入れて、四つの尊い真理について、三段階、併せて十二の形の教えを説かれた。

それは出家の修行者や、婆羅門、天上の神、悪魔、あるいは婆羅門の僧、それにその他の世界の、何者にも説くことのできないものだ。それは、これが苦であり、これが苦しみの原因であり、これが苦しみを消す故であり、これが苦しみのなくなる、消滅に至る道であるというものだった。そしてこの教えに続いて、広く十二の因縁の法を、次のように説かれた。

『無明《むみよう》、すなわち根源的な無知は、行《ぎよう》、すなわち形成の働きの存在条件、つまり縁なのだ。行は対象の認識作用の存在条件である。識は名色《みようしき》、名称と形態の存在条件なのだ。また名色は六入、すなわち目、耳、鼻、舌、身体、心の、六種の認識の場の存在条件なのだ。六入は触《そく》、すなわち対象との接触の存在条件なのだ。触は受、つまり感受作用の存在条件なのだ。受は愛、つまり欲望の存在条件なのだ。生は老死、憂い悲しみ、苦悩の存在条件なのだ。

従って、無明が滅すれば、行が滅するし、行が滅すれば、識が滅する。識が滅すれば、名色が滅する。名色が滅すれば、六入が滅する。六入が滅すれば、触が滅する。触が滅すれば、受が滅する。受が滅すれば、愛が滅する。愛が滅すれば、取が滅する。取が滅すれば、有が滅する。有が滅すれば、生が滅する。生が滅すれば、老死憂い、悲しみ、苦悩が滅するということになるのだ』

仏は、天の神々や人々の大勢の集まりの中で、この教えの法を説かれた時に、六百万億という多くの人々は、すべてのものにとらわれることがなくなったので、さまざまな煩悩の汚れから、その心が解放され、みな深くて優れた境地と、三つの種類の学識と、さらに六つの種類の神通力を得て、八種類の解脱を備えるに至った。

第二、第三、第四の説法の時も、千万億のガンジス河の砂の数の倍の人々が、やはりすべてのものにとらわれることがなくなったために、多くの悩みの汚れから、その心が解放された。これによって、後の弟子たちの数は、無量無辺であって、数え上げることもできないほどだった。

この時に十六人の王子たちは、みなまだ子供だったので、出家して沙弥《しゃみ》となった。さまざまな能力に優れて、智慧は明らかだった。かつてすでに百千万億の多くの仏たちを供養し、清らかな戒律の行を修習して、無上の正しい悟りの智慧を求めた。彼らは共に、仏に次のように申し上げた。

『世尊よ、この無量千万億という、大勢の徳のある弟子たちは、みなすでに弟子の道を完成しております。

世尊よ、ぜひとも今度は、私たちのために無上の正しい悟りの教えをお説きください。

私たちはそれを聞いた後は、一緒に学び、修行いたします。

世尊よ、私たちは如来の知見を得ることを、望んでおります。その私たちの深い願いは、仏が自ら、おわかりになり、ご存じでありましょう』

その時に、転輪聖王が率いている者たちの中の八万億の人々が、十六人の王子たちが出家するのを見て、出家を求めた。王はそれを許した。

その時に、かの仏や弟子たちの願いを受け入れて、二万億年という長い年月を過ぎた後に、出家、在家の男女の信者の前で、この大乗経典の妙法蓮華、教菩薩法を詳徳する教え、仏に守られるものと名付ける経典を、説かれたのだ。

この経を説き終えられた後、十六人の弟子たちは、無上の正しい悟りを得るために、みな一緒に、そのお経を受持し、歌い唱えて、その教えの意義をきわめた。

この経を大通智勝仏が説かれた時、十六人の菩薩である沙弥たちすべてが、それを信じて受け入れた。弟子たちの中にもまた信じ、よく理解する者もあった。しかし、その他の千万億の衆生たちは、まだ疑惑を抱いていたのである。

仏はこの経を説かれ続けて、八千億年もの間、休んだり止めたりされたことはなかった。この経を説き終えられた後、直ちに静かな部屋に入られ、八万四千億年という長い時間にわたって、禅定に入られたのである。

その時に十六人の菩薩たちは、仏が部屋に入られて、静かに座禅をされているのを知って、それぞれが己の説法の座に昇って、八万四千億年という長い時間にわたって、周りの人たちに妙法蓮華経を、広く細やかに説き明かした。一人ひとりがみな、六百万億以上の、ガンジス河の砂に等しい人々を救済し、教えを示して、導いて、功徳を与えて喜ばせ、無上の新しい悟りへ向かう心を起こさせた。

大通智勝仏は、八万四千億年という長い時間が過ぎた後に、瞑想から立ち上がって、説法の座に坐り直し、安らかにその座に坐って、大勢の者たちに告げられた。

『この十六人の菩薩の弟子たちは、誠に珍しい者たちである。さまざまな資質や能力に優れていて、その智慧は明晰だ。彼らはこれまでに、無量の千万億という多くの仏たちに仕えて供養し、仏たちのもとで常に清らかな修行をして、仏の智慧を授かって保ち、人々にそれを説き明かし、人々にそれを伝えて示し、その境地に入らせたのだ。

お前たちよ、みな親しく近づいて、彼らを供養しなさい。なぜならば、もしそれらの弟子たち、それにさらに多くの菩薩たちにせよ、この十六人の菩薩たちの説いて教えるお経の教えを信じて、それを受持して、それをそしらない者は、誰でも必ず無上の新しい悟りである、仏の智慧を得ることができるだろう』と」

仏は多くの弟子たちに告げられました。

「この十六人の菩薩たちは、いつも喜んで、この妙法蓮華経を説いているのだ。一人ひとりの菩薩が教えた、六百万億人以上のガンジス河の砂の数に等しいほどの弟子たちは、生まれ変わるたびに菩薩と共にあって、菩薩に従って教えを聞き、それらのすべてを固く信じてきたのだ。その謂れによって、四万億の、多くの仏にお会いすることができた。それは今も続いているのだ。

弟子たちよ、私は今、お前たちに教えを告げよう。あの仏の弟子の十六人の者たちは、今、みな、無上の新しい悟りを勝ち得て、十方の国土にあって、現に教えを説いており、無量百千万億という数の菩薩や弟子たちが、そのお付きとなって務めている。

そのうちの二人の弟子が、東の方において仏となった。一人を阿閦《あしく》といい、もう一人は須弥頂《しゅみちょう》といって、歓喜《かんぎ》国《こく》におられる。東南方には二人の仏がおられて、一人は師子音《ししおん》といい、もう一人を師子相という。南方には二人の仏がおられ、一人は虚空住《こくうじゅう》といい、もう一人を常滅《じょうめつ》という。西南方には二人の仏がおられ、一人を帝相《たいそう》、もう一人を梵相という。

西の方にも二人の仏がおられる。一人は阿弥陀といい、もう一人を一切世間苦悩という。西北方には二人の仏がおられ、一人は多摩羅跋栴檀香神通《こうじんずう》といい、もう一人を須弥相という。北の方に二人の仏がおられ、一人を雲自在《うんじざい》といい、もう一人を雲自在王という。東北方の仏を壊一切世間怖畏《えいっさいせけんふい》という。

そして十六人目が私、釈迦牟尼仏であり、この娑婆世界において、無上の新しい悟りを完成したのだ。

弟子たちよ、私は沙弥であった頃、それぞれが無量百千万億のガンジス河の砂に等しい者たちを教化したのだ。私に従って教えを聞いたのは、無上の正しい悟りのためだった。

この多くの弟子たちの中で、現在も弟子の位にとどまっている者たちがいる。しかし私は、いつも無上の正しい悟りに向かわせるように、彼らを教えてきた。この者たちは必ずや、この教えによって、次第に仏の道に入っていくだろう。

なぜならば、仏の智慧は信じ難く、理解し難いものだからだ。その時に教化された無量のガンジス河の砂に等しい者たちとは、お前たち、大勢の弟子たちと私が、この世を去った後の未来の世の弟子たちのことなのだ。

私が姿を消した後にも、やはり弟子たちがいて、この経を聞かずに、菩薩の行いを知らず、悟ることもなく、自分で得た功徳に対して、これが完全で円満な境地であるという思いを生じていることがあるだろうが、その場合でも私は、他の国において仏となり、新たに異なった名前によって、教えを伝えるだろう。そうすれば、それらの人々は、完全で円満な境地に至り、死しても、その国において、仏の智慧を求め、この経を聞くことができるだろう。

完全で円満な涅槃は、ただ仏の教えの乗り物によってのみ得られるのだ。その他に、他の教えの乗り物は、存在しない。ただし、仏たちの教えの手立てとしての説法は、別である。

弟子たちよ、仏はもし自らが、この世を去る時が近づいて、人々が心清らかで、信仰の心が固く、教えを会得し、深い境地に入ったと知ったならば、多くの菩薩や弟子たちを集めて、この経を説くのだ。この世には、それによって完全で円満な涅槃を獲得できるような、二つの教えの乗り物などは存在しない。ただ一つの仏の教えの乗り物によってのみ、完全で円満な涅槃を得ることができるのだ。

弟子たちよ、知らなくてはならない。仏の教えの手立ては、人々の本性の深くにまで届いているのであって、彼らが劣悪な教えを喜んだり、五官の欲望に深く執着しているのを知って、彼らのためにそれぞれに応じた涅槃について説くのだ。それゆえに、彼らがもしその教えを聞いたならば、直ちに信じて受け入れるだろう。

例えば、五百キロの長い距離の、険しくて困難な悪道で、遥かに人里も途絶えて、寂しく恐ろしいところがあったとしよう。大勢の者たちが、この道を通過して、珍しい宝物があるところに至ろうと、努めている場合に、ここに一人の指導者がいて、人並み外れて利口で、才知に優れ、この険しい道を、通れるか通れないかのありさまをよく知っていて、多くの人々を率いて、この難所を通過しようとしたとしよう。

彼に率いられた人々が途中で、もう飽きて、疲れて、嫌になり、指導者にこのように言ったとする。

『私たちは疲労困憊してしまい、その上に恐ろしくてたまりません。この先の道は、まだ遠いことであるし、今はもう、ここから引き返したい』と。

その指導者は、さまざまに巧みな手段を使って、このように考えた。『彼らはかわいそうなことだ。一体どうして、立派な珍しい宝を捨てて、ここから引き返そうとするのだろうか』

そう考えると、巧みな手立ての力によって、険しい道を、三百キロ過ぎたところに一つの街を創り出してみせ、多くの人々に告げて言った。

『みなさん、恐れてはならない。尻込みして引き返すようなことをしてはいけません。今この大きな街はその中にとどまって、ここでみんなが一息ついて好きなことができるところなのだ。もしこの街の中に入ったならば、快適で安らかになることができるだろう。その上でもし、さらに前進して宝のある場所にたどり着くことができるのであれば、そこから去ってもよい』と。

この時に疲れ切った人々は、それを聞いて大喜びして感歎の声をあげて、『私たちは今ようやくこの悪路から抜け出して、快適で安らかになることができました』と言って、この幻の街に入って、やっと救われたという思いを抱いて、安らかな気持ちになった。

その時にその指導者は、それらの人々が休息することができて、疲労を回復したことを知って、すぐに幻の街を消滅させてしまい、人々にこう言った。

『さあ、みなさん、行こうではないか。宝の場所はすぐ近くにある。さっきのあの大きな街は、私が手品によって創った仮のもので、ただそこで休むだけのものであったのだ』

弟子たちよ、如来もまたこのようなものなのだ。今、お前たちのために偉大な指導者となって、さまざまな生死、輪廻、煩悩の悪道は、険しくて歩むのに困難で、遥かに長い道のりであるが、その道は必ず通らなくてはならない。越えて行かねばならぬということを知っているから、もし衆生たちがただ一つの仏の教えを聞いて悟ったならば、その難しさのために仏を仰ぎ見ようともせず、仏に近づきたいとも思わずに、次のように考えるだろう。

『仏の道は遥かに遠い。長い間、骨折り勤めて、それでやっとたどり着くことができるだろう』

仏は人々の心が気後れして、劣っているものであることを知って、教えの手立ての力によって、道の途中で彼らをとどめて休ませるために、二つの種類の涅槃を説いているのだ。もし人々が、二種類の涅槃の安楽の境地にとどまるならば、如来はその時、彼らにこのように説くだろう。

『お前たちは、成すべきことをまだ成し終わっていない。お前たちの達している境地は、仏の智慧には近いが、だがよく観察し、よく考えなさい。お前たちの得ている安息は、真実のものではない。ただ如来が教えの手立ての力によって、本来ただ一つの仏の教えの術《すべ》を説くところ、これを分けて三種類の手立てとして説いたのだ』

このことは、ちょうど次のようなものだ。すなわち、あの指導者が人々を途中で休ませようとして、大きな街を幻覚として創り出し、そこで彼らがすでに休息し終わったと知って、彼らに『宝の在りかは近い。この街は本当のものではないのだ。私が手品によって創り出したものに過ぎないのだ』と言うようなものだ」

その時、世尊は重ねて、以上の意義を述べようとして次のように言われました。

「大通智勝如来は、十億年という長きにわたって道場に坐っておられたけれど、仏の悟りがあらわにならず、仏の道を完成することができずにおられた。多くの天神、龍王、阿修羅たちは、常に天からの華を降らせて、その仏を供養してきた。天の神々は、天上の太鼓を打ち鳴らし、多くの音楽を奏でて、香りのよい風が萎んだ華を吹き払って、改めて新しい華をさらに降らせた。十億年が過ぎ去って、そこで初めて仏の道を完成することができたのだ。天の神々や世の人々は、そこでみな心が躍るような喜びを覚えた。

その仏の十六人の王子たちは、みなお付きの者たち、千万億の人々に囲まれて、彼らと共に仏の身元に赴いて、仏の足に頭をつけて礼拝し、仏の教えを請い願った。『聖なる師である世尊よ、どうか教えの雨によって、私とすべての者たちを満たしてくださいませ』と。

世尊にお会いすることは、極めて難しい。久しく長い間に、ひとたびだけこの世に現れ、生ある者たちを目覚めさせ、悟らせるために、すべてのものを震動させられる。

東の方の多くの世界の五百万億の国々の、婆羅門の宮殿が光り輝き、そのさまはこれまであったことがないようなものでした。婆羅門の僧たちは、この様子を見て、尋ねて仏の所にやってきて、華を散らして供養し、またその婆羅門のお宮を献上しました。

仏に教えを説かれるように請い願い、仏を褒め讃えた。仏はその時にまだ至っていないと思し召して、その願いを受けながらも、沈黙したまま坐っておられた。東の方の三方と四方と上下の方角においても、またそれぞれ同様だった。華を散らし、お宮を献上し、仏に教えを説かれるように要請したのです。

『世尊にお会いすることは極めて難しいのです。どうか、大きな慈悲をもって、広く不死の門を開き、無上の教えをお説きください』

無量の知恵を備えられた世尊は、彼の多くの人々の願いを受けて、彼らに種々の法、四《し》諦《たい》、十二縁《ねん》の教えを述べられた。

『無明から老死に至るまで、みな生まれるということを縁として存在しているのだ。この世の多くの過ち、災いをお前たちは知らなくてはならない』

この法を述べられた時に、六百万億という多くの衆生たちは、多くの苦の終わりまでも究め尽くすことができて、みな阿羅漢となった。第二の説法の時も、千万のガンジス河の砂の数に等しいほどの多くの人々が、誤りに対して執着を離れ、また阿羅漢となった。これより後の、解脱を得た者の数は量り知れず、万億年という長い時間においても、その教えはその終わりに達することはできないほどだった。

その時に十六人の王子たちは、出家して仏の弟子となって、みな揃って仏に、大乗の教えを述べて説いてくださいと懇請した。

『私ども、それに多くの付き添う者たちは、みなどうしても仏の道を成し遂げなくてはなりません。どうか世尊のように、智慧の眼が最も清らかになることができますように』

仏はこれらの子供たちの心と、過去の世の行いを知って、無量の謂れと、種々の譬えをもって、六波羅蜜、及び多くの神通力について説いて、真実の教えである菩薩が行う道を示して、この法華経のガンジス河の砂の数にも等しいほどの、多くの教えを説かれた。

かの仏は経を説き終えると、静かな部屋で瞑想に入り、専心に一カ所に坐られること、八万四千億年という長い時だった。

この十六人の弟子たちは、仏が瞑想よりまだお出にならないことを知って、無量億の者たちのために、仏の無上の智慧を説いた。それぞれに説法の座に坐って、大乗経典を説いて、仏が安らかに入滅された後においても、この経を唱えて、教えによる指導を続けた。一人ひとりの沙弥たちが救った多くの衆生たちは、六百万億のガンジス河の砂の数にも等しいほど多くであった。

かの仏が亡くなられた後、この多くの教えを聞いた者たちは、ここかしこの多くの国において、常に師と共に生まれるのである。この十六人の弟子たちは、充分に修行を積んで仏道を実践し、今、現に十方の方面において、それぞれ新しい悟りを完成することができたのだ。

その時、教えを聞いた者たちは、それぞれ十六人の仏たちの元にいたが、それらの中で弟子の位にとどまっている者には、次第次第に、仏道を教えたのだ。私は十六番目の仏として、仏たちの中におり、かつてまたお前たちのためにも説法したのだ。それ故に私は、教えの手立てによって、お前たちを仏の智慧に引き入れたいと思う。この元の謂れによって、今、法華経を説いて、お前たちを、仏の道に入らせよう。決して怖れてはならない。

例えば、険しく困難な悪い道でも、遥かに人の気配もなく、害獣が多く、また水も草もなく、人々の怖れる所があったとしよう。

千万の無数倍という多くの人々が、この険しい道を通過しようとするが、その道は非常に遠く、五百キロもある。

その時、一人の指導者がいて、記憶力に優れて智慧があり、賢明で心がしっかりしており、危難に遭った多くの衆を救おうとしたとしよう。人々はみな疲れ果て、指導者に向かって言った。

『私たちは、もう疲れ果ててしまって、ここで引き返したいのです』

指導者はこのように考えた。

『この者たちは、とてもかわいそうだ。どうして引き返して、立派な正しい珍しい宝物を失おうとするのだろうか』

　次いで、教えの手立てのことを考えた。神通力を講じようと思った。そして大きな街を手品で創り出して、多くの家を飾り立ててみせた。周りには園林《おんりん》、堀、水浴の池、幾重にも設けた門、高い楼閣をつくって、その中には男女が充満していた。

　以上の幻の作用を成し終えると、人々を慰めて言った。

『怖れることはない。みなこの街に入ったならば、それぞれしたいことをしなさい』

　人々は街に入って大いに喜び、みな心安らかな思いを生じて、険しい道を越えることができると思った。指導者は、彼らが休息したことを知って、彼らを集めて告げた。

『さあ、みんな、前進しよう。これは神通力で創った街に過ぎないのだ。私はお前たちが疲れ切って、途中で引き返そうとするのを見た。それ故に、教えの手立ての力によって、仮にこの街を、幻の街を神通力で創り出したのだ。諸君、ここで頑張って励んで、一緒に宝の在りかにたどり着こう』

　私もまた、そのようなものである。すべての者たちの指導者なのだ。道を求める者たちが、途中で怠り放棄して、輪廻、煩悩の多くの険しい悪道を渡ることができないのを見て、それ故に、仏の教えの手立ての力によって、彼らを休息させるために涅槃を説いて、お前たちの苦を滅し、成すべきことはすべて成し終わったというのだ。

すでに涅槃に到達し、みな阿羅漢の智慧を得たとして、そこで多くの者たちを集め、彼らのために真実の教えを説くのだ。仏たちは教えの手立ての力によって区別して、三種の教えの乗り物を説かれた。しかし、ただ一つの仏の乗り物のみがあるのであって、休息の場所を設けるために、二種類を説かれたのだ。

今、お前たちのために真実を説こう。お前たちが得たものは、涅槃ではない。仏の一切智を得るために、大いなる精進をこれからも起こすべきなのだ。お前たちが一切智、十種の神通力などの仏の智を体得し、三十二種の仏の相をそなえたならば、それが真実の涅槃であるということができよう。

指導者である仏たちは、お前たちを休息させようとして涅槃を説かれたけれども、お前たちが休息し終わったことを知ったならば、さらに仏の智慧に引き入れるのだ」

妙法蓮華経五《ご》百《びやく》弟《で》子《し》受《じゅ》記《き》品《ほん》第八

その時に、富楼那弥多羅尼子は、仏から以上の、仏の智慧に基づく教えの諸法としての、聞く者にふさわしく説かれた説法を聞いて、また多くの優れた弟子たちに、無上の正しい悟りの予言を授けられたのを聞き、また前世の謂れのことを聞いて、また多くの仏たちが偉大な、自由自在な神通力をもっておられることを聞いて、これまでにない喜びを覚え、心が清らかにときめいて、すぐさまその座から立って、仏の前にひざまずき、自分の頭に仏の足を乗せていただいて、仏を拝み、そして退いて座り直し、尊い顔を仰いで、ひと時も目を離すことがありませんでした。そして、次のように思いました。

「世尊はきわめて希で特別な方であり、その行いは滅多に見られるものではない。この世の人々のさまざまな性質に応じて、教えの手立ての智慧によって法を説き、人々があれこれと、迷い執着していることから抜け出させてくださいます。

私たちは、仏の功徳を言葉によって述べることはとてもできません。ただ仏、世尊だけが私たちの心の、奥の奥に潜んだ本来の願いを知っておられるのだと、確信しました」

その時に仏は、弟子たちに告げられました。

「お前たち、この富楼那弥多羅尼子をよくごらん。私は常に彼が、私の弟子たちの中の第一人者であることを称え、またいつもその種々の功徳を褒めてきた。彼はとてもよくつとめて、私の教えを守り保ち、私を助けて教えを説き、多くの人々に教えを示して、導いて、教えの徳を与え、彼らを喜ばせてくれた。

徹底して仏の正しい教えを解釈して、清らかな行いにつとめる人たちに、大きな徳を与えてくれてきた。如来を除いては、彼ほど言葉によって、教えの誠を伝えることのできる者はいないだろう。

お前たちよ、富楼那は、ただ仏の教えを守り保ち、私を助けて教えを説いていただけだと思ってはならない。また、遠い過去の、九十億という仏たちの元においても、仏の正しい法を守り保ち、仏を助けて教えを説き、その説法者たちの中でも第一人者であったのだ。

また、仏たちの説かれた空の教えに通達し、四種類の自由自在な智慧、四無礙智《しむげち》を体得して、いつも明瞭に清らかに教えを説いて、何の疑いもなく菩薩の神通力をそなえていたものだ。そして、その寿命の尽きるまで、常に清らかな行につとめたので、その仏の世にいた人々はすべて、彼こそ本当に仏の弟子であると思っていた。

しかも富楼那は、この教えの手立てによって、百千の無量倍もの人々に利益を与え、また無数の人々を教え導いて、無上の正しい悟りに導いていった。仏の国を浄めるために、常に仏の行いを行って、人々を教化してきたのだ。

弟子たちよ、富楼那はまた、過去の七人の仏たちの元にあっても、説法者たちの第一人者だったのだ。そして今、また私の元にあっても、説法者たちの中の第一人者でもある。賢劫《げんごう》という現在の世に、将来出現する多くの仏たちの元にあっても、説法者の中の第一人者であり、仏の教えを守り保ち、仏を助けて教えを説くことだろう。また未来の世においても、量り知れないほど多くの仏たちの法を守り保ち、仏を助けて教えを説くことだろう。またいつもつとめて精進し、人々を教化するだろう。

次第に菩薩の道をそなえていき、長い長い時を経た後、この国において、無上の正しい悟りを獲得することだろう。その名を法明如来《ほうみようらい》といい、供養を受けるにふさわしい人、正しく普く智慧をそなえた人、智慧と実践とが完全にそなわった人、悟りに到達した人、世界のすべてに通じている人、最上の人、人間の調教師、天の神々と人々の師であり、仏、世尊という存在だろう。

その仏は、ガンジス河の砂の数にも等しい三千大千世界を一つの仏の国となして、地面は七つの宝からなっており、その平らなことは手のひらのようであって、山や谷や、すぐに障害となる溝もないだろう。

そこには、七つの宝物で飾られた高い建物が建ち並んで、天の神々の宮殿は、その近くの空の上にあり、人間と天と神とがお互いに交じり合って接し、両者が共に見合うことができるだろう。

さまざまな悪い境遇も存在せずに、また女の人もおらず、すべての衆生、人々はみな、他によらず独りでに生まれ、淫欲はありはしないだろう。

偉大な神通力を身につけ、身体から光明を放って、空中を自由自在に飛行することができるだろう。志は堅固で、精進の心と智慧をそなえ、みな一様に金色に輝き、三十二種類の身体の特徴によって、自分自身を厳かに飾ってみせるだろう。

その国土の人々は、常に二種類の食物によって暮らしている。その一つは、法を聞く喜びという食べ物。もう一つは、禅定の喜びという食べ物である。そして、数えきれないほどの多くの菩薩たちが、そのもとにいて、偉大な神通力と四種類の自由自在な智慧を体得し、よく人々たちを教え込むことだろう。弟子たちは、計算することもできないほどたくさんいて、みんな六通、三明の神通力と、八種の解脱をそなえることができるだろう。

その仏の国土は、以上のような量り知れない福徳があって、厳かに飾られているだろう。

富楼那が仏となるその時代を宝明《ほうみょう》と名付け、その国を善浄と名付けるだろう。

その仏の寿命は、無限に近い長さで、仏の説いた教えは、非常に長きにわたって存続するだろう。仏がこの世を去られた後にも、七つの宝で飾った塔を建てて、その国中に満ちあふれさせることだろう」

その時に世尊は、重ねて以上の教えの意義を述べようとして、次のように言われました。

「お前たちよ、よく聞きなさい。仏の子が修行した道は、教えの手立てを充分に学んでいるので、簡単には思いはかることはできないものだ。人々が劣った教えを願って、大きな智慧を恐れていることを知って、そのために菩薩たちは方便として、弟子となり独学に努めている。

無数の教えの手立てによって、さまざまな人々を教え込み、自らは『私たちはまだまだ劣った弟子なのだ。仏の道からまだ遠く離れているのだ』と説くのだ。

量り知れないほどの人々を救うことで、すべての仏の道を成し遂げることができるようにするのだ。彼らが小さな教えを願う、小さな欲しかなく、また怠けて劣るものであっても、次第次第に必ず、仏になるようにさせるのだ。

内には菩薩としての修行を隠し、外に対しては、自分たちはまだまだ耳学問の、未熟な弟子であると表現し、小さな願い事で、生死、輪廻を厭ってみせながら、実は自ら仏の国を浄めているのだ。

人々に、自分たちが怒りや愚かさ、あなどりの三毒をそなえていることを示したり、また誤った見解に陥っているありさまを、わざと現したりもする。

私の弟子たちは、このように教えの手立てをさまざまに設けて、人々を救済しているのだ。もし私が洗いざらい、いろいろな教えのために彼らが現したことを説いたならば、それを聞いた人たちは心に疑いをいだくことだろう。

今、この富楼那は昔、一千億という仏たちのもとで、行うべき修行の道をつとめて修め、仏たちの教えを説いて体得したのだ。そしてこの上ない智慧を求めるために、多くの仏たちのもとで、弟子たちのリーダーとしてつとめ、博識で智慧の深いことを示して現し、その説明する内容には自信があって、人々を喜ばせ、これまでも飽きて疲れることはなかった。それによって、仏の教えの広がりを助けたのだ。

偉大な神につながる手立てを体得していて、四種類の自在な智慧をそなえ、人々の能力、素質の優劣を知って、いつも清らかな教えを説いているのだ。そのような意義を説き述べて、千億の人々を教え、大きな教えの乗り物に乗せて、自らは仏の国を浄めたのだ。

将来においてもまた、量り知れない無数の仏を供養し、正しい教えを守り、仏を助けて教えを説き、また自ら仏の国を浄めることだろう。常に多くの教えの手立てを用いて、法を説くことにはばかることなく、量り知れないほどの人々を救済して、彼らに仏の教えの一切を体得する智慧をそなえさせることだろう。

多くの如来たちを供養し、教えの宝の蔵を守り保って、その後に仏となることができるだろう。そしてその名を法明と言うだろう。その国を善浄と名付け、それは七つの宝によって出来上がっており、その時代を宝明と名付けることだろう。

仕える菩薩たちは数多くいて、その数は無量億であり、みな偉大な神につながる術を体得し、厳かで侵しがたい徳の力をそなえて、その国土一杯に満ちているだろう。弟子たちもまた無数にいて、それぞれが三種類の神につながる術、八種類の心の安らぎをそなえ、四種類の自在な智慧を体得している。以上の人々が修行者の集団なのだ。

その国の衆生たちは、みな淫欲を断っていて、純粋で他によらず、自然に生まれたものであって、三十二種類の身体的な特徴をそなえて、それによって身を固めているのだ。食べ物は、教えを聞く喜び、心の安らぎという二種類の食べ物であり、それ以外の食べ物に対する思いはないだろう。女性たちも存在せず、またさまざまな悪い境涯も存在しないだろう。

富楼那比丘は、その功徳をすべて満たして、必ずやこの国に、賢人、聖人たちが数多くいることになるだろう。以上のような無量の事柄を私は今、ただ略して説いてみせたに過ぎないのだ」

その時に、千二百人の高弟たちの、心に自在を得た者たちは、次のように考えました。

「私たちは喜んで、これまでにない思いをしました。もし世尊が、他の偉大な弟子たちと同じように、私たちにそれぞれ成仏の可能性があるという予言、授記を賜るならば、これほど嬉しいことはございません」

仏は彼らの心の思いを知って、摩訶迦葉に次のように告げられました。

「この千二百人の阿羅漢たちに、私は今、目の前で次々に無上の正しい悟りの予言を授けよう。ここにいる人々の中の、私の偉大な弟子である憍陳如比丘は、必ずや六万二千億の仏を供養し、そして後に、仏になることができるだろう。

その名を普明《ふみょう》如来、供養を受けるにふさわしい人、正しく普く智慧をそなえた人、智慧と実践とが完全にそなわった人、悟りに到達した人、世界のすべてに通じている人、最上の人、人間の調教師、天の神々と人々の恩師、仏、世尊と呼ばれるだろう。

そして続いて五百人の阿羅漢たち、すなわち優楼頻螺迦葉、伽耶迦葉、那提迦葉、迦留《かる》陀夷《だいい》、優陀夷《うだい》、阿寃楼駄、離婆多、劫賓那、薄拘羅、周陀《しゅだ》、莎伽陀《しゃかだら》等たちは、みな無上の正しい悟りをきっと授かり、得ることだろう。すべて同一の名前で普明と言うだろう」

その時に世尊は、以上の言葉の意義に重ねて、次のように言われました。

「憍陳如比丘は、量り知れないほど多くの仏たちにまみえて、阿僧祇劫《あそうぎこう》という長い時を経て、やがてやっと正しい悟りを完成することだろう。常に偉大な光を放ち、多くの神につながる術をそなえて、その名声は東西南北に聞こえて、すべての者に敬われ、常に無上の道を説くことだろう。それ故に、名付けて普明と言うのだ。

その国土は清浄で、菩薩たちはみな勇気があり、みなが立派な楼閣に昇って、十方の多くの国々を遍歴し、無上の供物をもって仏たちに捧げることだろう。その供養をなし終わって、心に大きな喜びを抱いて、たちまちのうちに本国へ帰ってくるだろう。以上のような神通力があることだろう。

その仏の寿命は、六万年だろう。正しい教えが世に存続する期間は、その寿命の長さの二倍であり、正しい教えに似た教えもまた、その倍の期間、世に存続することだろう。やがてその教えが消滅したならば、天の神々と人間たちは憂えることだろう。

しかしその五百人の弟子たちは、次々に必ずや、仏となるだろう。その名を同じように普明と言い、次から次へ順々に、成仏の予言を与えるだろう。すなわち、私がこの世から姿を消した後に、誰それは必ず仏となるだろうと。その仏の教化する世界は、また私の力についても、菩薩や弟子の人々の集まり、正しい教え、正しい教えに似た教えについても、寿命の長さについても、すべて私が説いた通りだろう。

迦葉よ、お前はすでに、五百人の自在な力を得た者たちのことを知ったのだ。その他の多くの弟子の人々も、また必ずこのようになるだろう。今、この集まりの場にいない者たちに、お前は以上のことを説いてやりなさい」

その時に五百人の阿羅漢たちは、仏の前で成仏の予言を受けることができ、その喜びで小躍りしました。そこでただちに、その場から立って仏の前に進み、頭に仏の足をいただいて礼拝し、過ちを悔い、自責の念にかられて申し上げました。

「世尊よ、私どもは、自分たちはすでに究極の涅槃を得たのだと思っておりました。今、初めて、自分たちは無智の者のようであったと知りました。なぜならば、私どもは如来の智慧を得るはずだったのに、それを自分たちは小さな智慧で事足れりとしてしまっていたのです。

世尊よ、それは例えば、こういうことでしょう。

ある人がいて、親友の家に行き、酒に酔って眠ってしまいました。その時にその親友は、用事で出かけねばならなかったので、値のつけようのないほどの立派な宝の珠を、彼の衣の裏に縫い付けて、与えて、出かけてしまいました。その人は酔って寝てしまって全く気付かず、起き上がって、あちこち巡って他国へ行きました。

衣食のためにいろいろ骨を折って、それを求めましたが、非常に困難をきたしておりました。少しでも得るものがあると、それで充分と満足しておりました。

後にその親友が彼に出会って、彼を見てこのように申しました。『お前は、どうして衣食を得るために、こんなことになってしまったのだ。私は昔、君が安楽に暮らすことができるように、五官の思いのままにさせてやろうとして、ある時、立派な宝の珠を、君の衣の裏に縫い付けておいたのだ。今でもそれがあるではないか。それなのに、君はそれを知らずに苦労し、憂え悩んで、自活の道を求めているが、それはとても愚かなことだ。君は今、その宝を必要なものと換えてきなさい。そうすれば、いつも思い通りにできて、乏しいということはなくなるだろう』

仏もまた、そのようであります。私が仏の弟子であった時、私たちを教えて、仏のすべてを知り尽くす智慧の心を起こさせられました。それなのに私どもは、すぐにそのことを忘れ果て、知らず知らず、悟らずにおりました。そして高弟の道を体得して、自分では涅槃、悟りに到達したと思い、生活に困窮して少しのものを得て、これで事足れりとしていましたが、それでも、仏の一切を知る智慧を達成しようとする願いは、尚未だ失ってはおりません。

今、世尊は、私どもを目覚めさせようとして、次のような言葉を言われたのです。『お前たちよ、お前たちが得たものは、究極の涅槃ではない。私は久しい間、お前たちに仏の善根を植えさせたが、教えの手立てのために、悟りの姿を示したのだ。それなのに、お前たちは実際に悟りを得たと思ってしまったのだ』

世尊よ、私は今こそ、知りました。自分たちが本当は菩薩であり、無上の正しい悟りの予言を、授けられることができたのだということを。この謂れによって、喜び勇んで、これまでにないものを得たのです」

阿若憍陳如たちは、重ねて以上の意義を述べようとして申し上げました。

「私どもは、この上ない安らかで穏やかな成仏の予言の声をお聞きして、これまでにないことと喜び勇んでおります。無量の智慧を備えた仏を礼拝いたします。

今、世尊の前で、自ら多くの過失を悔いております。無量の仏の宝の中の、ほんの一部の悟りを得たのみで、智慧なく愚かな人のように、自分はそれで満足しておりました。

例えば、貧乏をして困った人間がいて、親友の家に行ったとします。その家は非常に裕福で、その友達はさまざまな馳走の膳を設け、この上ない値の宝の珠を、その男の衣服の裏に縫い付け、黙って与えて、彼を置いていってしまったのです。

その時、彼は眠っていて、それに気づきませんでした。その人は起き上がると、あちこち巡って他国に行き、衣食を求めて自活し、苦労し、生きるのに困窮して、少しの物を得て、それでも充分と思い、それ以上の良いものを願わず、衣の裏側に、この上ない値の宝の珠があることに気がつかなかったのです。

その宝を与えた親友は、後にこの貧しい人を見て、懇々と彼を叱責した後、縫い付けておいた珠を示して見せました。貧しい人はその珠を見て、大いに喜んで豊かになり、多くの財産を勝ち得て、何でも恣《ほしいまま》にすることができるようになりました。

私どももまた、そのようなものであります。世尊は長きにわたって、常に私どもをあわれんで、教え込まれ、この上ない智慧を授けてくださいました。私どもは、智慧がなかったために、それを悟らず、また知りもしませんでした。悟りのほんの一部を得て、それで自ら満足して、それ以上、求めもしませんでした。

今、仏は私を目覚めさせ、悟らせて、それは真実の悟りではない。仏のこの上ない智慧を得てこそ、本当の悟りであるのだと述べられました。私は今、仏から成仏の予言と、仏の国の厳かな飾りのことと、次から次へ成仏の予言を授けられることをお聞きして、身も心も大きな喜びを感じております」

妙法蓮華経授《じゅ》学《がく》無《む》学《がく》人《にん》記《き》品《ほん》第九

その時に、阿難と羅睺羅は、このように思いました。

「私たちはいつも、もし成仏の予言を仏から授けられたならば、どんなに嬉しいことだろうと思っておりました」

そこで立ち上がって、仏の前に進み出ると、自分の頭に仏の足を乗せていただき、仏を礼拝し、二人共に仏に申し上げました。

「世尊よ、私どもには、ここで成仏の予言を受ける資格があると思います。ただ如来一人だけが、私どもが従うべき人なのです。また私どもは、世界中の神々や人々にもよく知られています。

阿難はいつも仏の侍者となって、教えの蔵を守り保っておりますし、羅睺羅は仏の実の子供であります。もし仏が無上の新しい悟りの予言を授けてくださいますならば、私どもの願いが満たされることになり、多くの者たちの望みもまた、叶えられることになるでしょう」

その時に、学習中の弟子たちや、一応学びを終えた者たち二千人が、みな立ち上がって、仏の前に進み出て、心を併せて合掌し、世尊を見上げて、阿難と羅睺羅と同じような願いを抱いて、その場に立ち尽くしておりました。

その時に、仏は阿難に告げられました。

「お前は未来の世において、必ずや仏となることができるだろう。そして、山海慧自在通《さんかいえじざいつう》王《おう》如来と呼ばれ、人々の供養を受けるにふさわしい人、普くに及ぶ智慧をそなえた人、智慧と実践とが完全にそなわった人、悟りに到達した人、世界のすべてに通じている人、最上の人、人間の教え親、天の神々と人々の先生、仏、世尊と名付けられるだろう。

必ずや、六十二億という多くの仏を供養し、教えの蔵を守り保って、そして後に、無上の正しい悟りを得ることとだろう。そして、ガンジス河の砂の数に倍する二十千万億という多くの菩薩たちを教えて、教化し、彼らに無上の正しい悟りを成就させることとだろう。

その国を常立勝幡《じょうりゅうしょうばん》と名付け、その国は清らかで、瑠璃をその地面に敷き詰めていることだろう。その時代を妙音遍満と名付け、その仏の寿命は、無量千万億年という長い時であろう。もし人が数えても、その仏の寿命の長さは量り知ることができないだろう。正しい教えが世の中にとどまる期間は、その仏の寿命に倍して、正しい教えに似た教えが世にとどまる期間は、正しい教えの期間の二倍でもあろう。

阿難よ、この山海慧自在通王仏は、十方の無量千万億の河の砂の数に等しい多くの仏や如来に、揃ってその功徳を褒め称えられるだろう」

その時に世尊は、再び以上の意義を述べようとされて言われました。

「私は今、修行者の中にあって、お前たちに教えを説く。阿難という教えの護持者は、必ずや多くの仏たちを供養して、後に正しい悟りを完成させるだろう。その名を山海慧自在通王仏と言うだろう。その国は清らかで、常立勝幡という名前だろう。多くの菩薩たちを育てて教え、その数は河の砂の数のように多いだろう。

その仏には偉大な、厳かな徳があって、その名声は世界中に聞こえ、その寿命は量り知れないほどだろう。それは人々を憐れむからなのだ。新しい教えが世に存続する期間は、その仏の寿命に倍して、正しい教えに沿った教えが続く期間は、さらにその倍だろう。量り知れないほど数多くの人たちが、この仏の教えに沿って、仏の道に赴くゆかりの種を蒔くことだろう」

その時に、その集まりにいた、新たに仏道に入った新参の菩薩たち八千人は、みな次のように考えました。

「私たちは、多くの菩薩たちであっても、今までこのような成仏の予言を得たということを聞いたことはありません。それなのに今、どういう謂れがあって、多くの声聞、弟子たちがこのような成仏の予言を得たのだろうか」

その時に世尊は、菩薩たちの心の思いを知って、彼らに告げて言われました。

「弟子たちよ、私と阿難とは、同じく空王仏のもとで同時に、無上の正しい悟りを得ようとする心を起こしたのだ。阿難は常に、教えを多く聞くことを好み、私は常につとめ励んだ。それ故に、私は無上の正しい悟りを達成することができた。

その一方、阿難は教えを護持する者となり、私の教えを守り保ち、また未来の仏たちの教えの蔵を守って、多くの仏たちを教化し、彼らの悟りを完成させるだろう。阿難の誓願はこのようなものであったから、それ故に成仏の予言を得たのだ」

阿難は、仏の前で目の当たりに成仏の予言が授けられたこと、そして、自分の国土の厳かな様を聞いて、自分の願いが満たされ、喜び勇んでこれまでにない思いをしました。

そこですぐさま、過去の無量千万億という多くの仏たちの教えの蔵を思い出してみると、すべて通達して自由自在であり、あたかも今あらためて、それを聞いているようでした。

それにまた、はるかな過去に立てた願いと誓いを悟り直しました。

その時に阿難は、次のように申し上げました。

「世尊は、極めて希な存在でいらっしゃいます。私に過去の無量の仏たちの教えを思い出させてくださいました。それはあたかも今、聞いているように、まざまざとよみがえってまいります。私は今、全く疑いがなくなり、仏道に安住しております。人々への教えの手立てによって、仏の侍者となり、仏たちの教えを必ず、守り保ちましょう」

その時に仏は、羅睺羅に告げられました。

「お前は、未来に必ず仏となることができるだろう。その名前を蹈七宝華《とうしちぼうけ》如来と言い、供養を受けるにふさわしい人、正しく普く智慧をそなえた人、智慧と実践とが完全にそなわった人、悟りに達した人、世界のすべてに通じている人、最上の人、人間の調教師、天の神と人々の師匠、仏、世尊と言われるだろう。必ずや世界を微塵にした数にも等しい多くの仏を供養することだろう。

常に仏たちの長子になることが、今と同じことだろう。この蹈七宝華仏の国の厳かな様、寿命の長さ、教化の弟子の数、正しい教え、正しい教えに似た教えの存続する期間は、山海慧自在通王如来の場合と同じで、異なることは全くない。また常に仏の長子となることだろう。そしてその後に必ず、無上の正しい悟りを得ることだろう」

その時に世尊は、再び今までの言葉の意義を述べようとして言われました。

「私が太子であった時に、羅睺羅は私の長男であった。私が今、仏道を完成すると、その教えを受けて法の子供となった。未来の世において、無量億の仏を見たてまつって、そのすべての仏たちの長子となって、一心に仏道を求めることだろう。

羅睺羅の人知れずの修行は、私だけがそれを知っている。現に私の長子となって、多くの衆生たちにそれを示している。無量億千万の、その功徳は数えることができない。仏の教えに安住して、無上なる道を求めているのだ」

その時に世尊は、学習中の者、また学習を終えた二千人を見られると、彼らの心は柔軟で、静かに落ち着いて清らかで、一心に仏を仰ぎ見ていました。仏は阿難に告げられました。

「お前はこれらの学習中の者、そして一応学習を完了した二千人を見ているかどうか」

「はい、見ております」

「阿難よ、この人々は必ず、五十世界の微塵の数ほどの多くの仏、如来を供養して、敬い尊重し、教えの蔵を守り保って、最後同時に十方の国々において、それぞれ仏となることができるだろう。

すべてみな一つの名前で宝相如来、供養を受けるにふさわしい人、正しく普く智慧をそなえた人、智慧と実践が完全にそなわった人、悟りに到達した人、世界のすべてに通じている人、最上の人、人間の教えの親、天の神々と人々の師、仏、世尊と言われるだろう。

その仏の寿命は、一万年だろう。その仏の国の厳かな様、弟子、菩薩、正しい教え、そして正しい教えに似た教えについては、すべてみな同じだろう」

その時、世尊は再び、以上の意義を述べようとして言われました。

「この二千人の弟子たち、今、私の前にいる者たちに、すべて成仏の予言を授けよう。未来に必ず仏となることだろう。

供養する仏たちは、先に説いた無数におり、その教えの蔵を守り保って、後に必ず正しい悟りを達成するだろう。

それぞれが十方の国々において、すべて同じ名前の仏となるだろう。そして道場に坐って、この上ない智慧を悟ることだろう。

みな名付けて宝相と言い、その国や弟子、正しい教えについて、すべてみな等しく、異なることはないだろう。みなさまざまな神通力によって十方の人々を救済し、その名前は普く行きわたって、次第に涅槃に入ることだろう」

その時、学習中の、あるいは学習を終えた二千人は、仏が成仏の予言をされるのを聞いて、喜び小躍りして申し上げました。

「世尊は智慧の灯明です。私たちは、仏が成仏の予言を授けられるのをお聞きして、心に喜びが満ちあふれ、不死の天酒、甘露を注がれるかのような気持ちでおります」

妙法蓮華経法師品《ほっしほん》第十

その時に世尊は、薬王菩薩にことよせて、八万の菩薩たちに告げられました。

「薬王よ、お前はこの大勢の集まりの中の、無量の多くの神や龍王、夜叉、乾闥婆、阿修羅、迦楼羅、緊那羅、摩睺羅伽たち、そして人間と人間でない者、及び男の弟子、女の弟子、そして未だ教えの道を求めている者、仏の道を求める者を見るが、これらの類の者たちがすべて仏の前において、妙法蓮華経のほんの一節、ほんの一言、ほんの一句だけでも聞いて称え、一瞬であろうとそれによって心から喜びを生ずる者には、私はすべて成仏の予言を授けて与えよう。必ず無上の正しい悟りを得るだろう」

仏は薬王菩薩に告げられました。

「また仏が姿を消された後に、もしある人が、妙法蓮華経のほんの一つの言葉、ほんの一行でも聞いて、たとえ一瞬であろうと、心から喜ぶ者には、私はまた無上の正しい悟りの予言を与えて、授けよう。

もし、またある人が、妙法蓮華経のほんの一つの言葉を受持し、読んで解説し、書いているとして、この経巻を、仏を敬い見るように崇めて、種々に華や香りや装身具や旗や衣服や音楽などをもって供養し、そしてまた、合掌し敬うことまでするとしよう。

薬王よ、よく知るがいい。この人たちは実はかつて、十万億という仏を供養し、多くの仏たちの元にあって、大誓願を達成していたのだが、衆生たちをあわれむが故に、今、この人間たちの中に生まれ変わってきたのだ。

薬王よ、もしある人がいて、未来の世にどのような者たちが、必ず仏となることができるだろうかと問うならば、私がまさに示してやろう。『この人々こそが、未来世において必ず仏となることができるであろう』

なぜならば、もし善男子や善女人が、妙法蓮華経のほんの一句でも受持し、読み上げ、解説し、書き写して、さまざまに花やお香、装身具、そして絹傘、旗、衣服、音楽などをもって供養し、合掌して敬うならば、この人は全世界の人々の仰ぎ見るべき人であり、当然、如来に対する供養のように、この人を供養すべきなのだ。

知るがいい。この人は偉大な菩薩であり、無上の正しい悟りを達成し、衆生をあわれんで、自ら願ってこの世界に生まれてきたものであり、広く妙法蓮華経を述べて説法し、度量を踏まえて示すのだ。ましてや、ことごとくよく受持し、種々に供養する者は、尚のことだ。

薬王よ、知るがいい。この人は自ら清浄な業の報を捨てて、仏の亡くなられた後にあって、衆生をあわれむが故に、願って悪世に生まれきて、広くこの経を述べて説くのだ。もしこの善男子、善女人が、仏が姿を消した後に、密かに、たとえ一人のためにも、法華経の一句をも説くならば、この人はすなわち如来の使者であり、如来が遣わされた者として、如来が為すべきことを行うだろうということを知るがいい。ましてや、大勢の集まりの中において、広く人々のために説く者にあっては、尚さらのことだ。

薬王よ、もし悪人がいて、邪な心を抱いて、百年という長い年月において、仏の前にあって常に仏をそしり、ののしったとしよう。それでもまだその罪は軽いものだ。もしある人が悪口によって、在家あるいは出家の法華経を唱える者をそしったとしよう。その時、その罪は極めて重い。

薬王よ、そもそも法華経を読誦する人は、仏の厳かな威厳をもって、自ら威厳としているのだということを知るべきだ。すなわちこの人は、如来の肩に担がれ、になわれているのだと。そしてその人の向かう方には、必ずそちらを向いて礼拝をすべきなのだ。

一心に合掌し、恭しく敬い供養し、尊重し、褒め称え、華や香、宝物や衣服、調理された食べ物を供え、多くの音楽を奏で、人々の中に受ける最上の供え物によって、その人を供養しなさい。天上の宝をもって、その人の上に散らすべきなのだ。天上の宝の集まりを献上すべきなのだ。なぜならば、その人が喜んで法を説く時に、ほんの少しの間でもこの説法を聞けば、聞く者は直ちに、無上の正しい悟りを究めることができるからだ」

その時に世尊は、再び以上の教えの意義を述べようとして言われました。

「もし、仏道の中にとどまり、仏の無作為の智慧を達成しようとするならば、常に勤めて法華経を受持する人を供養すべきなのだ。

すべてを知る仏の智慧をすみやかに得ようとするなら、この経を受持し、また受持している人を供養しなさい。

もし、妙法蓮華経を受持することができている者があるならば、その者は仏の使者として、多くの人間たちをあわれみ思うのだ。多くの妙法蓮華経を受持している者たちは、清らかな国を捨てて、人々をあわれむが故に、この世に生まれてきたのだから。

そのような人々は、生まれる所を自由自在に選べるので、この悪世に生まれて、広く無上の法を説くことができるのだということを知るがいい。

天界の花やお香、そして天の宝の衣服、天上の素晴らしい宝の数々によって、その説く人を供養すべきである。私がこの世を去った後の悪世にあって、この経をよく保持する者を必ず合掌して、敬い礼拝し、世尊を供養するように供養しなさい。

豪華な供え物、多くの美しいもの、種々の衣服によって、この仏の子を供養してほんの一時でも、その教えを聞くことができるように願いなさい。

もし後の世に、この経を受持することができる者は、私が人々の中に派遣して、仏の行うべきことを行わせているのだ。もし百年の間、常に邪な心を抱き、色をなして仏をののしるならば、その人は無量の重い罪を得るだろう。だが、この法華経を読誦し、保持する者に対しては、ほんの一時でも悪言を加えるならば、その罪はきわめて重い。

ある人が仏の道を求めて、十年の間、合掌して私の面前で、無数の偈によって私を讃えるならば、この仏を讃えることによって、無量の功徳を得ることだろう。経を保つ者を称賛するならば、その功徳はさらにそれ以上のものだろう。

これからも八十億年という極めて長い間、最も優れた形と音と香りと味、感触によって、経を保持する者を供養しなさい。そのように供養した後に、もしほんの一時でもその教えを聞くことができたならば、その場合には、自分は今、大きな利益を得たと喜ぶべきなのだ。

薬王よ、今、お前に告げよう。私が説いた多くの経典の中で、法華経は優れた第一のものである」と。

その時に仏は再び、薬王大菩薩に告げられました。

「私が説く経典は、無量千万億という、たいへんな数にのぼり、すでに説いて、現在も説き、また未来にも説くだろう。そしてそれらの中で、この法華経こそが、最も信じがたく、理解しがたいものなのだ。

薬王よ、この経は仏たちの秘密の教えである。これをみだりに説き広めて、人に授けてはならない。この経は、多くの仏が守護されてきたものであり、昔から今に至るまで、明らかに説かれたことはなかったのだ。しかもこの経に対しては、仏がおられる現在でも、恨みややっかみが多く、ましてや如来の亡くなられた後では、尚さらだろう。

薬王よ、知るがよい。如来の亡くなられた後に、この経を書写し、保持し、読誦し、供養し、他の人々に説こうとする者は、如来はその衣によって、彼を覆うことだろう。そしてまた他の国土に現在おられる仏の衣によって守られることだろう。

その人には大きな信心の力、誓いの力、善行を行う多くの力があるだろう。必ず知るがいい。この人は如来と同じところに住むのだ。つまり如来の手によって、その頭をなでられるのだ。

薬王よ、いかなるところであっても、この経を説法したり、読んだり、読誦したり、書写したり、あるいはこの経巻が置いてあるその場所に、七つの宝の塔を建立し、極めて高く広くして、かつ厳かに飾るべきなのだ。またその塔には、仏の遺骨を安置する必要はない。なぜかと言えば、この塔の中に、すでに如来の全身がおわしますのだから。

この塔はすべての華、香、身を飾る物、絹傘、旗、音楽、歌によって供養し、恭しく敬い、尊び、讃嘆すべきなのだ。もし人がこの塔を見ることができ、礼拝し供養したならば、その人たちはすべて、無上の正しい悟りに近づいたと知るべきなのだ。

薬王よ、多くの人々が、在家であれ出家であれ、菩薩の道を修行していても、もしこの法華経を見聞したり、読誦したり、書写して保持したり、供養したりするということができない場合には、知らなければならない。その人々はまだ、よく菩薩の道を修行していないのだということを。

それとは逆に、もしこの経典を聞くことができた者は、その者こそが、よく菩薩の道を修行しているのだ。およそ衆生で仏道を求める者は、この法華経を見たり、聞いたり、聞いて信じ、理解して受持したりするならば、その人は無上の正しい悟りに近づくことができたと知るべきである。

薬王よ、例えばある人が、喉が渇いて水を求めるとしよう。そこで、高原に穴を掘って水を得ようとする場合、乾いた土を見ている間は、水までまだ遠いと知る。その作業を止めずに続けていって、次第に湿った土を見、ついにようやく泥に達したならば、はっきりと水は近い、必ず近いと知るだろう。

菩薩についても、それと同様である。この法華経をまだ聞きもせず、理解もせず、修行することもできないのであれば、知らなくてはならない。その人は無上の正しい悟りからは、まだ遠く隔たっているのだということを。それとは反対に、もし聞いて理解し考え、修行することができたなら、その人は間違いなく、無上の正しい悟りに近づくことができたのだと知りなさい。

なぜなら、あらゆる菩薩の無上の正しい悟りは、すべてこの経の中にあるからだ。この経は、教えの手立てという門を開いて、真実の姿を示すものなのだ。この法華経の教えの蔵は、奥深く、物静かで、人は容易に到達することはできはしない。今、私は菩薩を教化して、仏の道を完成させ、真実の教えの姿を開いて示すのだ。

薬王よ、もし菩薩がいて、この法華経を聞いて、驚いて疑い、怖れを抱くのなら、この人は新しく仏道の修行に意を起こした、新しい弟子であると知るべきである。もし未熟な弟子が、この経を聞いて、驚き疑い、怖れを抱いたならば、この人は慢心を抱いた者だと知るべきである。

薬王よ、もし善男子、善女人が、如来の亡くなられた後に、人々に対してこの法華経を説こうとするならば、どのように説けばよいのか。この善男子、善女人は、如来の懐に入り、如来の衣を着て、如来の座に坐して、そうしてこそ、多くの人々に広くこの経を説くべきなのだ。

如来の懐とは、すべての衆生たちに対する大きな慈悲の心のことであり、如来の衣とは、柔和と忍耐の心のことである。如来の座とは、あらゆる存在の無実の対象、すなわち空のことを言うのだ。その中に安らかにとどまり、そして後に、怠りのない心によって、多くの菩薩たちは、大衆の人々のために、広くこの経を説くべきなのだ。

薬王よ、私は他の国において、変化《へんげ》の人を遣わして、この法華経を説く人のために、説法を聞く人々を集め、また変化の比丘、比丘尼、信者たちを遣わして、その説法を聞かせよう。これらの多くの変化の人々は、説法を聞いて、それを信じ受け入れ、信頼して逆らうことはないだろう。

もし説法者が、静かな所にいるならば、私はその時、広く多くの神々たちを遣わして、その説法を聞かせよう。たとえ私が異なる国にいようとも、その時々には説法者が、私の姿を見ることができるようにしよう。もし説法者が、この経の文句を忘れてしまったならば、私は再び説いて、完全にしてやるだろう」

その時に世尊は、重ねて以上の言葉の意義を述べようとして言われました。

「さまざまな怠け、怠りの心を捨てようとするならば、まさにこの経を聞くべきである。この経を聞くことは得難く、信じ受け入れる者は、また少ない。

人は喉が渇いて、水を求めようとして高原に穴を掘ったとすると、乾いた土を見ては、水はまだ遠いと知る。段々と湿った泥を見ると、きっと水は近いと知るだろう。

薬王よ、汝は知るがいい。このように人々は法華経を聞かなければ、仏の智慧から遥かに隔たっているのだ。

もしこの深い、お経の意義が、弟子たちの教えの問題を解決し明らかにしていることから、すべてのお経の王であるということを聞いた後に、よく考えるならば、この人々は仏の智慧に近づいたのだと知ればいい。

もし人が、この経を説こうとするならば、如来の懐に入り、如来の衣を着て、そして如来の席に坐って、人々の中にあって怖れることなく、広く道理を踏まえて説くべきである。

大きな慈悲心を懐とし、柔和と忍耐を衣とし、一切存在の空を座とする。ここにとどまって、法を説きなさい。

もしこの経を説く時、人が悪口を言って罵ったり、刀や杖や石によって危害を加えようとしても、仏を心に念ずることで、忍ばなければならない。

私は千万億という多くの国土に、清らかで堅固な姿を現して、無量億万年という長い間、衆生にこれからも法を説いていく。もし私が姿を消した後に、この経を説くことができる者には、私は変化の四種の人々、すなわち比丘、比丘尼と信者の者たちを遣わして、説法者を供養させ、多くの衆生を導いて、彼らを集め、説法を聞かせよう。

もし人が憎しみや、刀や杖、瓦や石によって危害を加えようとするならば、そこで私の身代わりの者を遣わして、その人を護衛しよう。もし説法する人が、一人で静かな所にいて、しんと静まりかえって、人の声も聞こえないような所で、経典を読誦するならば、その時私は、清らかな光に輝く姿を現そう。もし経の文句を忘れたならば、私が説いて、よく通じるようにしてやろう。

もし人が、この経典読誦の徳を備えて、あるいは多くの人々のために説き、閑静な場所でお経を読誦するならば、みな私の姿を見ることができるだろう。もし人が静かな場所にいるならば、私が天神や龍王や夜叉、鬼神たちを遣わして、法を聞く聴衆としてやろう。

その人は法を快く説いて、道理を踏まえて解説し、何の障害もなく自在に行うことができるだろう。多くの仏たちに守られているので、大勢の人々を喜ばせることができるだろう。もし説法者に親しく近づくならば、すみやかに菩薩の道を得ることだろう。この師に従って学習するならば、河の砂の数ほど多くの仏にまみえることができるだろう」

妙法蓮華経見宝塔品《けんほうとうほん》第十一

その時に仏の目の前に、七種類の宝で飾られた塔が現れました。その高さは五百メートル、幅は二百五十メートルもあり、地面から出現して、そのまま空中に浮いてとどまっていました。その塔はいろいろな宝物によって飾られ、五千もの欄干や手すりがついており、塔の下にある部屋は千もありました。

無数の、幟と旗によって厳かに飾られていて、宝の飾り物が垂れ、宝の鈴は一万もあって、その上にかけられていて、辺り一面にみな、多摩羅の木の香りと栴檀の香りを放って、その香りは世界中にくまなく満ちていました。たくさんの旗と天蓋は金や銀や瑠璃、硨磲、瑪瑙、真珠、あるいは赤い珠の宝を併せてつくられていて、四天王の宮殿にまで届いていました。

三十三天の神々は、天の曼荼羅華を雨として降らせ、その宝の塔を供養し、その他の天神や龍神、夜叉、乾闥婆、阿修羅、迦楼羅、緊那羅、摩睺羅伽、そして人や人以外の生き物たちの千万億もの者たちが下に集まり、あらゆる花やお香や飾り物、旗と天蓋や音楽によって、その塔を供養して、恭しく敬い、讃嘆しました。

その時に、宝の塔の中から大音声が響いて、次のように讃えました。

「素晴らしい、素晴らしいことだ。釈迦牟尼世尊よ、あなたは、よくぞ、平等な、偉大な仏の智慧、菩薩を讃える教え、仏に護持されるものである妙法蓮華経によって、大衆を説法されました。その通り、まさにその通りです。釈迦牟尼世尊よ、あなたが説かれたものは、すべて真実です」

その時に、集まった大衆たちは、巨大な宝の塔が、空中に浮いてとどまっているのを見て、またその塔の中から発せられた声を聞いて、みな心がおののき、不思議なことだと思いながら、みな立ち上がって塔を敬って、合掌しておりました。

その時に、大楽説《だいぎょうせつ》という名の菩薩が、すべての世界の、天の神々や人々たちの心の疑いを察して、仏に申し上げました。

「世尊よ、一体どのような謂れから、この宝の塔は地面から出現したのでしょうか。また、その塔の中から、どういうわけで、このような声が発せられたのでしょうか」

その時、仏は大楽説菩薩に告げられました。

「この宝の塔の中には、仏の全身が仕舞われているのだ。遠い遠い昔、東方の千万億離れた世界に、宝浄という国があった。その国に仏がおられて、多宝という名前だったが、その仏が菩薩としての道を修めた時に、大きな誓いを立てられた。『もし自分が仏となってこの世を去った後に、世界中の国々において、どこであれ、法華経を説く所があるならば、その経を讃えるために、私の塔が、そのために彼らの前に出現して、その説法が真実であるということを証明し、称賛してみせよう』と。

その仏は悟りを開いた後、入滅の時に臨んで、天の神々や人々の大勢の前で、告げられました。

『私がこの世を去った後、私の全身を供養しようと思う者は、必ず一つの大きな塔を建てて欲しい。建てるべきだ』

その仏は不思議な誓いの力によって、世界中のありとあらゆる所のどこであれ、もし法華経を説く者がいたならば、その宝の塔を彼らの前に現して、その全身を塔の中に仕舞い、教えを讃えて、『善いかな、善いかな』と言われるのだ。

大楽説よ、今、多宝如来の塔は、法華経が説かれるのを聞き取ろうとして、地面から出現し、そして、それを讃え、『善いかな、善いかな』と言われたのだ」

この時に、大楽説菩薩は、仏の神通力に励まされて、仏に申し上げました。

「世尊よ、私たちは、どうかこの仏のお姿を拝見したいと思います」

仏は大楽説菩薩に告げられました。

「この仏には、大事な誓いがあられたのだ。すなわち、『もし私の宝の塔が、法華経を聞こうとしている者たちのために、面前に出現する時、その仏たちが、私の身体を人々のために示そうと思うのならば、その説法をしている仏の分身で、十方世界の中で説法をしている多くの仏たちを、すべて一所にかえし集めて、そして初めて、私の身体が出現するようにさせよう』という誓いなのだ。

大楽説よ、だから私の分身の多くの仏たちで、世界中にいて説法している者たちを、今、ここに集合させせよう」

大楽説は、仏に申し上げました。

「世尊よ、私たちもまた、世尊の分身である多くの仏たちを拝見し、礼拝して供養したいと思います」

その時、仏は眉間の白い巻き毛から一条の光を放たれました。すると、ただちに東方の五百万億の倍の河の砂の数に等しいほどの、多くの国土にいる仏たちが見られました。

その多くの国土は、すべて大地が頗梨でできており、宝の樹と宝の衣服によって厳かに飾られ、千万億の無数倍という多くの菩薩たちが、その中に満ちあふれていました。宝づくりの幔幕が張りめぐらされ、宝づくりの網がその上にかけられています。

その国土の仏たちは、大きなすぐれた音声によって、多くの教えを説法されていました。また、千万億の無量倍という多くの菩薩たちが、多くの国々に満ちており、大勢の者たちに説法しているのが見られました。南方、西方、北方にも、東北、東南、西北、西南、上方、下方の方角にも、眉間の白い巻き毛から放たれる光が照らし出すところは、どこもこのようでありました。

その時に、十方の国土にいる仏たちは、おのおの大勢の菩薩たちに告げられました。

「善男子たちよ、私は今、娑婆世界にいる釈迦牟尼仏の所へ行き、そして多宝如来の宝塔を供養しよう」と。

すると、この娑婆世界は、たちまちのうちに一変して、清らかになりました。大地は瑠璃で出来上がっており、宝の木がこの世界を厳かに飾って、黄金を縄にして、それが八つの道を区切って、都市や、村や、お城や、海や、川や、山や、林などの茂みなどがなく、大きな宝の珠のように、香りを立て、曼荼羅華は普く地面に布かれて、宝の珠で作った網や幕で覆われており、多くの宝の鈴がかかっていました。

釈迦牟尼仏は、この説法の座にいる人々を止めておいて、他の天の神々や人々を、他の国に移しておかれました。

この時、分身の仏たちは、それぞれ一人の菩薩を率いて侍者とし、娑婆世界にやってきて、宝の木の下に辿り着きました。一本一本の宝の木は、その高さが五百メートルで、枝や葉や花や果実の順で、厳かに飾られていました。それらの宝の木の下には、すべて立派な椅子が設けられ、その高さは五メートルで、大きな宝の珠が飾られていました。

その時に仏たちは、それぞれその椅子に結跏趺坐され、次々に仏たちが三千大千世界に現れて、くまなく満ち溢れました。しかし、それでも釈迦牟尼仏の分身の仏たちの、一つの方角の分身仏たちですら満ち溢れ、この世界に入ることはできませんでした。

そこで釈迦牟尼仏は、自らの分身の仏たちを入れようとされて、八方に各々さらに二百万億平方メートルの国土を開いて、清らかにされました。そこには地獄、餓鬼、畜生、阿修羅もありませんでした。

また仏は、多くの神々や人々を他の国に移しておかれ、その神通力によって創られた国土は、やはり大地が瑠璃で出来ており、宝の木によって壮麗に飾られておりました。

それらの宝の木の高さは五百メートルで、枝や葉や種々の宝によって飾られておりました。また大きな海、大きな川、及び目真鄰陀《もくしんりんだ》山《せん》・摩訶目真鄰陀山・鉄囲《てっち》山《せん》・大鉄囲山・須弥山などの高い山はなくて、押しなべて一つの穏やかな仏国土となっており、宝の珠作りの大地は平坦でありました。

宝の珠を結び目に鏤めた幕が、くまなくその上を覆い、さまざまな幡や天蓋をかけ、大きな宝の珠のような香をたき、大地にはさまざまな天界の花々が、あたり一面に散り布かれていました。

釈迦牟尼仏は、仏たちがやってきて椅子に座られるので、再び八方に各々二百万億平方メートルの国土を開いて、清らかなものに変えられました。そこには地獄、餓鬼、畜生、阿修羅の世界もありません。また多くの天の神々や人々を他の国に移し置かれました。その仏の神通力によって創られた国土は、やはり大地が瑠璃で出来ており、宝の木によって素晴らしく美しく飾られていました。

それらの宝の木の高さは五百メートルであり、枝や葉や花や果実の順で厳かに飾られておりました。そのすべての木の下には、宝で作られた椅子があって、その高さは五メートルで、大きな宝の珠によって飾られていました。

大海や高い山々もなくて、押しなべて一つの穏やかな仏の国土になっており、瑠璃で作られた大地は平坦で、宝の珠を無数に鏤めた幕が、くまなくその上を覆い、さまざまな幕や天蓋をかけ、大きな宝の珠のような香を焚いて、大地には様々な天界の花々が、辺り一面に散り布かれておりました。

その時に東方の、百千万億平方メートルの河の砂の数にも等しい国土の中で、各々説法されていた釈迦牟尼仏の分身の仏たちが集まってこられ、このようにして順々に十方の諸仏がすべて来集して、八方に坐られました。するとその時、それぞれの方角の四百万億平方メートルの国土には、仏や如来が隅々まで満ち溢れておりました。

この時に十方の至る所から来集した仏たちは、各々宝の木の下にあって椅子に坐り、みなお付きの侍者を遣わし、釈迦牟尼仏の安否を伺わせようとして、各々の仏が宝の花を両手にすくい切れないほど持って、侍者にこう告げられました。

「善男子よ、お前は耆闍崛山の釈迦牟尼仏の所に行き、私の言葉の通りに申し上げなさい。『無病息災にして、ご機嫌麗しくございましょうか。それに菩薩や声聞の人々もみな、安楽でしょうか』。そしてこの宝の花を仏の上に散らして供養し、このように言いなさい。『多くの仏は、この宝塔を開こうと希望しております』」

仏たちが使いを遣わされたことは、以上の通りでした。

その時に釈迦牟尼仏は、身を分けられた仏たちが、ことごとく集まってきて、それぞれ椅子に座られたのをご覧になり、すべての仏たちが一様に、宝の塔を開く希望があることをお聞きになって、すぐさま席から立ち上がり、空中にとどまりました。すべての比丘や比丘尼、信者たち、人々は立ち上がって合掌し、一心に仏を見つめました。

そこで釈迦牟尼仏は、右の手で七宝塔の戸を開かれました。その開く様は大きな音がし、大きな城の門を開けるかのようでありました。戸が開けられるやいなや、そこに集まっている者のすべては、多宝如来が宝の塔の中で椅子に坐られており、そのお体は全身そのままで、あたかも禅定に入っておられるかのようであるのを見て、また多宝如来が次のように言われるのを聞きました。

「素晴らしいことだ。釈迦牟尼仏、世尊よ、よくぞ快く、この法華経を説かれました。私はこの経をお聞きしようとして、ここにやってきたのです」

その時、周りの人々は、無量千万億年という遥か過去の昔に姿を消された仏が、このような言葉を説かれるのを見て、不思議なことだと讃嘆し、天上の宝の花を集めたものを、多宝仏と釈迦牟尼仏の上に散らしました。

その時、多宝仏は宝塔の中で、その座を半分、釈迦牟尼仏に譲って、次のように言われました。

「釈迦牟尼仏よ、この席にお坐りくださいませ」と。直ちに釈迦牟尼仏は、その塔の中に入り、その半分の座席に結跏趺坐されました。

その時に大勢の大衆たちは、二人の如来が七つの宝で作られた塔の中の椅子の上で、結跏趺坐されるのを見て、各々にこのように思いました。

「仏のお坐りになっている所は、高くて遠い。どうか、願わくは如来よ、神通力によって、私たち仲間も一緒に空中にとどまらせてくださいますように」

釈迦牟尼仏は、直ちに神通力によって、大勢の集まりの者たちを迎えて、みな空中にとどまらせました。そして大きな音声で、周りの人たちにくまなく告げられました。

「この娑婆世界において、妙法蓮華経を説法することができるのは誰か。今がまさに、その時なのだ。如来である私は、ほどなくこの世を去るだろう。私はこの妙法蓮華経の広宣流布を付嘱して、存続せしめようとしているのだ」

その時に世尊は、以上の意義を再び述べようとして申されました。

「聖者の主である世尊は、はるか昔に入滅されているけれども、それでも宝の塔の中におられて、なお教えの法のためにやってこられたのだ。人々は教えの法のために、どうして勤めないでおられようか。この仏が入滅されてから、すでに無限に近い時間が経っている。それなのに、あちらこちらで法を授けられているのは、それに出会うことがいかにも難しいからだ。あの仏の本来の誓願は、その仏が入滅した後に、至るところで常に法を聞こうとすることである。

また私の分身の、量り知れないほどの多くの仏たち、河の砂の数にも等しいほどの仏たちもここにやってきて、法を聞こうとして、また入滅されている多宝如来にお会いしようとして、各々が自分の素晴らしい国と弟子たちと天の神々、人間や龍神たちとさまざまな供養の仕事を捨て去って、教えの法を長くとどめようとして、ここにやってこられたのだと。

そして仏たちを着座させるために、神通力によって量り知れないほど多くの人々を他の国に移して、国土を清らかにされた。

仏たちはそれぞれ、宝の木の下にやってこられた。その様は、清らかな池が、蓮華の花によって厳かに飾られているかのようだった。宝の木の下にある、それぞれの多くの椅子の上に、仏たちは坐られており、光が椅子の周りを厳かに飾っている。その様は、夜の闇の中に、大きな松明の火を灯すかのようでした。

身体から妙なる香りを放って、十方の国々を満たされ、衆生たちはその香りを嗅いで、喜びを抑えることができません。それは例えば、台風が小さな樹々の枝を吹くかのようです。以上の教えの手立てによって、教えの法を長くとどめさせるのです。

集まった大勢の者たちに告げよう。私がこの世を去った後に、この経典を護り保ち、読んで解説することができる者は誰か。今、仏の前で、自ら誓いの言葉を語りなさい。

多宝仏は、はるか昔に入滅されているけれども、大きな誓願によって、師子が吼えるかのように言葉を発せられる。

多宝如来と私自身と、ここに集まった変化の仏たちとは、必ずその者の心を知るだろう。仏の子たちよ、法を護ることができるのは誰か。この誓願を起こして、長く存続できるようにすべきなのだ。この経を護ることができる者は、とりもなおさず、私と多宝仏を供養することになるのだ。この多宝仏は宝塔の中におられて、常に十方に、あちこちに出向かれる。それは、この経典のためなのだ。

また、やってこられた多くの仏たちは、多くの世界を厳かに、光によって飾られているが、この経典を護る者は、その仏たちをも供養することになるのだ。もし、この経典を説くならば、それは私と多宝如来と、それに多くの変化の仏たちを見ることになるのだ。

善男子たちよ、よく考えてごらん。このことはきわめて難しいことなのだ。大誓願を起こすべきなのだ。他の経典の数は、河の砂の数ほど多くあるが、たとえそれらをすべて説いたとしても、まだ難しいとするには足りない。

もし須弥山を手にとって、他方の無数の外国に投げ捨てたとしても、それはまだ難しいことではない。

もし足の指で、三千大千世界を動かし、遠く他の国に放り投げたとしても、それはまだ難しいことではない。

もし形のある世界の、最も高い頂に立って、人のために、法華経以外の量り知れないほど多くの経を述べて説いたとしても、それでもまだなお、難しいことではありはしない。しかし、もし仏が亡くなられた後に、悪い世の中にあって、この経を説くとすれば、それこそはきわめて難しいことなのだ。

たとえ人が手に空気をつかんで、あちこち歩き回ったとしても、まだ難しいことではありはしない。しかし、仏が亡くなられた後に、この経を自らも書写し、受持して、人にも書写させるならば、それこそ難しいことだ。

もしも地面に、足の爪を埋めて空に昇ったとしても、それでもまだ難しいことではありはしない。仏が亡くなられた後に、悪い世の中で、ほんのしばらくの間でもこの経を読むことは、それこそ、難しいことだ。

たとえ世の終末の、世界が劫火に焼かれるときに、乾いた草を背中に負って、その火の中に入りながら焼けないとしても、それはまだ難しいことではありはしない。しかし私がこの世を去った後に、もしこの経を保持して、たとえ一人の人にでも説法するとすれば、それこそ、難しいことなのだ。

もし八万四千の教えの蔵、十二範疇《はんちゅう》の経を保持して、人のために述べて説き、それを聴聞する人々に、六種の神通力を得させたとしても、たとえそのようにできたとしても、それでもまだ難しいことではありはしない。しかし私がこの世を去った後に、この経を聞いて、受持して、その意味するところを問うとするならば、それこそ、きわめて難しいことなのだ。

もしも人が説法して、千万億無量、無数の者たちに、聖者の位を得させて、六種の神通力を備えさせたとしても、たとえそのような利益があったとしても、それでもまだ難しいことはしない。しかし、私が入滅した後に、このような経典を崇めて保持することができるとするなら、それこそ、難しいのだ。

私は仏道のために、無量の国土において、初めから今に至るまで、広くさまざまな経を説いてきた。しかし、それらの経の中で、この経は第一のものである。もし、これを受持することができるならば、それはとりもなおさず、仏の身体を受持することに他ならない。

多くの善男子たちよ、私の入滅の後に、誰がこの経典を受持し、読み上げることができるだろうか。今、仏の前で、自らの言葉で誓いなさい。この経典を保持することは困難なのだ。もしもほんのしばらくでも、保持できる者がいたとするならば、私は喜び勇むだろう。他の仏たちにとっても同様である。

そのような人は、仏たちに讃嘆される者だ。その者は勇気のある人であり、精進の人だ。その人を、戒を守って衣食住に拘らないための修行を成す者と名づけるのだ。その人は速やかに、この世にない仏道を体得した者なのだから。未来の世に、この経典を読み、保つ者は真の仏の子であり、混じり気のない善なる境地にとどまるのだ。

仏の入滅の後に、この経典の意義を理解する者は、多くの天の神々や人々の、その世界の眼となる者なのだ。恐ろしい世にほんの短い間でも、この経典を説くことができる者には、すべての天の神々や人々が、供養を成すことだろう」

妙法蓮華経提婆《だいば》達多《だつた》品《ほん》第十二

その時に仏は、多くの菩薩たちと、天の神々と集まっている人々に告げられました。

「私は量り知れないほど遠い昔、法華経を求め続けたが、それで倦み飽きることはなかった。長きにわたって、常に国王となって、誓いを起こして無上の悟りを求めてきたが、私の心は退転することは決してなかった。

大乗の菩薩の六種の修行、六波羅蜜を完成させようとして、布施の修行にも勤めたが、自分の心に象や馬や七種類の宝物、王国と城や妻子、男女のしもべたち、あるいは召使い、自分の頭や目や骨や身体のどこをも惜しむ気持ちはなく、身体生命をも惜しみはしなかった。

その当時、世の人々は寿命が非常に長かったが、私は法の教えのために、国王の位を捨てて、国政を太子に任せ、太鼓を打ち鳴らして、四方に次のように命令を伝えさせて、教えを求めたのだ。すなわち、『誰か私のために大乗の教えを説くことができる者はいないだろうか。もしいたならば、私はその人のために、この身が終えるまで仕えて、奉仕をしよう』と。

その時に、一人の仙人がやってきて、私に申するのに、『私には大乗の教えがあります。妙法蓮華経という名前です。もし私の言う通りにされるならば、あなたにはそれをお説きしましょう』と。

そこで私は仙人の言葉を聞いて、喜んで小躍りし、すぐさま仙人に従って必要なものを提供し、木の実を採り、水を汲み、薪を拾い、食事を提供することから、自分の身体を仙人の座る椅子の代わりにまでしたが、それでも心身共に、倦み飽きて疲れることはありはしなかった。こうして奉仕して一千年が過ぎたが、教えのために精励して仙人に仕え通したのだ」

その時、世尊は、再び以上のような言葉の意義を述べようとして、言われました。

「過去のことを思い起こしてみると、私は、優れた教えを求めるために、世の国王となっていたが、五官の欲を貪ったことはありはしなかった。

鐘をついて四方に告げたものだ。『誰か優れた教えを有している者はいないだろうか。もし私のために、その教えを解説してくれるなら、私はその者の奴隷ともなろう』

その時に阿私仙という仙人がやってきて、王に申し上げたものだ。『私は奥深く優れた教えを抱いております。それは世にも希なるものでして、もしあなたがこの教えを修行することができるならば、私はあなたのためにそれを説きましょう』

その時、私は仙人の言葉を聞いて、大いに喜び、ただちに仙人に従って必要なものを捧げ、提供し、薪や木の実、草の実を採って敬い続けて、それを差し上げた。

心に優れた教えを保っていればこそ、心身共に疲れて飽きることはありはしなかった。広くさまざまな人々のために、優れた教えを求めて、また自分の身や五官の欲望のためにしたこともありはしなかった。それゆえに大国の王となったのだ。勤めて求めてこの教えを体得し、ついに仏となることができたのだ。今、それゆえにお前たちのために説こう」

仏は多くの者たちに告げられました。

「その時の王とは、他ならぬこの私のことだ。その時の仙人というのは、今の提婆達多のことだ。提婆達多という良き友人、善知識のお陰で、私は大乗の六種の修行、つまり六波羅蜜、慈・悲・喜・捨の四つの広い心、三十二種類の優れた身体的な特徴、すなわち三十二相、それに付随する八十種類の肉体の素晴らしさ、仏がそなえる十八種類の特質、神通力、悟りの力、以上のものをそなえることができたのだ。正しい悟りを完成して、広く衆生を救済することができるのも、みな提婆達多という良き友人のお陰なのだ」

仏は集まった人々に告げられました。

「提婆達多は後に、量り知れないほどの時を過ぎて、必ずや仏となることができるだろう。その名前を天王《てんのう》如来、供養を受けるにふさわしい存在、正しく広大な智慧をそなえた人、智慧と実践とが完全にそなわった人、悟りに到達した人、世界のすべてに通じている人、最上の人、人間の調教師、天の神々と人々の師匠、仏世尊と言うだろう。

その世界を天道と名付けよう。その時に天王仏が世にとどまる期間は二十億年であって、広く衆生たちのために、優れた教えを説くことだろう。それによって無数の人たちは、高弟の悟りを得て、量り知れないほど多くの者たちは、悟りの心を起こすことだろう。

また無数の多くの者たちは、この上ない仏道を求める心を起こし、不生不滅という真理

を悟って、決して退転することのない心の境地に到達することだろう

そして天王仏がこの世を去った後に、新しい教えが世に存在する期間は二十億年だろう。全身そのままの遺骨を、七つの宝で飾られた塔廟を建てて、その中に安置し、その高さは六十メートル、幅は四十メートルだろう。

天の神々や人々はみな、花や粉末のお香、焼いたお香、練ったお香、衣服や装身具、旗や幟、宝の珠でつくった天蓋、音楽、歌などによって、その七つの宝造りの素晴らしい塔を礼拝し、供養することだろう。

量り知れないほどの多数の衆生たちは、阿羅漢の悟りを得、また量り知れない多数の人たちは、辟支仏の悟りを得て、思い量ることができないほどの多くの人たちは、悟りに向かう心を起こして、決して退かない境地に達するだろう」

仏は、多くの比丘たちに告げられました。

「未来世に、もし善男子、善女人たちがいて、妙法蓮華経の提婆達多品を聞いて、清らかな心で信じ、それを敬い、迷いを生じることがないならば、その者たちは、死後には地獄、餓鬼、畜生界に落ちることはなく、十方の仏の目の前に生まれ変わるだろう。その生まれ

た場所において、常にこの経典を聞くことができるだろう。もし人間界、天界に生まれたならば、至妙の楽を享受し、もし仏の前においてならば、蓮華の中に忽然として生まれることだろう」

その時に、地下の国にいた多宝世尊に従っていた菩薩がおり、その名を智積と言いました。彼は多宝仏に申し上げました。

「法華経が真実であることの証明が終えられたので、元の国土、仏の国に帰ります」

釈迦牟尼仏は、智積に告げられました。

「よいか、ほんの少しの間、待ちなさい。ここに文殊師利という菩薩がいるから、会うがいい。優れた教えの法について論じてから、元の国土に帰るがよい」

その時に文殊師利は、その大きさが車輪ほどもある千枚の葉のある蓮華に坐って、一緒にやってきた菩薩たちもまた、宝造りの蓮華の葉に坐して、大海の娑竭羅《しゃから》龍王の宮殿から昇ってきて、空中にとどまり、霊鷲山にやってきました。

そして蓮華から降りて仏の所に至って、多宝如来と釈迦牟尼仏の二人の世尊の足をいただいて、敬い礼拝し終わってから、智積の所へ行って、お互いに挨拶を交わして、一隅に座りました。

智積菩薩は、文殊師利に問いました。

「君が龍王の宮殿に赴いて、教化した衆生の数はどれほどですか」

文殊師利は答えました。

「その数は無量無数で、量ることもできず、口で言うこともできません。心で推測することもできません。ほんのしばらくお待ちください。自ずと証明できるでしょう」

その言葉が、終わるか終わらないうちに、無数の菩薩たちが宝造りの蓮華の葉の上に座して、海から高く上昇し、霊鷲山に至って空中にとどまりました。これらの多くの菩薩たちは、みな文殊師利が教化し、済度した者たちでありました。彼らは菩薩の修行をそなえ、みな共々に六波羅蜜を論じ合いました。

元の弟子であった者は、空中にあって弟子の修行を説いていたが、今はみな、大乗の空の義を修行していて、文殊師利は智積に言いました。

「海で教えたその教えは、このようなものです」

その時、智積菩薩は、たとえて言いました。

「偉大な智慧と徳を有する方よ、あなたは勇ましく強くて、量り知れないほど多くの人々を教化し、済度されました。今、この多くの集まった者たち、そして私もみな、それを拝見しました。

存在のありのままの姿の意義を述べて広め、一乗の教えを説き明かして、広く多くの衆生たちを導いて、速やかに悟りを完成させたことを拝見しました」

文殊師利は言いました。

「私は海の中で、もっぱら常に、妙法蓮華経を説法してきました」

智積は文殊師利に質問しました。

「この経は、はなはだ奥深く優れていて、多くの経の中の宝であり、世に希なものです。もし衆生がつとめて精進し、この経を修行したならば、速やかに仏となることができるでしょうか。どうですか」

文殊師利は言いました。

「その通りです。娑竭羅龍王の娘は年こそ、まだ八歳ですけれども、智慧は明敏で、よく衆生のさまざまな身体の動きについて知り、呪文を体得しており、仏たちの説かれた非常に奥深い秘密の教えを、ことごとく受けて保持し、深く安定した境地に入って、あらゆる存在を悟って真実に達し、一瞬の間に悟りを思考する心を起こして、退転することもない境地を得たのです。

弁舌の才は自由自在で、衆生を慈しみ、心にかけることは赤ん坊に対するかのようです。功徳がそなわり、心に思い、口で話すことは優れていて、まさに広大です。慈悲深く、思いやりがあって控え目で、その心根は優しく雅やかで、悟りに至ることができたのです」

智積菩薩が言いました。

「私が釈迦如来を拝見しますと、量り知れないほどの長い時間に、難行苦行をし、功徳を積み重ねて、悟りに至る道を求めることを、かつて止められたことはありませんが、三千大千世界を見ても、芥子粒ほどのところでさえ、菩薩が身命を捨てなかった場所はないのです。

それは衆生のためだからです。そして後に、初めて悟りを成就することができたのです。しかしこの幼い娘がほんの短い間に、たちまち正しい悟りを得たなどということは、とても信じられません」

その言葉が終わらないうちに、龍王の娘がたちまち仏の前に現れて、仏の御足を頭にいただいて礼拝し、退いて一隅に座を占め、仏を讃嘆して申しました。

「仏は罪悪と福徳の両者のあり方を深く究めて、くまなく十方を照らし出されております。その優れた清らかなお姿をそなえること、その三十二相、八十種類の良き姿によって、厳かに飾られている天の神々や人々が崇め、龍神もすべて恭しく敬い、あらゆる生き物たちの中で、尊崇しない者はありません。

また龍女の私が、文殊の説法を聞いて、悟りに達したことは、ただ仏だけが知られて、証明されることでありましょう。私は大衆の教えを明らかに示し、苦しみの衆生を救済いたします」

その時に、舎利弗は龍女に向かって申しました。

「お前はほどなくして、この上ない仏道を体得したと思っているようだが、そのことはとても信じ難い。なぜならば、女性の身は汚れており、教えを受ける器ではないからだ。

一体どうして、この上ない完全な悟りを得られることができたのだろう。仏道ははるかに遠く、量り知れないほどの長い時間を経て、この世に勤めて修行を積み、種々の難行をこなして、やっと達成することができるのだ。

それにまた、女性の身には五つの障りがあるのだ。一には梵天王となることができない。二には帝釈、三には魔王、四には転輪聖王にはなれはしない。五には仏身となることができない。一体どうして、女性の身で速やかに成仏することができたのだろうか」

その時に、龍女は一つの宝物を持っておりましたが、その値は三千大千世界にも匹敵するものでありました。それを持って、仏に奉ると、仏はすぐさまにこれを受け取られました。

龍女は智積菩薩と舎利弗尊者に向かって、

「私は今、この宝物を奉りました。世尊がお受けになったことは、速やかだったでしょう。どうですか」

二人は答えて言いました。

「非常に速やかだった」

龍女は言いました。

「あなた方の神通力によって、私の成仏を見てください。このことよりも一層早いことでしょう」

その時、集まった人々はみな、龍女がたちまちのうちに男子に変化して、菩薩としての修行をそなえて、すぐさま南の清らかな世界に行って、そこで宝で飾られた蓮華に坐って、正しい悟りを完成し、仏の三十二相、八十種の特徴をそなえ、くまなく十方のあらゆる衆生たちのために、優れた教えを説くのを見ました。

その時、娑婆世界の菩薩、声聞、天神や龍神、八部、人間と人間以外の者たちは、遥かに龍女が成仏して、くまなくその人々のために説法するのを見て、心に大きな喜びを感じ、みな遥かに敬い礼拝しました。

量り知れないほど多くの衆生は、この教えを聞いて了解し、退くことのない境地を得て、成仏の予言を受けることができました。無垢世界は、六通りに震えおののき、娑婆世界の三千人の人々は、退くことのない境地にとどまり、三千人もの人々は、悟りを志向する心を起こして、未来成仏の予言を得ました。

智積菩薩と舎利弗、それにあらゆる集まった人々は、黙ったまま、以上のことを信じて受け入れました。

（付記）

第十二の「提婆達多品《だいばだったほん》」は、女性たちにとっては、非常に意味の深い、またありがたいお経です。かつての時代にあっては、女性は男性に比べて非常に卑下されたり、無慈悲な扱いを受けたり、女性に生まれたがために、それ故に迫害、また不条理な行い、扱いを受けたりしたものでした。

しかしお釈迦様は、ここにおいて女性たちもまた、決して男に劣らぬ、むしろ場合によってはそれをしのぐ、立派な力をそなえていて、決して女性に対する蔑視や偏見に惑わされず、精進して努めれば、女性も必ず菩薩となり、やがては仏の資格も得ることができるということを、諄々《じゅんじゅん》と説かれているわけです。

その典型的な証しに、お経に記されている数多くの菩薩たちが、すべて仏像になってお堂に安置されているお寺があります。そして数十もある菩薩の行列の一番端に、なんと背の小さな女の子の仏像が飾られていますが、これがこの十二番のお経の説く、幼くしてすでに徳を具え、解脱を遂げた娑竭羅《しやから》龍王女の姿なのです。

これは眺めていて非常に象徴的な光景でして、ここでお釈迦様は、世間で卑下されたり、不当な扱いを受けたりしている、気の毒な立場の女性たちが、決して男に劣らぬ、対等な人間としての存在であり、道を究めれば必ず、ウーマンリブとしての仏となるということを、力強く説かれているわけです。

妙法蓮華経勧持《かんじ》品《ほん》第十三

その時に、薬王菩薩と大楽説菩薩は、お供の二万人の菩薩とともに、みな仏の前で、次のような誓いの言葉を述べました。

「世尊よ、ご心配なされませんように。あなたが亡くなられた後には、私どもがこの経典を保持し、読み上げて、説きましょう。後の悪い世の者たちは、善の心が次第に減少し、思い上がることが多く、利益を貪り、悪のもとを増して、悟りから遠く離れてしまうことでしょう。

彼らを教え込むことは困難なことでありますが、私どもは必ずや、強く忍耐し、このお経を唱えて保ち、説法し、また書き写し、さまざまに供養して、その苦労を惜しみはいたしません」

その時に、集まっている者の中の、未来に成仏の予言を得ている五百人の高弟たちが、仏に次のように申し上げました。

「世尊よ、私どももまた、お誓い申し上げます。この世界とは異なった国においても、広く、この経を説くつもりでございます」

また学修中の者たちや、もはや学ぶべきもののない者たち八千人の、未来に成仏するだろうという予言を得た者たちが、座から立って合掌し、仏に向かって次のような誓いの言葉を述べました。

「世尊よ、私どももまた、この世界とは別の国において、広くこの経を説きましょう。なぜならば、この娑婆世界には、悪人が多く、おごりたかぶっていて、徳が浅く、すぐに怒ったり、他人におもねり、へつらい、その心に実がないからです」

その時に、仏の叔母である摩訶波闍《はじゃ》波提《はだい》比丘尼は、学修中の、あるいは学修を完了した尼たち六千人と一緒に座から立って、一心に合掌し、仏の尊いお顔を仰ぎ見て、しばらくその眼をそらすことはしませんでした。

その時に世尊は、叔母の憍曇弥《きょうどんみ》に告げられました。

「憂いに満ちた顔で私を見ているのではない。あなたは心の中で、私があなたの名前を挙げて、無上の正しい悟りの予言を授けなかったと思っているのではないか。

憍曇弥よ、私は先に、すべての弟子たちにみな、成仏の予言を与えたと、まとめて説いたではないか。それでも今、あなたが未来の成仏の予言を知りたいと思うならば、心配することはない。あなたは未来の世において必ずや、六万八千億という多くの仏たちの教えの法の中において、立派な教えの師となるだろう。

また、六千人の学修中の、あるいはすでに学び終わった尼たちも、一緒に教えの師匠となるだろう。あなたは、そのように次第に菩薩の道をそなえて、必ずや仏となることができるだろう。

そして、その名を一切衆生喜見《きけん》如来、供養を受けるにふさわしい人、正しく遍く智慧をそなえた人、智慧と実践とが完全にそなわった人、悟りに到達した人、世界のすべてに通じている人、最上の人、人間たちの調教師、天の神々と人々の師匠、仏、世尊と名づけられるだろう。

憍曇弥よ、この一切衆生喜見仏と、それから六千人の菩薩たちは、次から次へと成仏の予言を授けて、無上の正しい悟りを得ることだろう」

その時、羅睺羅の母である耶輸陀羅比丘尼は、次のように思いました。

「世尊は、成仏の予言を授けられた中で、ひとり私の名を挙げてくださらなかった」

仏は耶輸陀羅に告げられました。

「お前は、未来の世の、百千万億という多くの仏たちの教えの法の中において、菩薩の修行を修習し、立派な教えの師となり、次第に仏の道をそなえていき、善国という国において、必ずや仏となることができるだろう。

その名を具足千万光相如来、供養を受けるにふさわしい人、正しく普く智慧をそなえた人、智慧と実践とが完全にそなわった人、悟りに到達した人、世界のすべてに通じている人、最上の人、人間の教えの師、天の神々と人々の師匠、仏、世尊と名づけられるだろう。

その仏の寿命は、十の五十九乗の無量倍という長い間であろう」

その時に、摩訶波闍波提比丘尼と耶輸陀羅比丘尼、それとおつきの者たちは、みな大いに喜んで、これまでにない思いをいだき、すぐに仏の前で讃えて申しました。

「世尊は私たちの指導者であり、神々や人々を安らかになされます。私たちは成仏の予言を聞いて、ようやく心が安らかに満ち足りました」

多くの尼たちは、この讃を唱え終わって、仏に申し上げました。

「世尊よ、私どももまた、他の国においても、広くこの経を説いて回ることといたします」

その時に世尊は、八十万億という数の菩薩たちをじっと見つめられました。この菩薩たちは、仏の修行において、もはや退くことのない立場にある者たちで、後戻りすることなく教えの輪を回し、多くの呪文を体得していました。彼らは即座に、座から立ち上がって、仏の前に進み寄り、一心に合掌して、このように思いました。

「もし世尊が、私たちにこの経を保って説けと、命ぜられたならば、仏の仰せのとおり、広くこの教えの法を説いて回ります」

また、次のようにも考えました。

「仏は今、黙って、何も言われないでおられる。一体どうしたらいいのだろうか」

その時に菩薩たちは、仏の心を推察して、それに従って自らが、そのもともとの誓いを満たそうと思い、仏の前で大声で、その誓いの言葉を発しました。

「世尊よ、私たちは、あなたが亡くなられた後に、十方の世界をめぐり歩いて、人々がこの経を書き写し、受けて忘れず、読み上げて、その意義を理解し、その教えのとおりに修行し、正しくいつも思い起こすことができるようにしましょう。それはすべて、仏の徳の力によるものであります。

どうか、世尊よ、たとえ他の国におられましても、はるかに私たちをお守りくださいますように」

そこで多くの菩薩たちは、すぐさま異口同音に、次のように讃えて申し上げました。

「どうか、世尊よ、ご心配なされませんように。仏が亡くなられた後の、恐れに満ちた悪い世の中に、私どもはこの教えを広く説いて回りましょう。

多くの智慧のない人々が、悪口雑言し、私たちをそしり罵り、刀や杖で危害を加えることでしょうが、私たちはすべて、それを耐え忍びましょう。悪しき世の者たちは、よこしまな考えをもち、その心はおもねり、へつらい、まだ体得していないものを得たと思い込んで、慢心していることでしょう。

あるいはまた、人里近い林の中で、ボロをつなぎ合わせた衣をまとい、静かな場所にいて、自分では真実の道を修行しているのだと思い込んで、人を軽んじて、いやしめることでしょう。利得を貪り、執着するために、在家の人々に教えを説き、それで世の人々に恭しく敬われることが、あたかも六神通を得た高弟のごとくでありましょう。

これらの人々は悪心をいだいて、心にいつも世俗のことを思い、静かな修行に適した場所にいて、それを隠れ蓑にして、好んで私たちの過ちをあげつらうことでしょう。そしてこのように言うことでしょう。

『これらの者たちは、利得を貪っているから、仏教以外の教えの論議を、外道として説くのだ。自分たちでこの経典を捏造して、世間の人をたぶらかしている。世の名声を求めるために、この経について、あれこれ講釈するのだ』と。

常に大勢の人々の中で、私たちをそしろうと思い、国王や大臣、あるいは婆羅門や在家の人々、さらには他の人々に向かって、誹謗して、私たちの悪を説いて、『この者たちは、よこしまな見解を持つ者たちであって、外道の教えを説いているのだ』と言うことでしょう。

私どもは、仏を敬うがゆえに、ことごとくこれらの悪を耐え忍びましょう。彼らに軽蔑されて、『お前たちはみな、仏になるのだな』と言われようとも、そのような高慢で軽蔑の言葉も、忍んで受けましょう。

濁った時代の悪い世にあっては、多くさまざまな恐れがあることでしょう。悪鬼がその人々の身体に入って、私たちを罵り、そしり、辱めることでしょう。私どもは、仏を敬い信じて、必ずや忍耐の鎧を身につけ、この経典を説くために、それらの難事に耐えて忍びましょう。

私たちは身体生命に執着するものではありません。ただ、この上ない仏の道を惜しむのです。私たちは、未来の世において、仏の託されたものを護り保ちます。

世尊はご自身、ご存じでありましょうが、濁った世の悪い者たちは、仏の教えの方便として、おのおのにふさわしいように説かれた教えの法を知らずに、悪口を言い、眉をひそめて、そのために私たちはしばしば追放されたり、塔廟から遠ざけられるでしょう。そのような多くの悪も、仏の命令を心に思って、みな、耐え忍びましょう。

多くの村や街に、教えの法を求める者がいるならば、私たちはみなその場所に行って、仏から託されたこの教えを説きましょう。

私どもは世尊の使いなのです。人々を前にしても、なんら、はばかるところはありません。私たちは立派に教えを説くことでしょう。

どうか、仏よ、安らかに身をおかれますように。私どもは世尊と、多くの集まった十方の仏たちの前で、以上のような誓いの言葉を発したのです。

仏よ、どうか、私どもの心を知ろしめしてくださいませ」

妙法蓮華経安楽行品《あんらくぎょうほん》第十四

その時、文殊師利法王子菩薩は、次のように仏に申し上げました。

「世尊よ、これらの菩薩たちは、まことに奇特な者たちであります。仏を敬い、その言葉にしたがうが故に、大きな誓いを立てたのです。

『仏が亡くなられた後の、悪い世において、この法華経を護り保って、読み上げ、説こう』と。

世尊よ、この菩薩たちは、後の悪い世において、どのようにしてこの経を説けばよいのでしょうか」

仏は文殊師利に告げられました。

「もし菩薩たちが、後の悪い世において、この経を説こうとするならば、四つの行の中に、身をしっかりと置かなければならない。第一には、菩薩の行いと、その近づくべき範囲をしっかりと定めて、人々のためにこの経を述べて説かなければならない。

文殊師利よ、どのようなものを菩薩の行いと名づけるのだろうか。それは、このようなことだ。

菩薩たちが、忍耐という境地にとどまり、穏やかで柔順で、乱暴でなく、心もまたものに驚くことはない。また、何ものにも執着せず、あらゆる存在のありのままの姿を観察して、それにとらわれることもなく、みだりに判断を下さない。これを菩薩の行いと名づけるのだ。

どのようなものを菩薩の近づくべき範囲と名づけるのか。菩薩は国王や王子、大臣、役人たちに、親しく近づいてはならない。またさまざまな異教徒たち、バラモン、ニルグランタ教徒（ジャイナ教徒）、それに世俗の詩文、詩歌などの仏教以外の書を著す者、ローカーヤタ派（順世派外道）や逆ローカーヤタ派の者たちに、親しみ近づいてはならない。

またあらゆる悪い遊び、拳闘や相撲、女優など、さまざまな娯楽をなす者たちに、親しみ近づいてはならない。また、獣を殺してそれを生業とする底辺の者たちや、豚、羊、鶏、犬などを飼育したり、狩猟や漁撈などをして、好ましくない生業を営む者たちに、親しみ近づいてはならない。そのような人たちが、たまたまやってきたならば、彼らのために教えを説くことはよいが、しかし彼らに何かを期待してはならない。

また、弟子の教えを求める僧や尼、在家の男女の信者たちに、親しみ近づいてはならない。またこちらから問い訪ねてもいけない。あるいは部屋の中でも、あるいは瞑想の手立てとして行き来する場所でも、あるいは講堂の中にいたとしても、彼らと一緒にいてはならない。彼らがたまたまやってきたならば、その場その場に応じて教えを説いてもよいが、何ものも望み求めてはならない。

文殊師利よ、また菩薩は、女性の身体に対して欲望の思いを抱いて、それで教えを説いてはならない。また、女性を見ようと願ってはならない。もし、他の人の家に入る場合は、幼い少女や処女、あるいは未亡人などと語らってはならない。また、五種類の男性の性的不具者に近づいて、ねんごろになってはならない。一人で他人の家に入ってはならない。もし、訳あって、一人で入る必要がある時には、ただ一心に仏を念じなさい。

もし、女性に対して教えを説く場合には、歯を出して笑わないようにしなさい。心のうちを表に現してはならない。たとえ教えのためであっても、それでもなお、女性と懇意になってはならない。ましてや他のことであれば、なおさらだ。

年少の弟子や子供を望んで、側において育ててはならない。また、同じ師匠につくことを願ってはならない。常に座禅を好んで、修行に適した静かな場所で、その心を修めなさい。文殊師利よ、以上を第一の近づくべき範囲と名づけるのだ。

また次に、菩薩たちは、あらゆる存在を観察する場合に、次のようにすべきなのだ。すなわち『空』である。あるがままの姿である。逆さにならない、動じない、退かない、転変しない、虚空のようであって、固有の本性は存在しない。

あらゆる言語表現の手段は絶え、生ずることなく、現れ出ることはなく、発生することもない。名称はなく、形もなく、その実体もない。無量にして無辺、さまたげなく、障りもない。ただ、原因と条件によって存在するだけであって、倒錯によって生ずるのである。それ故に、私はこのように説くのだ。

『常にこのような存在の姿を観察しなさい』と。これを菩薩の第二の近づくべき範囲と名づけるのだ」

その時に世尊は、重ねて以上の言葉の意義を述べようとして、あらためて説かれました。

「もしも菩薩が、後の悪い世の中において、何ものにも畏れない心で、この経を説こうとするならば、必ず、行いとその近づくべき範囲とを守らなければならない。常に国王や王子、大臣や役人の長とか、悪くて腹黒い遊びをこととする者たち、あるいはチャンダーラや異教徒、バラモンの修行者たちから離れて、またおごり高ぶる人で、経、律、論の三つのことがらに執着してなずむ学者と、破戒僧と、名前だけの阿羅漢たちに、親しみ近づいてはならない。

それから、尼僧で浮かれ笑いを好む者と、深く五官の欲望にとらわれていたり、それとは反対に現実の身に、涅槃や入滅を求めるような、さまざまな在家の信女に決して親しみ近づいてはならない。そのような人たちが、好意をいだいて菩薩の所へやってきて、仏の道を聞こうとしたならば、菩薩はそこで何ものをも畏れない心で、何の期待もいだかずに教えを説きなさい。

未亡人や処女、それに男性の性的な不具者たちに、近づいて親しく交わってはならない。また、と畜業者や肉の調理人、鳥や獣を狩ったり、魚を捕え、利益のためにそれらを平気で殺す者たちに、親しみ近づいてはならない。

肉を販売して生活をたてたり、売春する者たち、そのような人たちに親しみ近づいてはならない。悪く腹黒い相撲の力士や、さまざまな遊戯をする者たち、さまざまな淫らな女たち、すべてに親しく近づいてはならない。一人で閉ざされた場所で、女性に教えを説いてはならない。もし教えを説く時には、笑いを浮かべてはならない。

村里に入って托鉢をして喜捨を求める場合には、いま一人の僧を連れていきなさい。もし僧がいなければ、一心に仏を念じなさい。以上を名づけて、正しい行いと近づくべき正しい範囲と言うのだ。この二つによって、安楽に法を説きなさい。

また、優れたもの、中くらいのもの、劣ったもの、つくられたもの、生滅変化を離れているもの、真実なるもの、真実ならざるものとか、物事の相対しての差別にとらわれてはならない。また、この人は男であるとか女であるとかの、区別をしてはならない。あらゆる存在は、その本質は空であるから、それを求めて得ようとせず、知ろうとせず、見ようとしてはならない。これを名づけて、菩薩の行いと言うのだ。

あらゆる一切の存在は空であって、実体なるものは存在しない。常住性もなく、また生じたり滅したりすることもない。これを智慧のある人の近づくべき範囲と名づけるのだ。

しかし世の人は、逆さに思い誤って、あらゆる存在は有であるとか、無であるとか、真実であるとか、真実ならざるものであるとか、生ずるものであるとか、生じないものであるとか、いろいろ分別するのだ。静かな所に身を置いて、その心をおさめて、須弥山のように安らかに住して、動かないようにしなさい。

あらゆる存在を観察すると、すべて実体なるものは存在しないのだ。それはあたかも虚空のようなものである。確実な存在性など、ありはしない。生ずることなく、現れて出ることもない。動くこともなく、退くこともない。常住不変で、一つのありようである。以上を近づくべき範囲と名づけるのだ。

もし修行者が、私が姿を消した後に、この行いと近づくべき範囲をきっちりと守って、この経を説こうとする時には、ひるんだ弱い心はありえないだろう。菩薩が時に、静かな部屋に入って、正しい思いによって、その意義にそって教えを熟慮し、禅定から起ち上がって、多くの国王や王子や臣民、バラモンたちのために教えを示し、述べて説いて、この経典を説くならば、その心は安穏で、弱々しくひるむことはないだろう。

文殊師利よ、以上を菩薩の第一の行、教えに安らかにとどまって、よく後の世において法華経を説く術《すべ》と名づけるのだ。

また、文殊師利よ、如来が亡くなった後に、末法の時代にあって、この経を説こうとするならば、必ず安楽な行い、安楽行に身を置くべきなのだ。

お経を口で述べて説いたり、あるいは読もうとする時には、他の人々や他の経典の過ちを説こうとしてはならない。また他の坊さんたちを軽んじてあなどってはいけない。他人の良し悪しや、長所、短所を言ってはならない。

教えを聞こうとする人たちを、その名前を挙げて、過ちを言い立ててはならない。その逆にまた、その名前を挙げて、美点を褒め称えてもいけない。また、怨み嫌う心を起こしてはいけない。

以上のような、安楽な心を修めていれば、教えを聞く者たちの、その意に逆らうことはないだろう。疑い問う者がいたならば、わかりやすい説法によって答えてはならない。ただ、大きな意味あいの教えによってだけ説明し、あらゆるものを知り尽くす仏の智慧を伝えなさい」

その時に世尊は、重ねて以上の意義を述べようとして言われました。

「菩薩は、常に好んで安らかに教えを説きなさい。清らかな所に席をしつらえ、油を身に塗り、塵やよごれを洗いおとし、新しくきれいな衣を着け、身体の内外ともに清浄で、説法の座に安らかに坐って、質問に応じて説法をしなさい。

もし、僧や尼たち、在家の信者たち、国王や王子、その臣下や役人たちがいたならば、奥深い意義によって、なごやかに説きなさい。もしも疑われて質問されることがあったなら、その質問の意義に応じて答えなさい。謂れと譬えによって広く述べ、道理に従って説きなさい。この手立てによって、みなを発心させて、次第に心の利益を増していき、仏道に入らせなさい。

なまけ心や怠りの思いを捨て、多くの憂いや悩みを離れて、慈しみの心をもって法を説きなさい。昼夜を分かたず、常にこの上ない仏の道の教えを説きなさい。さまざまな謂れと、量り知れないほどの譬えによって、人々に心を開いて示し、彼らを喜ばせなさい。

衣服や寝具、飲み物や薬、それらのものを欲しがってはならない。ただ一心に説法の条件として、以上のことを念じなさい。仏の道を完成させようと願い、人々にもまたそうしようと願うことは、人々にとって大きな利益であり、安楽な供養なのだ。

仏が亡くなった後に、もし人がいて、この妙法華経を述べ説くことができるならば、心に嫉妬や怒り、さまざまな悩みや障害がなく、また、憂いもなく、悪口雑言をする者もなく、また怖れることもなく、刀や杖を加えられるようなことなどもなく、また追放されることもないだろう。それは心をよく忍耐にとどめているからだ。

智慧のある者が以上のようにして、よくその心を修めるならば、安楽の境地にとどまることができることは、私がこれまで説いてきたとおりだろう。その人の功徳は、千万億年という長い時間にわたって、計算や譬喩によって説こうとしても、説き尽くすことはできはしないだろう。

また、文殊師利よ、菩薩で、後の末世の、教えの法が滅びようとする時にあって、この経典を受持し、読み上げようとする者は、嫉妬やへつらい、偽りの心をいだいてはならない。また、仏の道を学修する者を、軽んじてののしり、その長所と短所を云々してはならない。僧や尼や信者の男女の、それぞれ教えを体得しようとする者、悟りを得ようと志す者、菩薩の道を志す者、これらの人々を困らせ、彼らに疑いと後悔を生じさせ、さらに彼らに次のようなことを言ってはならない。

すなわち『あなたたちは、はなはだしく、真実の道から遠ざかっており、決して、すべてを知る仏の智慧を得ることはできないだろう。それはなぜか。あなた方は心がバラバラであり、仏道に怠り、なまけているからである』などと。

また、教えについて無益な議論をもてあそび、論争してはならない。あらゆる者たち、衆生たちには、大いなる憐れみの心を起こし、如来たちには慈父に対する想いをいだき、そして菩薩たちには偉大な師という想いを起こすべきである。

東西南北と四方上下の十方の偉大な菩薩たちを、常に心の奥底から恭しく敬い、礼拝すべきなのだ。あらゆる衆生たちに対して、平等に教えを説きなさい。教えに忠実なればこそ、教えを過不足なく説いて、教えの法を深く愛する者のためであっても、より多く説くことがあってはならない。

文殊師利よ、この菩薩が、後の末世の、法が滅びようとする時にあって、この第三の安楽な行いを完成するならば、この法を説こうとする時、何ものも彼を悩ませることはできないであろう。よく同じ学修する仲間と、共にこの経を読み上げることができるだろう。

また、大勢の人々がやってきて、説法を聞いて、聞き終えて記憶して心にとどめ、忘れずに口に唱え、唱えた後にさらに説き、説いた後に自らも書き写し、また人にも書き写させ、経巻を供養し、恭しく敬い、尊重し、讃歎することができるだろう」

その時に世尊は、以上の意義を重ねて述べようとして、説かれました。

「もしも、この経を説こうとするならば、嫉妬や怒り、慢心とかへつらい、邪な偽りの心を捨てて、常に正直な行いを修めなくてはならない。人を軽蔑せず、また教えについて無益な議論をしてはならない。

他人に疑いと後悔の念を起こさせて、『あなたは仏を得られないだろう』などと言ってはならない。仏の子が法を説く場合には、常に柔和な心で耐え忍び、一切のものに慈悲をかけ、なまけて怠る心を生じないようにするのだ。十方の偉大な菩薩で、人々を憐れんで仏の道を実践するものに対しては、必ずや敬いの心を起こすべきである。『この人は、私の偉大な師である』と。

諸仏世尊に対しては、この上ない父であるとの想いを起こし、おごり高ぶりの心を破って、法を説くのに妨げがないようにしなさい。第三の実践法は以上のとおりである。智慧のある者は、必ずそれを守るべきだ。一心に安楽に行うならば、量り知れないほど多くの人々に敬われることだろう。

また、文殊師利よ、菩薩が、後の末世の、法が滅びようとする時にあって、この法華経を受持しようとする者は、在家の人々にも、出家の人々にも、大いなる慈しみの心をいだいて、菩薩でない人々に対しては、大いなる憐れみの心を生じて、次のように考えるべきである。

『このような人は、如来の教化の手立てとしての、それぞれにふさわしい説法を、すっかり失ってしまっているのだ。それを聞きもせず、知らず、覚えようともせず、尋ねもせず、理解することもない。しかし、その人が、この経を問わず、信ぜず、理解しなくても、私が無上の正しい悟りを獲得する時に、彼がどこの地にいようとも、神通力によって、彼を導いて、この教えの中にとどまることができるようにしよう』と。

文殊師利よ、如来が亡くなった後に、以上の第四の安楽な行いという実践法を達成しようとする菩薩は、この法華経という教えを説こうとする時に、過ちをおかすことなど決してないだろう。常に僧や尼、男女の信者たち、国王や王子、大臣や人民、バラモンや富豪たちにも供養され、敬われ、重んじられ、讃歎されることだろう。また、虚空にいる天の神々たちが、教えを聞こうとして、常にそばにつき従うであろう。

もしも、街や城の中や、閑静な場所や林の中にいる時でも、人がやってきて、責めて問いかけようとするならば、天の神々は昼となく、夜となく、常に教えの法のために、彼を護り、法を聞く者たちがみな、喜ぶことができるようにするだろう。なぜかと言えば、この経は、過去、未来、現在の一切の仏たちの神通力によって守護されているからだ。

文殊師利よ、この法華経は多くの国々においても、その名前さえ聞くことができないものなのだ。まして、それを見たり、受持したり、読み上げたりすることはなおさらだ。

文殊師利よ、たとえばこのようなことなのだ。強い力のある転輪聖王が、その威圧的な勢いによって、諸国を降伏せしめようとしたとしよう。しかし、小さな国の王たちはその命令には従わない。その時に転輪聖王は、種々の兵を起こして、討伐に出かけることになるが、その場合、王は兵士たちのうち、功績の著しい者を見て大いに喜び、その功績に応じて恩賞を与える。

田畑や宅地、村落、城を与えたり、あるいは衣服、身を飾る装身具を与え、あるいはまた、種々の珍しい宝、金、銀、瑠璃、硨磲貝、瑪瑙、珊瑚、琥珀、象や馬、車駕、男女の奴隷、人民を与えたりする。しかし、髪を頭上で束ねたもとどりにつけた素晴らしい宝の珠だけは与えないのだ。なぜならば、ただ一人、王だけが頭上にこの一つの宝の珠をもっており、もしこれを与えたならば、王の配下の者たちは、必ず大いに驚き、いぶかるに違いないからだ。

文殊師利よ、如来もまた同じなのだ。禅定と智慧の力によって、法の国土を獲得し、欲の世界、色の世界、無色の世界の三つの世界に王者として君臨する。しかし、魔王たちは、これにあえて服して従おうとはしない。それで、如来の修行者たちの諸将が、魔王たちと戦うのだ。

その場合、戦功のある者には、如来は喜んでそれらの僧や尼、信者たちの中で、彼らのためにさまざまな経を説いて、彼らの心を喜ばせ、禅定と解脱、煩悩のけがれのない悟りに至るための能力という、多くの法の財を与える。

また涅槃という城を与えて、『おまえは悟りの境地を得たのだ』と言って、その人の心を導いて、すべての者を喜ばせるのだ。けれども、彼らには、この法華経は決して説かないのだ。

文殊師利よ、転輪聖王が、兵士たちのうちの、大きな戦功のある者を見て、大いに喜んで、長らく頭の上にあってみだりに人には与えない、この信じることの難しい宝の珠を、今こそ与えようとするように、如来もまたそのとおりである。

如来は三界の中における大いなる教えの王であり、法によって一切の衆生たちを教え導こうとするのだ。修行者たちの軍勢が、種々の肉体上の苦しみという五陰魔《ごおんま》、煩悩魔、死魔と戦い、大功績をたてて、貪り、怒り、愚かさの三毒を滅し、三界を離脱して、悪魔の網を破るのを見て、その時に如来は大いに喜んで、衆生たちを一切智という仏の智慧に到達せしめ、また一切の、世間に怨まれることが多くて信じることが難しい、先にはまだ説いてはいない、この法華経を、今こそ説くのである。

文殊師利よ、この法華経は、多くの如来たちの第一の教えの説法であり、多くの教えの説法の中で、最も奥深いものである。これを最後に与えることは、ちょうど、かの強人な力をもつ王が、長らく大事にしていたすばらしい宝の珠を、今、与えるのと同じである。

文殊師利よ、この法華経は、仏、如来たちの秘密の教えの蔵である。多くの経の中で、最上位に置かれるものである。長い間にわたって護ってきて、みだりには説かなかったものなのだ。それを今、初めてお前たちに広く述べて説くのだ」

その時に世尊は、以上の意義を重ねて述べようとされて、言われました。

「常に忍耐の修行をし、すべてのものに憐れみをかけ、それで仏の讃えられた経典を述べて説けるようにしなさい。

仏の亡くなった後の末世の時代に、この経典を保持しようとする者は、在家の者にも出家の者にも、菩薩でない者に対しても、慈悲の心をかけるべきなのだ。『彼らは、この経を聞くことも信ずることもしない。これは彼らにとって、大きな損失なのだ。私が仏の道を体得して、さまざまな手立てによって、彼らにこの教えの法を説いて、その中に彼らをとどまらせよう』と。

たとえば、強大な力をもつ転輪聖王は、戦いに功績のあった兵士には、さまざまなもの、象、馬、車駕や装身具、それに多くの田畑、宅地、村落、城を褒美として与えるであろう。あるいは、衣服、さまざまな珍しい宝、男女の奴隷、財物を与えたりする。しかも喜んでそれを与えるのだ。もし、勇猛果敢に困難なことをなしとげることができた者には、王は、もとどりにつけた素晴らしい宝の珠をはずして、これを与えるであろう。

如来もまた同様のことだ。多くの教えの法の王なればこそ、忍耐の大いなる力、智慧の宝の蔵があるので、大きな慈悲をかけて、教えの法のとおりに世間を教化するのだ。すべての人々が、多くの苦悩を受け、それからの解脱を求めて、多くの悪魔と戦うのを見て、これらの衆生たちのために、種々の法を説くのだ。

如来である私は、大いなる教えの手立てとして、これら多くの経を説いているが、衆生たちがすでにそれらの経によって、悟りに至る力を獲得したと知れば、最後に彼らに、この法華経を説くのだ。それはちょうど、王がもとどりにつけた素晴らしい宝の珠をはずして、これを与えるのと同じことだ。

この経典は尊い経であり、多くの経典の中で最上のものである。私は常にこれを守護し、みだりに説き示すことはしなかった。しかし、今がまさに、その時である。お前たちのためにこそ説こう。

私が姿を消したその後に、仏の道を求めようとする者が、心安らかにこの経典を述べ説くことができるようにと望むならば、四つの行法に親しむべきである。

この経典を読む者は、常に憂いやわずらいがなく、また病の苦痛もなく、顔色は白く鮮やかであろう。貧窮の身や、卑賤の身、醜い容貌に生まれることはないだろう。衆生たちが彼を見たいと願うさまは、あたかも聖者を慕うかのようだろう。

天界の童子たちが、彼のために給仕となるだろう。彼には刀や杖も加えられることはなく、毒も害することはできはしない。もし、人が彼を憎みののしったならば、その人の口は閉じてふさがれてしまうだろう。

何の畏れもなく各地を遊行することは、師子の王のようであり、智慧の放つ光明は、日の光のようだ。彼は夢の中においても、ただ素晴らしいことだけを見るだろう。如来たちが、師子の座に坐って、大勢の僧たちに囲まれて説法されているのを見るであろう。また、龍神や阿修羅などが、河の砂の数ほど多くいて、恭しく敬い合掌しており、夢の中で自分のその姿を見て、彼らに法を説いているのを見るだろう。

また、仏たちの身体は金色に輝き、無量の光を放って、あらゆるものを照らし、清らかでうるわしい音声によって多くの法を述べ説かれる。仏は多くの人々のために、この上ない教えをお説きになる。そこで自分自身を見てみると、それら人々の中にいて、合掌して仏を讃え、教えを聞いて歓喜し、供養し、呪文を体得し、後戻りすることのない智慧を悟るのだ。

仏は彼の心が深く仏の道に到達したことを知り、彼のために最も正しい悟りを完成するだろうことを予言され、『お前たち、善男子よ、必ずや来世において、無量の智慧である仏の大道を体得し、その国土は厳かで清く、その広大なことは比類がない。また、多くの人々がいて、合掌して法を聴聞するであろう』と、仏が言われるのを夢に見るだろう。

また、自身が山林の中にいて、すぐれた法を修め、多くのものの真実の姿に到達し、深く瞑想に入って、十方の仏を拝するのを夢に見るだろう。仏たちの身体は金色をしており、百の福徳がそなわった姿によって飾られている。その仏より、教えを聞いて、それを人に説く。彼は常に、このようなよい夢を見るだろう。

また、次のような夢を見る。すなわち、国王となって、宮殿やお伴の者たち、それにこの上ない喜びである五官の欲望を捨てて、悟りの場所におもむき、菩提樹の下の、師子の座に坐して、悟りを求めて七日を経過して、仏たちの智慧を獲得するのだ。

この上ない仏の道を完成し終えて、起ち上がって教えの法の輪を回して、多くの人々のために法を説いて、千万億年という長い時を経過し、煩悩のけがれのない、すぐれた法を説いて、無量の衆生を救済し、その後に姿を消して涅槃に入るであろう。それはあたかも、煙が尽きて、灯火が消えるかのように。

もしも、後の悪い世において、この第一なる法を説くならば、その人が大いなる利益を得ることは、先に述べた多くの功徳のとおりである」

（付記）

私と同じ時に参議院議員になった今東光《こんとうこう》さんはすぐれた作家でもあり、文壇の催し事の中で親しくなった魅力的な人物で、同時に天台宗の大僧正でもありましたが、彼から聞いたところ、天台宗の僧侶の修行の基本はこの安楽行品に依るものだそうです。

もっとも今さん自身は安楽行品からはだいぶ外れて、美人の多い店で遊ぶのが大好きな大僧正でしたが、それでも博学で魅力的な僧侶で、お釈迦様も彼は別格の菩薩として認められていたに違いありません。

妙法蓮華経従地涌出品《じゆうじゆじゆつほん》第十五

その時に、あちこちの国からやってきた多くの菩薩たち、その数はガンジス河の砂の数の八倍より多い者たちが起ち上がって、仏に向かって合掌し、礼をなして申し上げました。

「世尊よ、もしも私たちが、仏が亡くなった後に、この娑婆世界で精進し、この法華経を護り保ち、読み上げ、書き写し、人々に伝えて供養することを、お許しになられますならば、私たちは必ずや、この娑婆の国において、この経典を広く説いてまいりましょう」

その時に、仏はその多くの菩薩たちに告げられました。

「やめておきなさい。善男子たちよ、お前たちがこの経を護り保つには及ばない。なぜならば、この娑婆世界には、もとより河の砂の数の六万倍にも上るような大勢の菩薩たちがいて、その一人ひとりの菩薩には、それぞれ河の砂の数の六万倍ものお伴の者がいるのだ。

この多くの人々が、私が亡くなった後に、この経を護り保って、読み上げ、広く世間に説いていくからだ」

仏が、以上のことを説かれた時、娑婆世界の十億という多くの国は、その地面が激しく揺れて裂け、その中から千万億の無量倍という多くの菩薩たちが、同時に現れ出ました。この多くの菩薩たちは、その身体は金色に輝いており、仏の特徴としての三十二種類の姿をそなえ、無量の光に輝いていました。

彼らはすべて、前々からこの娑婆世界の地面の下に住んでいて、この世界に属する地下の空中にとどまっていたのですが、釈迦牟尼仏の説かれた声を聞いて、地面の下からやってきたのです。一人ひとりの菩薩たちはみな、大勢の人々の指導者であって、それぞれがガンジス河の砂の数の六万倍にも等しいお伴を連れていました。まして、河の砂の数の五万、四万、三万、二万、一万倍に等しいお伴を連れている者がいたことは、言うまでもありません。また、ましてガンジス河の砂の数と同じ、あるいはその二分の一、四分の一から、千万億分の一に至るまでの者については、なおさらのことです。

また、千万億のお伴を連れた者についても、また億万のお伴を連れた者についても、また千万、百万から一万の数に至るまで、また千、百から十に至るまで、また五、四、三、二、一人の弟子を連れている者についても、言うまでもありません。また、たった一人でいて、人々から遠ざかる修行を望んでいる者についても、言うまでもありません。このような人々が、量り知れず、果てもなく現れて、とても数えきれるものではありませんでした。

この多くの菩薩たちは、地面の下から出現すると、おのおの、空にある七つの宝でつくられた仏塔におられる、多宝如来と釈迦牟尼仏のところに詣でました。そして、そこに着くと、二人の世尊に対して、御足を頭にいただいて礼拝し、それからまた、大勢の宝の樹の下に坐っておられる仏たちのところに至って礼拝をし、三度その周りを回って合掌して敬い、菩薩としての種々の讃え方にしたがって称賛申し上げ、座の一隅に席を占めて、喜びながら二人の世尊を仰ぎ見たのです。

この菩薩たちが、初めて大地の下から現れ出てから、さまざまな多くの、菩薩としての讃え方によって、仏を褒め讃えている間に、長い時間が過ぎていきました。釈迦牟尼仏は、その間、じっと沈黙されたまま坐っておられました。また、大勢の僧や尼、信者の男女た

ち も、 み な じっ と 沈黙 を 守っ て 長い 時間 が 過ぎ まし た が、 仏 の 神通力 の おかげ で、 多く の 人々 に は、 それ が たっ た 半日 の こと で ある か の よう に 思わ れ まし た。

その 時 に 大衆 の 人々 に は、 また 仏 の 神通力 に よっ て、 多く の 菩薩 たち が、 百千万億 の 無量倍 という 多く の 国 の 空（宇宙 の 星 の こと） に ひしめい て いる の が 見え まし た。 この 菩薩 たち の 集まり の 中 に、 四人 の 指導者 が い まし た。 その 一 を 上行 と 言い、 その 二 を 無辺行 と 言い、 その 三 を 浄行 と 言い、 その 四 を 安立行《あんりゅうぎょう》 と 言い まし た。

この 四人 の 菩薩 たち は、 それら の 菩薩 たち の 中 で、 最も 位 の 高い 指導者 でし た が、 大勢 の 集まり の 前 で、 それぞれ 共に 合掌 し、 釈迦牟尼仏 を 礼拝 し、 次 の よう に 申し 上げ まし た。

「世尊 よ、 世尊 に おか れ まし て は、 病 や 悩み は なく、 安楽 に お 過ごし でしょ う か。 世尊 に 従わ れ て いる 者 たち は、 教え を 容易 に 受け ます でしょ う か。 世尊 を 疲れ させ て は い ませ ん でしょ う か」

その 時、 四人 の 菩薩 たち は 同音 に 申し上げ まし た。

「世尊 は 安楽 に、 病 や 悩み なく お られ ます か。 人々 を 教える こと に、 お 疲れ に なっ て は おられませんか。また、人々たちは、教えを容易に受け入れていますでしょうか。世尊にお疲れを生じさせてはいないでしょうか」

その時に世尊は、菩薩たちの集まりに向かって、次のようにおっしゃいました。

「そのとおりだ。善男子たちよ、私は安楽で病もなく、悩みもない。人々はみな、教えやすく、言うことをよく聞いて、私はあまり疲れもない。なぜかと言えば、この多くの者たちは、世々にわたって、ずっと私の教えを受けてきたからだ。

また、過去の多くの仏たちに対して、供養をして讃え、多くの善い行いをしているからだ。それ故に、この多くの者たちは、私の身体を見、私の説法を聞くと、すぐさま、みなそれを信じて受け入れ、仏の智慧に入ったのだ。

ただし、それ以前から修行して、自分の救いを求める教えを学んでいる者は別である。しかし、そのような人々についても、私は今また、この経典を聞かせ、仏の智慧に入ることができるようにしよう」

その時に、偉大な菩薩たちは、仏を讃えて申し上げました。

「素晴らしいことです。偉大な勇者である世尊よ、かくも多くの人々を教化し、救うことが容易であるとは、なんと素晴らしいことでしょうか。

彼らは、多くの仏たちの極めて奥深い智慧を問い申し上げ、聞いた後にそれを信じて実践してきました。私たちは嬉しく思います」

その時に世尊は、この集まりの上席にある菩薩たちを、次のように褒め称えられました。

「よろしい。善男子たちよ、お前たちが如来に対して喜びの心を起こしたということは、大変結構なことだ」

その時、弥勒菩薩と河の砂の数の八千倍ほどの多くの菩薩たちは、みな次のように思いました。

「私たちは、昔からこれまで、このような偉大な菩薩たちが、大地から現れ出て、世尊の前で合掌し、供養し、如来に御機嫌を伺うのを、見たことも聞いたこともありません」

その時に弥勒菩薩は、河の砂の数の八千倍ほどの多くの菩薩たちの思いを知って、また自分自身の疑いを解こうとして、仏に向かって合掌し、次のように申し上げました。

「千万億の無量倍という多くの菩薩たちを、昔からこれまで見たことがありません。どうか、釈尊よ、そのわけをお説きください。

この菩薩たちは、一体どこからやってきたのか。どういう謂れがあって集まったのか。大きな身体をそなえ、偉大な神通力があって、その智慧は思いはかることも難しい。その志は堅固で、偉大な忍耐力をそなえ、すべての人々がその姿を見たいと思うような菩薩たちであります。彼らは一体どこからやってきたのですか。

一人ひとりの菩薩たちが引き連れている多くの侍者たちの数は量り知れず、河の砂の数と同じほどであります。偉大な菩薩で、河の砂の数の六万倍ほどの多くの侍者を引き連れた者もおります。そのような大勢の人たちが、一心に仏道を求めております。このような多くの立派な菩薩たちが、ガンジス河の砂の数の六万倍ほどもいます。彼らが一緒にやってきて、仏を供養し、そしてこの経を護り保ちます。

河の砂の数の五万倍ほどの侍者を率いている者たちの、その数は、さらにそれ以上です。ガンジス河の砂の数の四万、三万、二万から一万に至るまでと、千、百倍からちょうどガンジス河の砂の数に至るまでと、その半分、三分の一、四分の一、億万分の一と、千万億という数多くの弟子たちから、半億に至るまでの侍者を引き連れた者たちの数は、また先に述べたより以上であります。

百万から一万まで、千と百、五十と十、三、二、一の人数の侍者を連れた者たちがおり、またお伴はおらず、たった一人で修行を望む者もおります。彼らは共に、仏のもとにやってきましたが、その数は、先に述べた数以上です。

このように大勢の人々のその数は、もし人が計算の道具を用いて数え続けて、ガンジス河の砂の数ほどの長い時間を過ぎたとしても、それでもすべて知り尽くすことはできないでしょう。この多くの、偉大な威徳をそなえ、精進努力をする菩薩たちは、誰が彼に説法し、教え込んで、修行を完成させたのでしょうか。

誰について初めて仏道を志し、どのような仏の法を褒め称えているのか、どのようなお経を持ち備えて、実践し、どのように仏の道を修めたのでしょうか。このような多くの菩薩たちは、神通力と偉大な智慧の力をそなえております。四方の大地が震動して裂け、みなその中から現れ出ました。

世尊よ、私は昔からこれまで、未だかつてこのようなことを見たことがありません。どうか、彼らがいるその国の名前を教えてください。私は常にあちこちの国を遊歴しておりますが、未だかつてこのような人々を見たことがありません。私はこの人々の中の誰一人として知らないのです。彼らは忽然として、大地から出現してまいりました。どうか、その謂れをお説きください。

今、この大勢の集まりの、無量百千万億という多くの菩薩たちも、みなこのことを知りたく思っております。この多くの菩薩たちは、もともとの謂れと、今のこの出現の謂れとが、あるに違いありません。量り知れない徳をそなえた世尊よ、どうか、人々の疑いを解くように、教えてくださいませ」

その時に、無量千万億という多くの、あちこちの国からやってきた釈迦牟尼仏の分身の仏たちは、八方にある宝の樹の下に坐っておられました。それらの分身の仏のお伴たちは、それぞれにこの大勢の菩薩たちの集まりが、三千大千世界の四方において、大地から現れて空にとどまっているのを見て、それぞれが仏に申し上げました。

「世尊よ、この無量無辺という数の菩薩たちの集団は、一体どこからやってきたのでしょうか」

その時、分身の仏たちは、それぞれの侍者たちに告げられました。

「善男子たちよ、しばらく待ちなさい。弥勒という菩薩がいる。釈迦牟尼仏が『私に次いで、後に仏となるだろう』と、未来の成仏の予言を授けられた立派な菩薩なのだ。その菩薩が、このことを仏にお尋ね申し上げたから、仏が今、これから答えられるだろう。お前たちは、それによって知ることができるだろう」

その時に釈迦牟尼仏が、弥勒菩薩に告げられました。

「よろしい、まことによろしい。弥勒よ、仏である私に、よくこのような大事なことを問うてくれた。お前たちは共に一心に、精進の鎧を着て、確固たる意志の心を起こさなければならない。

如来は今、仏たちの智慧、仏たちの自在な神通力、仏たちの師子のように奮い立つ力、仏たちの威勢のある勇猛な力を明らかにし、述べて示そうとするのだ」

その時に世尊は、重ねて以上の意義を述べようとして、申されました。

「精進努力し、心を一つにして、私の言うことを聞きなさい。それを聞いて、疑い、悔いることのないようにしなさい。仏の智慧を思いはかることは難しいのだ。

お前たちよ、今、信心の力を発揮して、努めて善をなすことに精進しなさい。昔から未だかつて聞いたことのない教えの法を今、みなは聞くことができるだろう。

私は今、お前の心を落ち着かせてあげよう。疑いやおそれをいだいてはならない。仏には嘘の言葉はありはしない。その智慧は量ることもできないのだ。私が勝ち得た第一なる法は、奥深く思い量ることもできない。そのような法を、今、説いて聞かせよう。お前たち、一心に聞きなさい」

そこで世尊は、弥勒菩薩に告げられました。

「私は今、この大勢の集まりの中で、お前たちに告げよう。

弥勒よ、これらの多くの大地から現れ出た、量ることも数えることもできない無数の、お前たちが昔からこれまで見たこともない菩薩たちは、私こそがこの娑婆世界において、無上の正しい悟りを得た後に、これらの多くの菩薩たちを教え導いて、彼らの心を整えて、悟りへ向かう心を起こさせたのだ。

これらの多くの菩薩たちは、すべてこの娑婆世界の地面の下の、この世界に属する空中に住んでいたのだ。彼らは多くの経典を読み上げ、精通し、それについて思念し、区別して、正しく記憶している。

弥勒よ、これらの善男子たちは、人々の中にあって、多くの人と語ることを好まず、常に静かな所を好み、つとめ励んで、未だかつて休んだことはなかった。また、人々や神々に依存して生活はしていない。常に深い智慧を願って、何の障害もない。また、常に仏たちの教えの法を願い、心を一つにして精進し、無上の智慧を求めているのだ」

その時に世尊は、以上の意義を重ねて述べようとして説かれました。

「弥勒よ、お前は今、知るがよい。この多くの偉大な菩薩たちは、数えきれないほどの遠い昔から、仏の智慧を学び、実践してきたのだ。彼らはことごとく、私が教え込んだ者たちであり、私が悟りに向かう心を起こさせたのだ。彼らはまさに私の子供たちなのだ。そしてこの娑婆世界に住んでいるのだ。

常に質素に暮らし、静かな所を望んで、大勢の人々の騒ぎを離れ、人と多く語ることを好みはしない。このような弟子たちは、私の悟りの教えを学修して、昼夜、常に精進を重ねている。それも仏の道を求めるためなのだ。

彼らは娑婆世界の下方の空中に住んでいる。意志の力が堅く、常に努力をし、智慧を求めており、いろいろなすぐれた教えを説いて、その心は何ものもおそれていない。

私はガヤーの都の菩提樹の下に坐って、最高の悟りを達成することができ、この上ない教えの輪を回して彼らを教え込み、初めて悟りへ向かう心を起こさせたのだ。今、彼らはみな、退くことのない境地に立っており、ことごとく仏となることができるだろう。私は今、真実の言葉を説いて聞かせよう。お前たちよ、心を一つにして信じなさい。私は、はるか昔から、これらの人々を教え込んできたのだ」

その時に弥勒菩薩と数多くの菩薩たちは、心に疑いの思いが生じ、「これはありえないことだ」といぶかしんで、次のように考えました。

「一体どうやって世尊は、わずかな時間の間に、このように無量無辺の数えきれないほど多くの菩薩たちを教え込んで、無上の正しい悟りを与え、悟りの境地に置かれたのだろうか」

そこですぐに仏に申し上げました。

「世尊よ、あなたは太子であられた時に、釈迦族の宮殿を出られて、ガヤーの都からほど遠くないところで、悟りの座に坐られ、無上の正しい悟りを達成されました。その時から今に至るまで、やっと四十余年が過ぎたところです。

世尊よ、一体どのようにして、このような短い時間に、このように偉大な仏のお仕事をなされたのでしょうか。仏の力によってでしょうか。仏の功徳によってでしょうか。このように量り知れないほど多くの偉大な菩薩たちを教え込み、無上の正しい悟りを会得させようとされたのは。

世尊よ、これらの偉大な菩薩たちの数は、たとえ人が千万年という時間をかけて数え続けたとしても、数え尽くすことができません。その果ても知ることはできません。彼らははるか昔から、量り知れないほど多くの仏たちの元で、多くの善行を尽くして、菩薩の道を完成し、常に純潔の修行を実践してきました。

世尊よ、このようなことを世間の人々が信じるのはまことに困難です。たとえばある人がいて、顔色もよく、髪が黒くて、まだ二十五歳のその人が、百歳になる人を指して『これは私の子だ』と言い、その百歳の人もまた、年若い人を指して『これは私の父親です。私たちを育ててくれました』と言うようなもので、そのようなことは信じがたいことです。

仏もまた、それと同じです。仏が悟りを得られてから、それほど長い時は経っておりません。しかるに、この大勢の菩薩たちは、すでに無量千万億年という時間にわたっても、仏の道のために修行に勤めて精進し、たくみに無量百千万億の素晴らしい境地に入り、またそこから出て、さらにとどまったりしながら、偉大な神通力を会得し、長く清らかな純潔の修行をして、順々に修行の段階を終え、問答にたくみであり、人々の中の宝として、世間のすべてが極めて珍しく素晴らしいことだと仰いでおります。

今日、世尊は仏の道を会得されたその時に、初めて人々を発心させ、教え込み、導いて無上の正しい悟りに到達させたのだと、おっしゃいます。

世尊よ、あなたは仏となられてから、そう長い年月が経っていないのに、よくぞこのような偉大な功徳のある事業をなさいました。私たちはまた、仏がそれぞれにふさわしいように説かれた教え、仏の発せられた言葉は、これまで嘘偽りであったことは一度もなく、知るべきことに、仏はすべて精通しておられるということを信じておりますが、しかし新たに仏道に発心した者たちは、仏の亡くなられた後、もしこの言葉を聞いたならば、あるいはそれを信じて受け入れることはせずに、仏の教えを破るという罪を犯すかもしれません。

ですから、世尊よ、なにとぞこの謎を解説して、私たちの疑いを取り払ってくださいますように。また未来の世の中の善男子たちも、このことの謂れを聞きましたならば、また疑いを起こさないことでありましょう」

その時に弥勒菩薩は、重ねて以上の意義を述べようとして、次のように述べました。

「仏は昔、釈迦族の中から出家して出られ、ガヤーの都の近くで菩提樹の下に坐られました。そうしてから今に至るまで、それほど長い時は経っておりません。

この多くの仏の子たちは、その数を量ることができないほどであります。彼らは長い時間にわたって、仏道を修めてきており、神通力と智慧の力も体得しております。

立派に菩薩の道を学修し、世の俗事に染まらないことは、ちょうど蓮華の花が泥の水の中に咲いているようなものです。大地から現れ出て、みな敬いの心を起こして世尊の前にとどまっております。

このことは思いも及びません。どうして信じられましょう。仏が悟りを開かれたのは非常に近いことなのに、それにしては成された事業があまりにも多すぎるからです。願わくは、人々の疑いを除き、ありのままにこれを教えてくださいますように。

たとえば若者の、年がやっと二十五になる人が、百歳になる人の、髪は白く顔はしわだらけの者を指して『彼らは私のもうけた子供です』と言い、その子もまた『この人は私の父です』と言ったとしましょう。父は若いのに子供は老いている。このようなことを挙げても、世の中の人々には信じられないことです。

世尊のおっしゃることもまた、これと同じです。悟りを開かれてから、まださほど時も経っていないのに、それなのにこの多くの菩薩たちは、志が堅固で気おくれもなく、量り知れないほど昔から菩薩の道を修めてきているのです。

難しい問答に長じていて、その心はおそれるものもなく、忍耐の心が定まっており、そのお姿は端正で威徳があって、十方の仏たちがそれを讃えております。彼らはよく道理に従って教えを説き、大勢の人々の中にいることを望まず、常に好んで禅を修めております。仏道を求めるがゆえに、この地面の下の虚空に住しております。

私たちは仏から親しくお聞きして、このことで疑いはありません。願わくは、仏よ、未来の人のために、ことのわけを述べて説いて理解させてくださいませ、仏よどうか。

もし、この経典に対して疑いを生じて信じない者があれば、その者は即座に悪い境遇に陥ることでしょう。願わくは、今、ことの真実を教え説いてくださいますように。この量り知れないほど多くの菩薩たちは、一体どうやって短い時間のうちに教えを受け、発心させられて、後戻りもしない境地にとどまるようになったのでしょうか」

（付記）

この第十五番のお経は、お釈迦様が存在の根源である宇宙について説かれた最重要な第十六番のお経の、いわば序曲にあたる素晴らしいものです。お釈迦様の言葉にこたえて大地が割れて無数のかつての弟子たちが現れるという光景は、まさに壮大なスペクタクルシーンであって、まさに胸の躍る光景です。地面が割れて現れるのは死者たちであり、彼らは私たち子孫の供養によって成仏した、遡れば無数の遠い遠いご先祖であり、それらのご先祖と仏の教えによる供養で私たちが繋がって今在るということをお釈迦様は証してくださったということです。

妙法蓮華経如来寿量品《にょらいじゅりょうほん》第十六

その時、仏は菩薩たちと初めて出会ったすべての人々に告げられました。

「善男子たちよ、お前たちは如来の真実の言葉を信じて理解しなさい」と。

再び初めて会った人々に告げられました。

「お前たちよ、如来の真実の言葉を信じて理解しなさい」

そしてさらに三度、また大勢の人々に同じように告げられました。

「お前たちよ、如来の真実の言葉を信じて理解しなさい」

その時、初めて仏に出会った大勢の菩薩たちは、弥勒菩薩をリーダーとして合掌して、仏に申し上げました。

「世尊よ、どうかお願いいたします。このわけをお説きください。私たちは必ず、仏のお言葉を信じて受け入れましょう」

そのように三度にわたって申し上げた後に、また申し上げました。

「世尊よ、どうかお願いいたします。どうぞ、これをお説きください。私たちは必ずや、仏のお言葉を信じて受け入れましょう」

その時に世尊は、菩薩たちが三度までも願って止まないのを知られて、彼らに告げられました。

「お前たちよ、耳を傾けてよく聞きなさい。如来の秘密の神通の力を。全世界の天の神々と人間たち、及び阿修羅たちは、一様に今の釈迦牟尼仏が、釈迦族の宮殿を出て出家し、ガヤーの街から遠くない悟りの座に坐って、無上の正しい悟りを獲得したと思っている。しかしながら、善男子たちよ、私が仏となってからこのかた、実は無量無辺の百千万億年という無限の時間が経っているのだ。

たとえば、五百千万億那由他阿僧祇、すなわち十の五十九乗という量り知れぬ数の全宇宙世界を、人がすりつぶして微塵の粉にしたとして、東の五百千万億という数の国々を過ぎて、そこでようやく一粒の塵を置くとしよう（これは宇宙の広さの証しです）。このようにして東に向かって、このすべての塵を置き尽くしたとする。

善男子たちよ、このことをどう思うか。通り過ぎてきたこの多くの世界の数は、考えたり計算したりして、その数を知ることができるかどうか。それは無限に近い広さをもっているのだ」

弥勒菩薩らは、ともども仏に申し上げました。

「世尊よ、この多くの世界は、無量にして無辺、まさに無限の広さであって、とても計算によって知り尽くせるものではありません。また、心の働きの及ぶところでもありません。つまり想像の域を超えたものです。

あらゆる弟子たちも、その清らかな智慧をもってしても、考えてその数の限りを知ることはできません。菩薩である私たちは、悟りに向かって不退転の心構えでありますが、それでもこのことに関しては、私たちが及ぶところではありません。

世尊よ、このような無限の数の世界は、量り知ることができません」

その時、仏は大菩薩たちに次のように述べられました。

「善男子たちよ、今こそ、明らかにお前たちに述べて教えよう。この多くの世界の、微塵を置いたものも置かなかったものも、すべてあわせてさらに塵として、その一つの塵を一億年としよう。私が仏となってからこのかた、その過ぎてきた時間は、この一つの塵を一億年として数えた数よりも、さらに百千万億も多いのだ。

その時から今に至るまで、私は常にこの娑婆世界にいて、説法して人々を教えてきたのだ。また他の世界の、百千万億という数えきれぬ国々においても、人々を導き、徳を与えてきた。

善男子たちよ、その間に私は燃灯仏などのことを説き、またその仏が涅槃に入って姿を消すとも説いてきた。しかしそのようなことは、すべて私が教えの手立てとしてはかったことなのだ。

善男子たちよ、もし人々が私のところにやってきたならば、私は仏の一切を知る眼をもって、彼らの信心などの素質の優劣を観察して、それを救う相手に応じて、あちらこちらで自ら仏の名前が同じでないこと、仏の寿命の長い短いについて説き、またその姿を現して、まもなくこの世から消えるであろうと言い、また種々の教えの手立てによって、優れた奥深い教えの法を説いて、人々に歓喜の心を起こさせてきたのだ。

善男子たちよ、如来である私は、人々が劣った教えを望んだり、徳が薄く、けがれが多いのを見て、これらの人々のために『私は若くして出家し、この上ない正しい悟りを得た』と説いている。しかし、実際には私が仏となってから今までに、はるかに悠久の時が経っていることは、先に述べた通りなのだ。教えの手立てによって人々を教え込み、仏の道に入らせようとするからこそ、このようなことを説いているのだ。

善男子たちよ、如来が述べる経典は、すべて人々を救済し、解脱させるためのものなのだ。仏はある場合には、自分自身について説き、ある場合には、他の姿を示して説く。ある場合には、自分の身体を現して示し、ある場合には、他の身体を現して示しもする。ある場合には、仏としての行いを示し、ある場合には、仏以外のものとしての行いを示してみせるのだ。その場合、仏が説くさまざまな教えは、すべて真実であって偽りではない。それはなぜかと言えば、如来はその智慧によって、物欲や色欲、あるいは無形の三界のありさまをありのままに見るからだ。

すなわち三つの世界は、実は生まれたり死んだりすることはなく、あるいは消滅したり、出現したりすることもなく、また世に存在するとか消えてなくなるということもない。真実でもなく、嘘でもなく、目の前のあり方でもなく、別のあり方でもない。三つの欲の世界に住む凡人が、その三つの世界をながめるようではない、ということなのだ。

このような事柄を如来は明らかに見て、誤りがあることは決してない。衆生たちは、種々の本性、種々の欲望、種々の行い、種々の思惑があるので、彼らのさまざまな善き性根を生じさせようとして、謂れや譬えや言葉による説明によって、種々に法を説くのであって、仏としてなすべきことを、未だかつてほんの少しも休んだことはないのだ。

このように、私が仏となってから今に至るまで、極めて長い長い時が経っているのだ。私の寿命は、量り知れないほどの長きにわたっており、常にこの世に存在しており、姿を消すということはない。

善男子たちよ、私がもともと菩薩としての道を修めて獲得した寿命は、今もなお尽きてはいない。それどころか、先に言った数の倍の倍の寿命があるのだ。しかしながら、今は真実の入滅、涅槃ではないが、教えの手立てとして、『私はやがて姿を消す』と宣言するのだ。如来はこの教えの手立てによって、人々を教化するのだ。

なぜならば、もしも仏が久しくこの世に存在していたならば、徳の薄い人は、善いことをしようとはせず、貧に窮して卑しく、五官の欲望にとらわれて、あれこれの思いとみだりな見解の中に堕ち込んでしまうからであり、もし如来が常に存在して滅することがないと見たならば、おごり高ぶる勝手な思いを起こし、怠ける心を抱いてしまい、仏には会いがたいのだという思いと、仏に対する敬いの心が生じないからだ。

それゆえに、如来は教えの手立てとして、『弟子たちよ、知らなければならない。仏たちのこの世への出現に出会うということは、極めて難しいことなのだ』と教えるのだ。なぜならば、徳の薄い人々は、百千万億の無量倍という時を経過した後、あるいは仏に出会う者もあり、出会わない者もあるからだ。このことのために、私は次のように語るのだ。『弟子たちよ、如来に会うことができるのは、極めて難しいことなのだ』と。

これらの人々は、このような言葉を聞けば、必ずや仏に出会うことは難しいという思いを生じ、仏を慕う心を起こし、仏を熱心に慕い求めて、行いを正すだろう。それゆえに、如来は真実には滅することはないのだが、やがては姿を消してこの世を去ると言うのだ。

また善男子よ、多くの仏、如来たちは、教えの手立てとして、みなこのようにするのだ。人々を救済するためであるから、そのような教えの方法としての言葉は、すべて真実であって、偽りではない。

たとえば、優れた医者がいたとして、その人はたいへん智慧が深く、薬の処方にも優れていて、さまざまな病を上手に治すとしよう。その医者には多くの子供たちがいて、十人、二十人、あるいはそれ以上であったとしよう。彼がたまたま外国へ出かけたとする。

子供たちは彼が出かけてしまった後に、悪いものを飲んでしまった。その毒が効いて、子供たちは苦しみ、転げ回ったが、その時に父が外国から戻って家に帰った。

子供たちは毒にあたって心を失った者もいれば、あるいは失わなかった者もいた。彼らは父親の姿を見て、みな喜び、ひざまずいて『よくご無事でお帰りになりました。私たちはおろかにも、誤って悪いものを飲んでしまいました。どうか治療して、さらに寿命をお与えください』と言った。

父は子供たちがこのように苦しんでいるのを見て、色や香り、味ともにそろった優れた薬草を探してきて、それを処方して、ふるいにかけ、調合して、子供たちに与え飲ませた。そして次のように言った。

『この優れた良薬は、色や香り、味ともにすべてそなわっている。お前たちよ、これを飲みなさい。速やかに苦痛がとかれて、さまざまな患いもなくなるだろう』と。

子供たちのうちで、本当の心を失っていない者たちは、この良薬の色や香りがともに素晴らしいのを見て、ただちにこれを服用し、それで病がすべて除かれて健康になった。

しかし、心を失ってしまった他の者たちは、父がやってきたのを見て、喜んでご機嫌伺いをし、病を治してくれるように求めたけれども、その薬を与えたところが、これをあえて飲もうとはしなかった。

そのわけは、毒気が深く回って、まともな心を失っているために、この素晴らしい色や香りのある薬について、色も香りも悪いと感じてしまったからだ。父はそれを見て、このように考えた。

『この子たちは不憫なことだ。毒にあたって、心がすっかり乱れてしまっている。私を見て、喜んで治療を求めるのだが、このような優れた薬を、あえて飲もうとはしない。私は今、手立てを講じて、この薬を飲ませることにしよう』

そこで次のように言った。

『お前たちよ、知りなさい。私は今はもう年老いて、死期が近づいてきた。この優れた薬を今、ここに置いておくから、お前たちは必ずこれを取って飲みなさい。病が治らないのではないかと、決して心配してはいけない』

こう命じておいてから、彼はまた他の国に行き、使いを国にやって、こう告げさせた。

『あなた方のお父上は、もう亡くなってしまった』と。

その時に子供たちは、父が世を去ったと聞いて、心に激しく憂いをいだき、悩んで次のように思った。

『もし父が生きていてくれたなら、私たちを慈しみ、あわれみをかけて、病から救って守ってくれたのに。今、父は私たちを見捨てて、遠い他の国で亡くなってしまった。思い返してみると、自分たちはもう孤児で、かばってくれる者もなく、頼みとする者もいなくなってしまった』

そして、いつも悲しみを抱いて、その結果、ついに心が目覚めたのだ。そこで、この薬が色も味も香りも素晴らしいことがわかってきて、すぐさまにそれを取って飲むと、毒による病はすべて治ってしまった。その父は、子供たちの病が治ったと聞いて、家に帰ってきて、すべての子供たちと出会ったのだ。

善男子たちよ、どう考えるか。誰にしろ、一体この優れた医者の偽りの罪を、とがめることができる者がいるだろうか」

「いいえ、おりません、世尊よ」

仏は言われた。

「私もまた、これと同様だ。私が仏となってからこのかた、無量無辺百千万億年という無限に長い時間が過ぎている。私は、衆生たちのために、教えの手立ての力によって『私はこの世を去るだろう』と言う。しかし、理に適って、私の偽りの過ちを言挙げする者はいないはずだ」と。

その時に世尊は、重ねて以上の意義を述べようとして言われました。

「私が仏になることができてからこのかた、過ぎていった時の長さは、無限に近いものだ。私は常に説法して、無数億という多くの衆生を教え込み、仏の道に入らせてきた。そのようにしてきて今に至るまで、量り知れない時間が経っている。

衆生を救うために、教えの手立てとして姿を消してみせたが、しかし実際に死んでしまったのではない。常に私はここにとどまって、教えを説き続けているのだ。

私は常にここにとどまっているのだが、さまざまな神通力によって、心が曲がっている衆生には、近くにいようとも見えないようにしているのだ。

人々は私が姿を消すのを見て、さまざまに遺骨を供養し、みな恋慕の情をいだいて、憧れて慕う心を起こすのだ。

衆生は信じて従ったうえは、素直になり心が柔軟になって、一心に仏にお会いしようとして、みずからの身命も惜しみはしない。その時こそ、私と僧侶たちはともに霊鷲山に姿を現すのだ。

私はその時に、衆生に語る。

『私は常にここにいて、姿を消すことはない。教えの手立ての力によって、死亡と死亡しないことを現すのだ。他の国の衆生で、恭しく敬い、信じ願う者がいたならば、私はまた、その国において、彼らに無上の教えを説く』と。

お前たちは、この私の言葉を聞かないで、ただ私が姿を消したと思い込んでいる。私がさまざまな人々を見ると、彼らは苦悩にうずもれてしまっている。それゆえに、私は姿を現さないで、彼らに憧れて慕う心を起こさせ、彼らの心が私を恋慕することによって、そこで初めて姿を現して、法を説くのだ。

私の神通力はこの通りだ。長い長い時間にわたって、霊鷲山や他のさまざまなところに私はいる。衆生が、この世が終わりを迎え、世界が大きな火に焼かれると見る時でも、私のこの国土は安穏で、天の神々や人々が常にあふれているのだ。

樹木の茂る公園や、さまざまなお堂は、種々の宝によって厳かに飾られ、宝づくりの樹には、花が咲き果実がたわわに実っていて、衆生たちが楽しみ、遊ぶ場所なのだ。天の神々は天上の鼓を打ち、常に音楽を奏でて、曼荼羅華の雨を降らせて、仏や大勢の人々の上に散って降らせる。

私の清らかな国は決して壊れることはないのに、しかし人々はこの国がやがて火に焼き尽くされて、憂いや恐怖、さまざまな苦悩が満ちあふれていると見てしまうのだ。これらの罪の多い衆生は、悪い行いのせいで、非常に長い時間を経ても、仏や教えや僧の、三つの宝の名を聞くことすらない。

功徳を積み、柔和で素直な人々は、誰でもみな、私がここにいて法を説くのを見るのだ。ある時には、この人々のために、私の寿命は無量であると説き、久しい後に、ようやく仏にまみえる者に対しては、仏には会いがたいのだと説いて聞かせる。

私の智慧はこのようであり、智慧の光の輝きは量り知れない。寿命は無限の長さであり、それは久しい間、修行して獲得したものなのだ。

お前たちよ、智慧ある者たちは、このことについて疑いを起こしてはならない。疑いを消して、永遠たらしめなさい。仏の言葉は真実であって、決して虚偽ではない。

医師が優れた手立てによって、心を失った息子たちを治療するために、実際には生きているのに死んだと言っても、誰もその偽りをとがめることができないように、私もまたこの世の父であって、さまざまな苦しみを救うものである。凡夫はその心が乱れているので、真実には存在しているのに、『私は姿を消す』と言うのだ。

常に仏を見ていることによって、かえっておごり高ぶる勝手な心を起こし、勝手気ままに五官の欲望にとらわれ、悪い道に堕ち込んでしまうであろう。私は常に、衆生が仏の道を修めるか修めないかということを知って、その救済すべき人々に応じて、彼らに種々の法を説いているのだ。

私はいつもこのように考えている。

『何によって、衆生たちを無上の智慧に入らせ、速やかに仏の身体を完成させることができるだろうか』と」

（付記）

この十六番のお経を読むと、私は今から四十年前に東京で聞いた、あのブラックホールの蒸発の発見者の天才物理学者ホーキングの講演を思い出します。あの時質問に応じて彼は、この宇宙にこの地球のように多くの生命体が存在し、進んだ文明を持つ星がいくつくらい在るかと問われ、即座に二百万は在ると答えました。お釈迦様がここで言われている五百千万億という数の国々とは、即ち宇宙全体のことで、この地球にそんな数の国が在るはずはありません。

そしてお釈迦様が成仏してから無量無辺無限の時間が経っているのだという言葉も、アインシュタインが言った、我々普通の人間が考えているのとは位相の違う時間感覚を、悠久の昔に説かれているのです。これは他の宗教に見られぬ卓抜した哲学の証しに他なりません。

妙法蓮華経分別《ふんべつ》功徳《くどく》品《ほん》第十七

その時に、集まった大衆は、仏の寿命がはるかに長いことは以上のようなものだ、と説かれるのを聞いて、量り知れず際限もない無数の人々が、喜びあったものです。

その時に世尊は、弥勒菩薩に告げられました。

「私が、以上のように如来の寿命がはるかに長いということを説いた時に、万億の河の砂の数に等しい者たちが、あらゆるものが不生不滅であるという、無生法忍《むしょうぼうにん》の真理を体得した。

また、その千倍の数の菩薩たちが、聞いたことを忘れずに記憶するという力を獲得した。また、世界を微塵に砕いた、その微塵の数と等しい数の菩薩たちがいて、楽しみながら、滞ることなく説法する弁舌の能力を獲得した。

また、世界を微塵に砕いた、その微塵の数と等しい数の菩薩たちがいて、百千万億の量り知れないほどに旋転する神秘な呪文を体得した。また、十億の世界を微塵にした、その数と等しい数の菩薩たちがいて、退くことのない教えの輪を回した。また、百万の国土を微塵に砕いた、その数と等しい数の菩薩たちがいて、清らかな教えの輪を回した。

また、二千の国土を微塵に砕いた、その数と等しい数の菩薩たちがいて、彼らは八度生まれ変わった後に、必ずや無上の正しい悟り、阿耨多羅三藐三菩提を獲得することだろう。また四つの国を微塵にした数と等しい数の菩薩たちがいて、彼らは四度生まれ変わった後に、必ずや無上の正しい教えを獲得するだろう。また、三つの国を微塵にした数と等しい数の菩薩たちがいて、彼らは三度生まれ変わった後に、必ずや無上の正しい悟りを獲得するだろう。

また、二つの大国を微塵にした、その数と等しい数の菩薩たちがいて、彼らは二度生まれ変わった後に、必ずや無上の正しい悟りを獲得することだろう。また、一つの大国を微塵にした、その数と等しい数の菩薩たちがいて、彼らは一度生まれ変わった後に、必ずや無上の正しい悟りを獲得することだろう。

また、八つの世界を微塵にした、その数と等しい数の人々がいて、彼らはみな、無上の正しい悟りへ向かう心を発したのだ」

仏が、これらの多くの菩薩たちが大きな法の利益を得るということを説かれた時、空から曼荼羅華と摩訶曼荼羅華が雨のように降ってきて、百千万億の無量倍という多くの宝の樹の下の座に坐っている仏たちに散りかかり、また七つの宝で飾られた塔の中の師子の座に坐っている釈迦牟尼仏と、はるか以前に入滅されている多宝如来とに散りかかり、さらにすべての偉大な菩薩たち、そしてすべての信者たちにも散りかかりました。

また、細かい粉末の栴檀のお香や沈香《じんこう》の雨が降り、空の中に天の太鼓が自然と鳴りわたり、その妙なる音が深遠に響きわたりました。また、千種類の天の衣が雨となって降り、さまざまな瓔珞《ようらく》、真珠の飾り、摩尼珠の飾りが八方と上方にくまなくかけられて、多くの宝の珠づくりの香炉には、値もつけられないような香が焚かれ、それがおのずと辺り一面にくまなく至って、集まった大衆に供養をなしました。一人ひとりの仏たちの頭上には、菩薩たちが幡や絹傘を手にもって差しかけており、それが次第に上に上って、梵天界にまで達しました。これらの菩薩たちは、妙なる音声で量り知れないほど多くの讃えの歌を口にして、仏たちを讃嘆しました。

その時に、弥勒菩薩は座から立ち上がって、右の肩をあらわにして合掌し、仏に向かって申し上げました。

「仏は希有なる法をお説きになられました。それは昔から今に至るまで、聞いたことのないものであります。世尊は、偉大なる力をそなえておられ、その寿命の長さは量ることができません。

無数の仏の子たちは、世尊の教えによって徳を得る者たちについて、区別して説かれたのを聞いて、喜びが体に満ちあふれました。

あるものは、退くことのない境地にとどまり、あるものは呪文を得、あるものは楽しみながら滞ることのない弁舌の力を、あるものは、千万億も繰り返される呪文を得ました。

あるいは十億の世界を微塵にした数の菩薩たちがいて、それぞれがみな、退くことのない教えの輪を回しました。また、百万の世界を微塵にした数の菩薩たちがいて、それぞれがみな、清らかな教えの輪を回しました。また千の世界を微塵に砕いた数の菩薩たちがいて、それぞれが八度の生まれ変わりを経て、必ずや仏道を完成させることができるでしょう。

あるいは、四・三・二それぞれの数の大国をすりつぶした、微塵の数の菩薩たちがいて、それぞれの数の回数だけ生まれ変わって、仏となることができるでしょう。

あるいは、一つの大国を微塵にした数の菩薩たちがいて、一度の生まれ変わりの後に、必ずや仏の一切を知る智慧を完成させるでしょう。そのような衆生たちは、仏の寿命が極めて長いことを聞いて、量り知れない煩悩の、けがれのない清らかな果報を得ることでありましょう。

また、八つの世界を微塵にした数の衆生がいて、仏がその寿命について説かれるのを聞いて、みなこの上ない心を起こしました。世尊は無量の不思議な教えを説かれ、それによって利益をこうむることは、空が切りのない広さであるかのようです。

天上の曼荼羅華と摩訶曼荼羅華の雨を降らせて、帝釈や梵天の神々が河の砂のように大勢、無数の仏土から集まってきました。栴檀香や沈香の雨を降らせて、それが散り散りに乱れて落ちるさまは、鳥が空から飛んで降りてくるようで、仏たちの上に散りかかって供養しました。

天上の鼓は、空でおのずから妙なる音を響かせ、天上の千万億もの衣が、ひらひらと翻りながら落ちてきました。多くの宝の珠でできた素晴らしい香炉に、値もつけられない香を焚いて、その香りが自然とあたり一面に漂って、多くの世尊たちを供養しました。

偉大な菩薩たちは、七つの宝づくりの幡と天蓋の万億種もの丈高く、美しいものを手にもって、次第に梵天界にまで至っています。一人ひとりの仏たちの前に、宝づくりの幡に勝利の幡をかけ、また千万の讃えの歌によって、如来たちを讃えました。

以上のような種々のことがらは、未だかつてなかったことです。仏の寿命は無量であることを聞いて、すべてのものたちはみな、心から歓喜しました。

仏の名は十方に聞こえて、広く衆生に利益を与えられました。あらゆるものたちは善根をそなえ、それによって菩提心という上ない心の糧を得たのです」

その時に、仏は弥勒菩薩に告げられました。

「弥勒よ、誰であれ、衆生が、仏の寿命がそのようにはるかに長いと聞いて、ほんのひとたび心に、なるほどと確信をいだくならば、それによって得られる功徳には際限がないだろう。

もし善男子、善女人がいて、無上の正しい悟りのために、八十万億年という長い期間にわたって、五種類の波羅蜜を修行したとしよう。布施波羅蜜、持戒波羅蜜、忍辱波羅蜜、精進波羅蜜、禅定波羅蜜の五つである。智慧波羅蜜は除く。

この功徳と先の、仏の寿命長遠の説法を確信する功徳とを比べるならば、百分、千分、百千万億分の一にも及ばない。計算や喩えによってさえも知ることができないほどである。もし善男子、善女人が、そのような功徳がありながらも、無上の正しい悟りから退いてしまうという、そのような道理はありえないのだ」

その時、世尊は重ねて以上の意義を述べようとして説かれました。

「もしもある人が、仏の智慧を求めて、八十万億年という長きにわたって、五種類の波羅蜜を修行したとしよう。

この長い間に、仏や独覚や辟支仏たち、それに多くの菩薩たちに布施し、供養したとしよう。めずらしい飲み物や食べ物、それにすぐれた衣服や寝具をだ。栴檀の樹によって家を建て、林でそれを厳かに飾り、そのような種々にみな素晴らしいものを、この長い間、布施し続け、それを仏の道に振り向けたとしよう。

もしもまた、戒律を保ち、清浄で欠けることがなく、この上ない道の仏たちが、讃嘆するものを求めたとしよう。

もしもまた、忍耐の修行をして、柔軟自在な境地にとどまり、たとえ多くの悪しきことがやってきたとしても、その心が動かされないとしよう。

法を体得した者たちで、思い上がりの心をいだいている者たちによって、軽んぜられ苦しめられたとしても、そのようなものにもよく耐え忍ぶとしよう。

もしもまた、骨を折って精進し、志が常に堅固で、無量億の時間という長きにわたって、一心につとめ、怠り休むことがないとしよう。

また、無数年という長きにわたって、人里から離れた静かな所に住まって、もしは坐り、もしは歩き回り、眠気を払って常に心を統一したとしよう。

このような条件のもとに、さまざまな禅の悟りを実修し、八十億万年という長期にわたって、安らかにとどまって心が乱れない。この心の統一という福徳をそなえて、この上ない道を願い求め『私は一切を知る仏の智慧を獲得したい』として、禅を究め尽くそうとしたとしよう。

その人が百千万億年の長きにわたって、以上のさまざまな功徳を実践することが、これまで説いてきたとおりであるとしても、善男子、善女人がいて、私が仏の寿命を説くのを聞いて、ほんの一瞬でも信ずるならば、その福徳は無限である。

もし人が、あらゆる疑いや悔いもなく、心深くでほんのしばらくの間でも信じるならば、その福徳は以上の如くだろう。

そもそも多くの菩薩たちが、無量の長きにわたって、仏道を修行し、私が寿命を説くのを聞いて、それを信じ受け入れることができるならば、そのような人々は、この経典をおしいただいて『私は未来において長寿を保ち、衆生を救済しよう。それは、今日の世尊が、釈迦族の中の王として、悟りの場において師子吼《ししく》し、法を説かれるのに何ものにも畏れるものがないように、そのように私たちも未来の世で、すべてのものに尊敬され、悟りの場に坐るとき、寿命を説くことがまたそのようでありたい』と願うだろう。

深い心をそなえ、清浄で実直、多くを聞いてよく記憶し、その意義のとおりに仏の言葉を理解するような人、そのような人々は、このようなことについて疑いはないだろう。

また阿《あ》逸多《いった》よ、もし仏の寿命が極めて長いということを聞いて、その言葉の意味を理解するならば、その人の得る功徳には限りがなく、如来の無上の智慧を獲得できるだろう。ましてや、この経を広く聞いて、あるいは人にも聞かせたり、あるいは自分で保ち、あるいは人にもそなえさせ、あるいは自らそれを書き写し、あるいは人にも書き写させ、あるいは花や香、幡、絹傘、香油、酥油《そゆ》の灯火を、供える者はなおさらのことである。その人の功徳は、量り知れず果てもなく、すべて知り尽くした仏の智慧を得ることができるだろう。

阿逸多よ、私が寿命の極めて長いことを説くのを聞いて、もし善男子、善女人が、心深く確信するならば、その人は仏が常に耆闍崛山にいて、偉大な菩薩や弟子たちに囲まれて説法しているのを見るだろう。

また、この娑婆世界の大地が瑠璃で出来ていて、真っ平らで閻浮《えんぶ》檀《だん》金《ごん》によって八本の道路が区切られ、宝の樹が並んでいて、高殿や楼閣はすべて宝で出来ており、そして菩薩たちはみな、その中にいるのを見るだろう。もしもこのように見るならば、これこそ深い確信の姿と知るべきである。

また如来が亡くなった後に、この経を聞いて、そしることがなく喜びの心を起こすならば、それはすでに心に深く確信する姿なのだと知るべきだ。ましてや、この経を読み上げ、受持する者はなおさらのことだ。この人こそ、如来をいただいているのだ。

阿逸多よ、これらの善男子、善女人は、私のために塔廟や僧院を建てたり、僧坊を造作したり、食べ物や衣服、寝具、飲み物を僧たちに施す必要はない。なぜかといえば、経典を受持し、読誦する、これらの善男子、善女人は、もうすでに塔廟を建て、僧坊を造立し、多くの僧団に供養しているのと同じことなのだ。

この人々は、仏の遺骨のために七つの宝づくりの塔を建て、その塔は広く高く、上方は先細りになって梵天界にまで達している。多くの幡や天蓋、あまたの宝の珠づくりの鈴がかかっていて、花や香や装身具、粉末の香、塗り香、焚いた香、多くの太鼓、音楽、簫《しょう》や笛、琴、種々の舞のすさびがあって、素晴らしい音声で歌い、讃嘆している。このような供養を、すでに無量千万億年という長期にわたって実質してきているのだ。

阿逸多よ、もし私が入滅した後に、この経典を聞いて、それをよく受持し、あるいは自ら書き写し、あるいは人にも書き写させるならば、それはこういうことになるのだ。すなわち、僧坊を造立し、赤い美しい木によって多くの殿堂を造作すること三十と二におよび、それらの高さは八多羅樹、十五メートルもあって、高く広く、厳かに美しく、百千もの比丘たちがその中に住まっている。

林や池、散歩の道、瞑想のための祠、衣服、飲み物、食べ物、あらゆる楽しみのための道具がその中に満ちあふれていることだろう。そのような僧坊、堂閣の数は、百千万億にのぼり、量り知れないほどである。

これらをまのあたり、私と比丘たちの僧団に供養することになるのだ。それゆえ、私はこう説くのだ。

「如来の入滅の後に、もし経典を受持し、読み上げ、他人に説き、あるいは自ら書き写し、あるいは人にも書き写させて供養するならば、塔廟や僧院を建てたり、僧坊を造作したり、僧たちに供養することは必要ない」と。

ましてや、人がこの経を保ち、布施、戒律の堅持、忍耐、精進、精神統一、智慧の修行をするならば、その者はなおさらのことだ。その徳は最もすぐれたものであり、量り知れず果てしもないことだろう。

たとえば、空が東西南北、四維上下のいずれの方向にも量り知れず、果てしなく広がっているように、その人の功徳もまたそのとおりに無辺際で果てしなく、あらゆるものを知る仏の智慧に到達することだろう。

もし人がこの経を読誦し、受持し、他人に説いたり、あるいは自分でも書き写し、人にも書き写させたりするならば、その人はまた塔廟を建てたり、僧坊を造ったり、修行者たちを供養して褒め称え、また百千万億通りもの讃嘆の仕方で、菩薩の徳を褒め称え、また他人のために種々の謂れによって、その意義に応じてこの法華経を解説し、また清らかに戒律を保ち、心が柔和な者と居を同じくして、忍耐強く、怒りの心なく、志が堅固で、常に座禅を重んじ、さまざまな深い悟りを体得し、心勇んで精進し、多くの善事をおさめ、素質にすぐれて智慧がさとく、巧みに問答に答えるだろう。

阿逸多よ、もし私の入滅の後に、善男子、善女人の中で、この経典を受持し、読誦する人は、以上のような多くの善の功徳があるだろう。知るがよい、その人はすでに道場におもむき、無上の正しい悟りに近づいて、菩提樹の下に座しているのだ。

阿逸多よ、この善男子、善女人が、あるいは坐り、あるいは立ち、あるいは歩き回る所には、塔廟を建てるべきなのだ。そして、一切の天の神々、人々は、すべての仏の塔廟を供養するようにつとめるべきだ」

その時に世尊は、以上の意趣を重ねて述べようとして、説かれました。

「もし私がこの世を去った後に、この経を保持したならば、その人の福徳は量り知れないということは、前に説いたとおりだ。

その人は、あらゆる供養を仏になして、遺骨のために塔廟を建て、七つの宝によって飾り、塔の竿につけた旗は高く広く、それがだんだん小さくなって、はるか空の上に達している。宝の珠づくりの鈴は千万億もあり、風のまにまに美しい音を奏でている。

また、量り知れない時間にわたって、この塔廟に花や香、さまざまな飾り物、天の衣、さまざまな音楽を供養し、香油や酥油の灯火をともして、そのまわりをいつも照らしている。

悪しき世の、教えの法の終末の時代に、この経を保持する人は、とりもなおさず、今述べたようなさまざまな供養を仏にしたことになるのだ。

もしこの経を持って保つならば、それは仏がこの世におられる時に、牛頭栴檀の木で僧坊を造って供養したことになる。それには三十二ものお堂があって、高さは八多羅樹もある。

すばらしい料理や上等な衣服、寝具もすべてそろっており、百千もの僧坊、園林や多くの池、散歩の道や禅定のための祠、それらは種々にすべて厳かで立派なものだ。

もしも確信の心があって、この経を受持し、読み上げ、書き写し、また人に書き写させ、経典を供養して花やお香をまき散らし、香りのよい油を常に灯すならば、そのような供養をなす者は、量り知れない功徳を得ることだろう。

空が果てしないように、その福徳もまた同じことだろう。ましてや、この経を保持して布施を行い、戒律を保ち、忍耐強く、禅定を事としようとする者はなおさらである。

怒ることもなく、悪口を言わず、塔廟を敬い、修行者たちを讃えて、自分の高ぶりの心を捨て、常に智慧について思惟し、詰問されても怒らず、相手に応じて応えたとする。

もしもそのような修行を行ったならば、その功徳は量り知れないだろう。もしその法師の、そのような功徳をなしとげるのを見るならば、天界の花を散らし、天上の衣服をその身体にかけ、頭に足をいただいて礼拝し、仏に対する想いと同じ心を起こすべきだ。

また次のように考えるべきだ。その人はほどなくして悟りの樹のところへ行き、煩悩の汚れのない悟りの境地を獲得し、広く人々や天の神々の役に立つことだろう。

彼のとどまっているところ、歩き回ったり、坐ったり横になったり、お経の一節でも説くようなところには塔を建て、厳かに飾り、さまざまな供養をすべきだ。

仏の子がこの地に住するならば、仏はこれを受け入れられて、常にその場所におられて、歩かれ、あるいは坐ったり横になったりされることだろう」

妙法蓮華経随喜《ずいき》功《く》徳《どく》品《ほん》第十八

その時に、弥勒菩薩は仏に申し上げました。

「世尊よ、もし善男子、善女人が、この法華経をお聞きし、心から喜んでありがたいと思うならば、その人はどれほどの福徳を得ることでしょうか」

そして詩をもって、次のように唱えました。

「世尊の亡くなられた後に、このお経を聞いて、もし心から喜んでありがたいと思えるならば、その人はどれほどの福徳を得ることでしょうか」

その時、仏は弥勒菩薩に次のように告げられました。

「弥勒よ、仏が亡くなった後、あるいは僧や尼、あるいは信者の男女、それにその他の智慧のある人にせよ、あるいは年長者にせよ、あるいは若者にせよ、この経を聞いて、心から喜んでありがたいと思い、その教えの座から出て、どこか別の所へ行ったとしよう。あるいはそれが僧院であれ、あるいは静かな場所であれ、あるいは街中であれ、田舎であれ、どこでも、その聞いたとおりのことを父や母、親類縁者、友人や知人たちのために、自身の力に応じて述べて伝えるとしよう。

その人たちもそれを聞いて、心から喜び、ありがたいと思って、また他に出かけていって、次の人に教えるとしよう。そうすると、その人も聞いた後に、心から喜んでありがたいと思い、またさらに次の人に教えるとしよう。このように次から次へと伝わっていって、第五十番目になったとしよう。

弥勒よ、私は今、その第五十番目の善男子、善女人が勝ち得る心の喜び、感謝の気持ちの功徳を説いて聞かせよう。よく聞くがよい。

四百万億の多くの世界の、六種類の生きざまにあって、四種類の生まれ方をする衆生たち、すなわち、まだ卵のもの、あるいはまだ胎内に宿っているもの、あるいは湿気の中から生まれてくるもの、また忽然と生まれてくるものたち、あるいは形のあるもの、形のないもの、表象作用をそなえているもの、表象作用をそなえていないもの、表象作用を持つものでないにしても、足のないもの、二本足のもの、四本足のもの、たくさんの足をそなえた生き物、このようなものたちの、この世に生存しているものたちに、ある人が幸福を与えようとして、そのものたちの望みのままに、娯楽の道具を与えたとしよう。

一人ひとりのものたちに、この全世界の中に満ちあふれているほどの金、銀、瑠璃、硨磲、瑪瑙、珊瑚、琥珀といった宝物、あるいは象や馬や馬車、宝で飾られた宮殿や楼閣などを与えたとしよう。この与え主は、そのように布施をし続けて八十年が過ぎ、次のように考えるだろう。

『私は人々にこれまで、彼らの心の欲するままに娯楽のための道具を与えてきた。そしてこの者たちはみな、年が八十を過ぎて老いて衰え、髪も白く、顔にはしわが寄って、間もなく死が近づいてくる。私は仏の教えによって、彼らを教え導いてやろう』

そこで、すぐその者たちを集めて、広く教えを述べ、教え込み、教えをよく理解させて喜ばせ、一時にすべての者に、聖者に至るそれぞれの段階の教えの流れに入った者、一度だけこの世に還る者、二度とこの世に生まれてこない者たちに、教えの理解を体得させ、さまざまな悩みの汚れをなくして、深い禅の境地について自由自在となり、八つの解脱を身にそなえるようにさせたとしよう。

お前はどのように考えるか。この大きな施し主の得る功徳は、とても多いとするか、どうか」

そこで弥勒は仏に申し上げました。

「世尊よ、その人の功徳は極めて多く、無量無辺です。その与え主が、ただ人々のために、あらゆる楽しみのための道具を施しただけでも、その功績は無量でありましょうに、ましてや聖者という位を得さしめたのですから、なおさらです」

仏は弥勒に告げられました。

「私は今、明らかにお前に語ろう。その者が、あらゆる楽しみの道具、四百万億の世界の、六種の生存の生き方をしているものたちに施して、また聖者としての果報を獲得させたとしても、その功徳は、この五十番目の人が、法華経の一つの文言を聞いて、心から喜んでありがたいと思う功徳には及ばないのだ。百分の一、千分の一、百千万億分の一にも及びはしない。いくら数えても、たとえても、はるかに及ばないのだ。

弥勒よ、そのように順送りに五十番目の人が法華経を聞いて、心からありがたいと喜ぶ功徳は、無量無辺のものなのだ。ましてや、最初に、説法の座でそれを聞いて、心からありがたいと喜ぶ者は、なおさらのことだ。その人の福徳がすぐれているものであることは、無量無辺のものであって、比較することはできはしない。

また弥勒よ、もし人が、この経典のために僧坊に行って坐り、あるいは立ったままで、ほんの短い時間でもこの経を聞いたとしよう。その功徳によってその人は、生まれ変わった場所では、すばらしく立派な象や馬の引く乗り物、宝で飾られた輿を得て、天上の宮殿にたどり着くことだろう。

もしもまた、人が教えを講じている場所に坐ったとしよう。その後に来た人は、坐って聞くように勧め、あるいは座席を分けて坐らせたとしよう。その人の功徳は、生まれ変わった後に、帝釈天の座、あるいは梵天王の座、あるいは転輪聖王の坐る座を得るだろう。

弥勒よ、もしまた人が、次のように他人に語ったとしよう。すなわち、『法華経という名の経典がある。一緒に行って、これを聞いてみよう』と。

そこで早速、その教えを受け入れて、ほんの短い時間でも、この経を聞いたとしよう。その人の功徳は、生まれ変わって神秘の呪文を得た菩薩と共に、同じ場所に生まれることができるだろう。

能力素質にすぐれ、智慧があるだろう。百千万の世々にわたって、決して唖者となることはないだろう。口の息は臭くなく、常に舌の病気もなく、口に病はないだろう。歯は垢で黒くも黄色にもならず、すいて抜け落ちることもなく、互い違いにもならず、曲がりもしない。唇は下垂せず、縮んだりざらついたり、裂けて破れたり歪むこともない。厚からず大き過ぎず、また色黒くなく、さまざまな嫌悪すべきことはないだろう。

鼻は扁平ではなく、曲がってもいない。顔の色は黒くなく、細長くもなく、歪んでもいない。あらゆる好ましい相をそなえているだろう。唇、舌、歯、これらはすべて極めて美しいであろう。鼻は長くて高く、容姿は端麗であり、眉は高く、額は広く平らかであって、人としての相を完全にそなえているだろう。

代々生まれ変わっては、仏にお会いしてその説法を聞き、教えの訓戒を信じて受け入れるだろう。

弥勒よ、お前は以上のことを観察しなさい。一人の人に勧めて法を聞かせる功徳ですら、以上のとおりだ。ましてや、一心に聞いて、説法し、読誦して、大勢の人々の中で人のために教えを説き、教えのとおりに修行する者はなおさらなのだ」と。

その時に世尊は、重ねて以上の意義を述べようとされて、次のように説かれました。

「もしもある人が、法の集まりでこの経を聞くことができ、たった一つの文言でも心からありがたいと思い、他の人のために説くとしよう。そのように次から次へと教えていって、第五十番目になったとしよう。

その最後の人が福徳を得るということについて、今、それをとりわけて述べてみよう。

もし偉大な施主がいて、量り知れない数の人々に与え続けて八十年が過ぎ、彼らの意の欲するままに従ったとしよう。その施主は、彼らが老いて、髪は白く顔にはしわができ、体が衰えてきたのを見て、『彼らの死は近いだろう。私は今、彼らに教えを説いて、悟りを獲得させせよう』と心に念じて、彼らのために教えの手立てを講じて、真実の法を説くとしよう。

『この世ははかなく、すべて水のあわ、しぶき、陽炎のようなものだ。お前たちよ、みな早く厭離《おんり》の心を生じなさい』と。

人々はこの教えを聞いて、みな聖者の位を獲得し、六種の神通力、三種の不思議な力、八種の解脱を身につけるであろう。

最後の第五十番目の人が、一つの文言を聞いて、心から喜んでありがたく思う、その福徳は、偉大な施主よりもすぐれていて、たとえようもないほどだ。

そのように次から次へと教えが伝わって、それを聞くことの福徳は、量り知れないものなのだ。ましてや、法の集まりにおいて、初めて聞いて、心から喜んでありがたいと思う人は、なおさらのことである。

もし一人に勧めて、連れていって法華経を聞かせようとして、『この経典は奥深くて素晴らしいものだ。千万年という長い時間を経ても、出会うのは難しいのだ』と言ったとしよう。そこで、その言葉を受けて法華経を聞きに行き、ほんの短い時間でも聞いたとしよう。その人の福の果報を今、私はとりわけて説こう。

世々にわたって口の病はなく、歯がすいたり、黄色や黒色になることはない。唇が厚かったり縮むこともなく、憎まれるような相になることはない。舌が乾いたり、色が黒くて短いこともなく、鼻は高くて鼻筋が通っており、額は広く、顔かたちは端整で厳かであり、その人に会いたいと思われるようになり、口の臭いやよごれはなく、蓮華の香りが常に口から出ているだろう。

もしも、法華経を聞こうとして、わざわざ僧坊まで出かけていって、ほんのしばらくでも聞いて、歓喜したとしよう。今、その人の福徳について説こう。

その人は後に、天界や人間界に生まれて、立派な象や馬の引く車、宝で飾られた立派な乗り物を得て、天上の宮殿に上るだろう。

もし人に、教えを講じる場所を勧めて、坐って経を聞くようにさせたとしよう。その福徳の謂れによって、帝釈、梵天、転輪聖王の座を獲得するだろう。

ましてや、一心に聞き、その意義を解説し、教えのとおりに修行する者の、その福徳は量ることもできないのだ」

妙法蓮華経法師《ほっし》功《く》徳《どく》品《ほん》第十九

その時に、仏は常精進菩薩に告げられました。

「もし善男子、善女人が、この法華経を受持し、あるいは読んだり、あるいは読み上げたり、あるいは人に説いたり、書き写したりすれば、その人は必ずや、眼についての八百のすぐれた特性、さらに耳についての千二百のすぐれた特性、また鼻についての八百のすぐれた特性、舌についての千二百のすぐれた特性、身体についての八百のすぐれた特性、心についての千二百のすぐれた特性を得ることができるだろう。これらのすぐれた特性によって、六種類の感覚が厳かに飾られ、鋭く研ぎ澄まされ、それらのすべてが清らかになるだろう。

この善男子、善女人たちは、父母から受けたままの清らかな眼によって、十億の世界という全宇宙世界の内外を、あらゆるすべての山や林、河や海、下の方は阿鼻地獄まで、上の方は世界の最高峰の頂に至るまでを、くまなく見ることができるだろう。

また、その中にいるあらゆる生きものたちを見、また彼らの所業が原因となって、どのような結果が生じているかということを、ことごとく見て、そのすべてを知ることができるだろう」

その時に世尊は、以上の意味を重ねて述べようとして、言われました。

「もしも大勢の集まりの中で、何ものもおそれない心で、この法華経を説いたとしよう。お前たちよ、その人の功徳を聞きなさい。

その人は、八百のすぐれた特性をそなえた、すぐれた眼を持つことだろう。それによってその人の眼は、極めて清らかであろう。父母から受けたままの眼で、あらゆる全宇宙世界の内と外、弥楼山《みるせん》、須弥山、鉄囲山、それらの高い山々や林、あるいは大海や河や湖を見ることだろう。

下は阿鼻地獄まで、上は物質世界の最高処に至るまで、余すところなく見届けることができるだろう。その中に住む多くの衆生たちを、すべて残らず見届けることだろう。彼はまだ天の眼を得てはいないが、生まれつき持つ眼の力は、以上のように素晴らしいものになるだろう。

また常精進よ、もし善男子、善女人が、この経を受持し、あるいは読み、あるいは読み上げ、あるいは人に解説し、あるいは書き写したとするならば、彼は耳についての千二百のすぐれた特性を得ることだろう。

この清らかな耳によって、全宇宙世界の、下は阿鼻地獄まで、上は物質世界の最高処に至るまで、その中の内と外との種々さまざまな言葉の音声、すなわち象や他の動物たちの声、車の響き、泣き声、悲しみの声、法螺貝の音、太鼓の音、鐘の音、鈴の音、笑い声、話し声、男の声、女の声、童子の声、童女の声、意味のとおった声、わけのわからぬ声、苦しみの声、楽しみの声、凡夫の声、聖者の声、喜びの声、喜ばない声、天神の声、龍神の声、夜叉の声、乾闥婆の声、阿修羅の声、迦楼羅の声、緊那羅の声、摩喉羅伽の声、火の音、水の音、風の音、地獄の声、畜生の声、餓鬼の声、比丘の声、比丘尼の声、声聞の声、辟支仏の声、菩薩の声、仏の声を聞くであろう。

要するに、あらゆる全宇宙世界の中の、内外を問わず、ありとあらゆる音声を、まだ天の耳を得てはいないが、父母から受けたそのままの清浄な普通の耳で、すべて残らず聞き取ることができるのだ。このように種々さまざまな音声を聞き分けても、それで耳が損なわれることは決してない」

その時に世尊は、さらに以上の意義を述べようとして、説かれました。

「父母から受けた耳は、清らかで汚れがなく、この普通のままの耳で、全宇宙世界の音声を聞くことができるだろう。象や馬、車や牛の声、鐘、鈴、法螺貝、太鼓の音、琴や二十三弦琴、簫や笛の音も聞くであろう。清らかで美しい歌声、それを聞いても執着しないであろう。数えきれないほどの種々の人の声を聞いて、すべてを理解できるであろう。

また、天の神々の声や素晴らしい歌声を聞き、男子や女子、少年や少女の声を聞くであろう。山や河、険しい谷の中にいる迦陵頻伽の声、命々鳥《みようみようちよう》などの鳥たちの鳴き声を、すべて残らず聞くであろう。

地獄の多くの苦痛、種々さまざまな苦しみの声や、餓鬼が飢えや渇きにせめられて飲食物を求める声を聞き、多くの阿修羅たちが大海のほとりに住んでいて、自らが語り合う時に大音声を放ったとしても、そのような説法者は、この世界にいながらにして、はるかにそれらの多くの音声を聞いても、それで耳の機能が損なわれることはないだろう。十方の世界において、鳥や獣たちが互いに鳴いて呼び合うが、その説法者はここにいながら、そのすべてを聞くであろう。

多くの梵天界の上方にいる、光音天と遍浄天の神々から、最高処の天界の神に至るまでが話し合う音声を、法師はここにいながらにして、すべて残らず聞きとることができるだろう。

すべての僧や尼たちが、経典を読誦したり、人に説いたりするのを、法師はここにいながら、すべて聞くことができるだろう。

また、菩薩たちが経典を読誦したり、あるいは人に説いたり、撰び集めてその意義を解釈したりする、そのようなさまざまな音声を、残らずすべて聞くことができるであろう。

多くの偉大で尊い仏たち、衆生を教化させる仏たちが、さまざまな集会の中で、素晴らしい教えを述べ説かれるが、この法華経を保持する者は、それらをすべて残らず聞くことができるであろう。

全宇宙世界の内と外のさまざまな音声、下は阿鼻地獄まで、上は物質存在の最高処に至るまで、それらすべての音声を聞いても、耳の機能が損なわれることはないだろう。

彼の耳は聡くて鋭いので、余すところなく聞き取ることができるであろう。この法華経を保持する者は、まだ天の耳は獲得していないけれども、生まれつきの耳をもってしても、その功徳は以上のようであろう。

また次に、常精進よ、もし善男子、善女人が、この経典を受持し、あるいは読み、あるいは読み上げ、人々に解説し、あるいは書き写したならば、その人は鼻について、八百のすぐれた特性を達成することができるだろう。その清らかな嗅覚器官によって、全宇宙世界の上下、内外にある種々さまざまな香りを、かぎとることができるだろう。

須曼那華《しゅまんなけ》の香り、闍提華《しゃだいけ》の香り、末利華《まりけ》の香り、瞻蔔華《せんぽつけ》の香り、波羅羅華の香り、赤蓮《しゃく》華の香り、青《しょう》蓮華の香り、白《びゃく》蓮華の香り、花をつけた樹木の香り、果実をつけた樹木の香り、栴檀の香り、沈水《じんすい》の香り、多摩羅跋の香り、多伽羅の香り、及び千万種もの混合香の香り、粉末にしたものや丸めたもの、あるいは塗り香などの香りを、この経を受持する者は、ここにいながらにして、ことごとくかぎ分けることができるであろう。

また衆生の匂い、象の匂い、馬の匂い、牛や羊などの匂い、男子の匂い、女子の匂い、少年の匂い、少女の匂い及び草木や叢林の匂いをかぎ分けて、知ることができるだろう。近くにあるもの、あるいは遠くにあるもの、あらゆるさまざまな匂いを、すべて残りなくかぎ分け、誤ることはないだろう。

この経典を保持する者は、ここにとどまっていながら、天上の神々の匂いをかぐであろう。波利質多羅《はりしったら》や拘鞞陀羅樹《くびだらじゅ》の花の香り、及び曼荼羅華の香り、摩訶曼荼羅華の香り、曼殊沙華の香り、摩訶曼殊沙華の香り、栴檀香や沈香、種々の粉末の香り、さまざまな花の集まりの香り、このような天上の香りが合わさって出る香りを、かぎとることができるだろう。

また、神々の身体の匂いをかぐことだろう。帝釈天が彼の宮殿にあって、五官の欲するままに遊び戯れる時の匂い、あるいは彼のお堂である妙法堂にあって、忉利天の神々に説法する時の匂い、あるいは多くの庭園で遊び戯れる時の匂い、及び他の神々の男女の身体の匂い、これらをすべてかぐことができるだろう。

このように次々と移っていって、梵天界に至り、上は世界の最高処の天界に至るまでの神々の身体の匂いをすべてかぎとり、ならびに天の神々の焚く香の香りをかぐだろう。それに弟子たちの匂い、菩薩たちの匂い、仏たちの匂い、これらをまたはるかにかいで、その所在を知ることができるだろう。

これらの匂いをかいだとしても、それでも鼻が壊れることはなく、かぎ誤ったりすることは決してないだろう。そして区別して他人に説こうとすれば、記憶して間違えることはないだろう」

その時に世尊は、再び以上の意義を述べようとして説かれました。

「この人の鼻は清らかであり、この世界の中にあって芳しい香りのもの、あるいは臭いものを、種々に残りなくかぎ知るであろう。

須曼那や闍提、多摩羅や栴檀、沈水や桂の香、種々の花や果実の香り、及び衆生の匂い、男子や女人の匂いを知るだろう。説法者は、遠くにいながら匂いをかいで、その所在を知るであろう。

大勢力のある転輪聖王や小転輪王、及びその王子たち、なみいる臣下や宮中の人々を、その匂いをかいで所在を知るであろう。

身につけた珍しい宝や地中の宝蔵、転輪聖王の宝物としての女性をも、その匂いをかいで所在を知るであろう。人々の装身具や衣服、首飾り、種々に身に塗っている匂いなど、それらをかげば、その身体を知れるだろう。

天の神々が歩いたり、坐ったり、遊び戯れたり、神通力によって変化したりするのを、この法華経を保持する者は、匂いをかぐことによって、余すところなく知ることができるだろう。さまざまな樹木の花や果実、それに酥油の香りを、この経を保持する者は、ここにいながらすべてその所在を知るであろう。

山々の深く険しいところに栴檀樹の花が咲き、そこに住む衆生たちを、その匂いをかいで、みな知ることができるだろう。阿修羅の男女、及びその多くの従者たちが、争ったり、遊び戯れたりする時、その匂いをかいで、みな知ることができるだろう。

広野や険しい狭いところにいる師子や象や虎や狼、野牛や水牛などを、その匂いをかいで所在を知るであろう。

もし懐妊した人がいて、まだその胎児が男なのか女なのか、身体が健常かどうかわからなくても、その匂いをかいで残らず知ることができるだろう。匂いをかぐ力によって、初めて懐妊したかどうか、無事に生まれるかどうか、安楽にして福々しい子を産むであろうかということが知れるであろう。匂いをかぐ力によって、男女の思うこと、けがれた欲望とおろかさと怒りの心を知り、また善行を修める者を知るであろう。

地中にある多くの隠れた鉱脈、金銀や多くの珍しい宝、銅器に盛ったものをも、その香りをかいで余すところなく知ることができるだろう。種々さまざまな首飾り、その価値がわからないものでも、匂いをかいで、貴賤や出処、及びその所在を知るであろう。

天界の花々の曼荼羅華や曼殊沙華、波利質多羅樹を、その香りをかいですべて知ることができるだろう。天上の多くの宮殿の上中下の差別や、多くの宝玉の花で飾られているのを、匂いをかいで残らず知ることができるだろう。

天上の園林や帝釈天の御殿、多くの高殿や妙法堂の中で娯楽するのを、匂いをかぐことで残らず知ることができるだろう。天の神々が法を聞いたり、あるいは五官の欲するままに、行ったり来たり、坐ったり臥したりするのを、匂いをかいで余さず知ることができるだろう。

天女の着ている衣服は、素晴らしい花の香りによって美しく飾られているが、彼女たちが回ったり、遊び戯れる時、匂いをかいですべてを知ることができるだろう。

このように順次上っていって、梵天界に至り、禅定に入る者、禅定から出る者を、匂いをかいでことごとく知ることができるだろう。

光音天、遍浄天から存在の最高処の天界に至るまで、そこに住む神々が生まれたり死んだりするのを、匂いをかいでくまなく知ることができるだろう。

大勢の僧たちが、教えにもとづいて常に精進し、坐ったり歩き回ったり、経典を読み上げたり、あるいは林の樹木の下で座禅に専念するのを、この経を保持する者は、匂いをかぐことで、その所在をくまなく知るであろう。

菩薩が、その志が堅固で、座禅をしたり、経を読み上げたり、あるいは人に説法したりするのを、匂いをかいですべて知ることができるだろう。あらゆる方角において世尊が、すべてのものに恭しく敬われ、人々をあわれんで説法されるのを、匂いをかいでことごとく知ることができるだろう。

衆生たちが仏の前において、経を聞いてみな喜び、教えのとおりに修行するのを、匂いをかいで残らず知ることができるだろう。菩薩の、煩悩のけがれのない性質から生じる鼻を獲得していなくても、この経を保持する者は、それに先んじて、以上のとおりの鼻のあり方を獲得するであろう。

また次に、常精進よ、もし善男子、善女人が、この経典を受持し、あるいは読み、あるいは読み上げ、あるいはそれを人に解説し、あるいは書き写したりしたならば、その人は舌について千二百のすぐれた特性を獲得することができるだろう。

好ましいものにせよ、嫌なものにせよ、美味しいものにせよ、不味いものにせよ、それにさまざまな苦いもの、渋いものにせよ、その舌の味覚にあっては、すべてが美味しいものに変化し、天上の食べ物の甘露のようになって、不味いものはなくなるだろう。

もし、その舌の働きをもって、大勢の中で演説することがあれば、深みのある素晴らしい声を出して、人々の心の中にしみ入り、すべての人を歓喜させ、快く楽しませることができるだろう。

また、多くの天子や天女、帝釈や梵天などの天の神々たちも、彼が深みのある素晴らしい声で演説するのを聞き、その言論について、みな残らず集まってきて、聞き入ることだろう。

それに多くの龍神、龍神の娘、夜叉、夜叉の娘、乾闥婆、乾闥婆の娘、阿修羅、阿修羅の娘、迦楼羅、迦楼羅の娘、緊那羅、緊那羅の娘、摩睺羅伽、摩睺羅伽の娘たちが、教えの法を聞こうとしてみなやってきて、親しく近づき、敬い、供養するであろう。

それから僧、尼、男女の信者、国王、王子、臣下たち、侍者、小転輪聖王、大転輪聖王、七宝をそなえた千人の子供たち、宮殿の内外の侍者たちが、その宮殿に上って一緒にやってきて、教えの法に聞き入るであろう。この菩薩は、巧みに説法することができるので、バラモンや長者、国内の人々は、彼らの身体、寿命が尽きるまで、あこがれてつきそい、彼を供養することだろう。

また、弟子たちや菩薩や仏たちが、常に彼に会うことを望むであろう。この人がいる場所の方角に向かって、仏たちが説法することだろう。あらゆる仏の教えを残らず受持し、そして深みのある素晴らしい説法の音声を発することができるであろう」

その時に世尊は、重ねて以上の意義を述べようとして、説かれました。

「この人は、味覚器官が清らかで、好ましくない味を味わうことは、永久にないだろう。彼が口にするものは、残らずすべて天上の食べ物の甘露となるであろう。深みのある素晴らしい音声によって、大勢の人々に法を説くことだろう。

多くの謂れや譬喩によって、衆生の心を導くだろう。それを聞く者たちはみな、歓喜してさまざまな素晴らしい供養を施すだろう。天神や龍神、夜叉、それに阿修羅たちはみな、敬いの心をもって慕ってやってきて、教えの法を聞き取ることだろう。

この説法する人が、もし素晴らしい音声を全宇宙世界にくまなく満たそうと思えば、その意のままに届くであろう。大転輪聖王と小転輪聖王、及びその千人の子供たちと従者たちが、合掌して敬いの心をもって常にやってきて、教えの法を聞き、受け入れるであろう。天神、龍神、夜叉、羅刹《らせつ》、毘舎闍《びしゃじゃ》たちが、歓喜の心をいだいて常に望んでやってきて、供養するであろう。梵天王や魔王、自在天や大自在天、このような多くの天の神々たちが、常に彼のところへやってくるであろう。

仏たちやその弟子たちは、彼の説法の音声を聞いて、常に心にかけて守護し、ある時にはその姿を現して示すであろう。

また次に、常精進よ、もし善男子、善女人が、この経を受持し、あるいは読み、あるいは読み上げ、あるいは人に解説し、あるいは書き写したならば、その人は身体についての八百のすぐれた特性を獲得し、身体は清らかな瑠璃のようになって、人々が望んで見たいと思うようになることだろう。

その身体は清らかなので、全宇宙世界の衆生が生まれる時も、死ぬ時も、その優劣も、美しさも醜さも、善い所に生まれるか悪い所に生まれるかも、残らずその身体の中に感じ取られるであろう。それに多くの山々、そしてそれらの中にいる衆生たちも、余すところなく身体の中に感得されるだろう。

下は阿鼻地獄から、上は最高処の天界に至るまでに住む、あらゆるものたちと衆生たちも、すべてその身体のうちに感じ取れるであろう。あるいは、弟子や菩薩や仏たちの説法しているのが、すべて身体のうちに影像として現れることだろう」

その時に世尊は、重ねて以上の意義を述べようとして、説かれました。

「もし法華経を保持するならば、その身体は極めて清浄で、あの清らかな瑠璃のようであり、人々はみな見たいと願うことだろう。

また、清らかで曇りのない鏡に、さまざまな色像がことごとく見られるように、菩薩はその清らかな身体に、世界のあらゆるものをすべて映して見ることだろう。ただ自分一人だけが明らかに見えて、他の人には見えはしないだろう。

全宇宙世界の中のすべての人々、天の神々、人間、阿修羅や、地獄、餓鬼、畜生に至るまで、それらのさまざまな色像が、すべて身体のうちに映し出されるだろう。天の神々たちの宮殿の、存在の最高処に至るまでのものと、高い山々と多くの大海の水などが、すべて身体に現出することだろう。

仏たちとその弟子たち、仏の子としての菩薩たちが、あるいは一人で、あるいは人々の中にあって説法するのが、すべて現れることだろう。煩悩のけがれのない真理を悟った者の、すぐれた身体をまだ得てはいないけれども、生まれながらの清浄な身体に、あらゆるものが現れて示されるだろう。

また次に、常精進よ、もし善男子、善女人が、仏の入滅の後に、この経典を受持し、あるいは読み、あるいは読み上げ、人に解説したり、書き写したりしたならば、その人は心についての千二百のすぐれた特性を獲得することだろう。

この清浄な心の働きによって、一行一句を聞いただけで、量り知れない広大なことの意義を知ることができるだろう。その意義を理解したならば、その一句一行について、一カ月、四カ月、さらに一年もの間、説き続けることができるであろう。その説いた教えは、それぞれの意味について、すべて真実のありのままの姿と違うことはないだろう。

もし仏教以外の聖典、政治についての言葉、生活上のなりわいのことなどについて説いたとしても、すべてそれは正しい教えに沿ったことだろう。全宇宙世界の、六種の境涯にある衆生たちの心の働き、心の活動、誤った無益な考えなど、みなすべて知ることができるであろう。

煩悩のけがれのない智慧を、まだ獲得していなくても、その心の働きが清らかであることは、以上のようだ。この人が考え、思いはかり、語ることはすべて仏法であって、真実でないことはなく、またそれは、過去の仏たちが説いたお経の中に、説かれているものであろう」

その時に世尊は、以上の意義を重ねて述べようとされて、言われました。

「この人の心は清らかで、明敏でけがれがなく、このすぐれた心の働きによって、上、中、下の教法を知り、あるいは一行一句を聞いて、量り知れない意義を知り尽くすことができるであろう。順序にしたがい、決まりどおりに説き続けて、一カ月、四カ月から、一年にも至るであろう。

この世界の内外の、あらゆる衆生たち、あらゆる天神と龍神、人間と夜叉や鬼神たち、六種の境涯にいるものたちが考える、さまざまなことどもを、法華経を保つことの果報として、その人は一時にすべて残りなく知ることができるであろう。

十方の無数の仏たちが、多くの福徳をそなえた厳かな姿で、衆生のために説法されるが、彼はそれを余すところなく聞き取り、受持することができるであろう。

量り知れないほど多くの意義について考え、法を説くことも、また量り知れないほどであるが、しかも決して忘れたり、誤ったりすることはないだろう。それは法華経を保っているからこそである。

あらゆる存在の在り方を残らず知り、それらの意義に沿って順序、道筋を知って、文字と言葉に通じ、知ったままに説くことができるであろう。この人の説くことはすべて、過去の仏の法であり、この法を説くから、人々の中にあっても、おそれることは全くない。

法華経を保つ者は、その心の働きが清らかなことは、以上のとおりである。煩悩のけがれのない状態を、まだ達成していないけれども、先にこのような特徴があるであろう。

この人はこの経を保ち、まれに見る境地にとどまり、あらゆる衆生は歓喜して、彼を敬愛するであろう。千万種の巧みな言葉によって、道理を踏まえて教えを説くであろう。それは法華経を保つからこそである」

妙法蓮華経常不軽菩薩品《じょうふきょうぼさつほん》第二十

その時に仏は、得大勢菩薩に告げられました。

「お前よ、今こそよく知るがよい。もし法華経を保つ僧や尼、信者たちに対して、悪しざまに言ったり、罵ったり、誹謗したりしたならば、大きな罪の報いを受けることは、前に説いたとおりだ。そして、法華経を保持するその人のそなえた特性は、前に説いたように、眼、耳、鼻、舌、身体のすべてが清浄となるのだ。

得大勢よ、はるか昔、考えも及ばない無数の遠い昔に、威音王《いおんおう》如来という多くの人々に慕われ、供養を受けるにふさわしい人、正しく広範な智慧をそなえた人、智慧と実践とが完全にそなわった人、悟りに到達した人、世界のすべてに通じている人、最上の人、人間の調教師、天の神々と人々の導き主、仏、世尊という仏がおられた。

その時代を離衰《りすい》といい、その国土を大成《だいじょう》といった。その威音王仏は、その世界において、天の神々や人間や阿修羅たちのために教えを説かれた。

弟子を志向する者のために、それに応じた四諦の教えを説いて、生・老・病・死の苦から救って安楽の境地を究めさせ、一人独学で道を達成しようとしている者たちには、それに応じた十二の因縁の教えを説き、菩薩たちのためには、この上ない正しい悟りにもとづいて、それに応じた六波羅蜜の教えを説いて、仏の智慧を究めさせた。

得大勢よ、この威音王仏の寿命は、河の砂の数の四十万億倍に等しい長さで、正しい教えが世に存続した年数は、四つの国土のうちの閻浮提《えんぶだい》洲を粉のように砕いて、その微塵の数のほどで、正しい教えに似た教えが世に存続した期間は、四つの国を微塵にしたその微塵の数ほどの年月だった。その仏は、衆生たちを導いて徳を与え、そうした後に亡くなられた。

正しい教えも、正しい教えに似た教えも、すべて失われた後に、この国にまた仏が出現された。その名はまた、威音王如来、正しく遍く智慧をそなえた人、智慧と実践とが完全にそなわった人、悟りに到達した人、世界のすべてに通じている人、最上の人、人間の教え主、天の神々と人々の師匠、仏だった。このように次から次へと、二万億の仏が出現された。みな同じ名前だった。

最初の威音王如来が亡くなられて、正しい教えが消滅した後の、正しい教えに似た教えの時代に、思い上がった高慢な者たちが、大きな勢力を有していた。その時に、一人の菩薩の僧がいて、その名を常不軽といった。

得大勢よ、どういう謂れで常不軽と名づけられたのか。それは、この僧が、およそ見るものすべて、僧であれ尼であれ、信者の男女であれ、すべてのものをみな、礼拝して褒め称えて、次のように言ったからだ。

『私は深くあなたを敬います。心で軽んじることは絶対にありません。なぜかといえば、あなた方はみな、菩薩の道を修行して、必ずや仏となることができるからです』と。

しかしこの僧は、お経を読み上げたりはしないで、ただ人々を一方的に拝むだけであった。遠くに僧や尼や信者たち、一般の人々の姿を見ると、わざわざそこへ行って礼拝し、褒め称えて、次のように言ったものだ。

『私は、あなた方を軽んじたりするようなことはしません。あなた方はみな、必ずや仏となられるでしょう』

人々の中には、怒りに駆られる不浄な者がいて、悪口雑言して言ったものだ。

『一体、この無智の僧は、どこからやってきて、私はあなた方を軽んじたりしません。

我々は必ず仏になることができるなどと予言するのだろうか。我々には、このような偽りの予言などは必要ないのだ』と。

このようにして多くの年月が過ぎ、いつも罵られていたけれども、怒りの心を起こすことなく、常にこのように言い続けてきた。

『あなたは必ずや、仏になるでしょう』と。

この言葉を人に言う時、人々はあるいは杖や石で彼を打ちすえて追い払ったりしたが、彼は走って逃げて、遠くの方から、なお大声でこう言い続けた。

『私は決して、あなた方を軽んじたりはいたしません。あなた方は、みな必ずや仏になるでしょう』と。

彼はいつも同じ言葉を言っていたために、おごり高ぶった僧や尼や信者たちは、彼を常不軽と名付けたのだ。

この僧は、寿命が尽きて死に臨んだ時に、天の上から、威音王仏が先に説かれた法華経の二十千万億という文言を、つぶさに聞いた。そして、それを残らず受持し、ただちに前に説かれたような眼のはたらきの清らかさ、耳、鼻、舌、身、心のはたらきの清らかさを獲得した。六根の清浄を得た後に、さらに二百万億年もの寿命を増して、多くの人々のためにこの法華経を説き続けた。

その時に、おごり高ぶった僧や尼や信者、大衆たちの中で、この人を軽んじ、いやしめて、『不軽』という名を付けた者たちは、彼が偉大な神通力、楽しんで自由自在にふるう弁舌の力、大いなる瞑想の力を得たのを見て、その説法を聞いて、みな信じて彼に従ったものだった。

この菩薩はまた、千万億の人々を教え込んで、無上の正しい悟りに安住させた。その命が終わった後、二千億の仏たちにお会いすることができたが、その仏たちはすべて、日月灯明という同じ名前であった。

それらの仏たちの教えの中で、彼はこの法華経を説いた。その謂れによって、また二千億という仏にお会いすることができたのだ。その仏たちも、雲《うん》自在灯王という同じ名前だった。

これらの仏たちの説法の中で、彼は法華経を受持し、読み上げ、多くの人々のためにこの経典を説き続けた。それで彼は、常なる眼のはたらきの清らかさ、耳、鼻、舌、身、心のはたらきの清らかさを獲得し、人々の間で説法して、心に何ら畏れることがなかったのだ。得大勢よ、この常不軽菩薩は、このように多くの仏たちを供養し、敬い、尊重し、褒めたたえて、多くの善の苗木を植え、そののちにまた、千万億という仏たちにお会いして、その仏たちの教えの中にあったこの経典を説いて、功徳を完成し、仏となることができたのだ。得大勢よ、どのように思うか。その時の常不軽菩薩とは、どうして別人だろうか。それはほかならぬこの私なのだ。

もし私が、前世の過去に、この経を受持し、読み上げ、他人のために説いてこなかったならば、すみやかに無上の正しい悟りを得ることはできなかっただろう。私は過去の仏のもとで、この経を受持し、読み上げ、人々のために説いてきたからこそ、すみやかに無上の正しい悟りを獲得することができたのだ。

得大勢よ、その時の僧や尼や信者、大衆たちは、怒りの心で私を軽んじ、いやしめたために、二百億年という長い間、仏に出会うことができず、法を聞くこともなく、僧侶たちを見ることもなかった。

千年の間、阿鼻地獄において大きな苦しみを受け続けた。そしてその罪が終わった後、また常不軽菩薩が無上の正しい悟りに向けて、教えを説くのに出会ったのだ。

得大勢よ、お前はどのように思うか。その時の大衆の人々の、常にこの菩薩を軽んじてきた者たちは、どうしてお前たちと別人だろうか。今、この教えの場にいる跋陀婆羅《ばつだばら》などの五百人の菩薩たち、師子月《ししがつ》などの五百人の尼たち、思仏などの五百人の信者たち、すべて無上の正しい悟りから退くことのなかった者たちが、それにほかならないのだ。

得大勢よ、知るがいい。この法華経は大いに菩薩たちに利益を与え、無上の正しい悟りに到達させることができるものなのだということを。それゆえに、多くの菩薩たちは如来の亡くなった後に、常にこの経を受持し、読み上げ、解説し、書き写して、人に伝えるべきなのだ」

その時に世尊は、重ねて以上の意義を述べようとして、次のように言われました。

「過去に仏がおられた。威音王という名前であった。霊妙な智慧は限りなく、すべてのものを導かれた。天の神々や人間、龍神たちがみな従い、供養をなした。

この仏が亡くなった後、法が滅びようとした時に、一人の菩薩がいた。常不軽という名前だった。

時に大衆の人々は、教えをあれこれ考えて執着していたが、不軽菩薩は彼らのもとへ行き、そして彼らに語りかけた。

『私はあなた方を決して軽んじたりはしない。あなた方は仏の道を修めて、みな必ずや仏になるだろう』

人々は聞いた後、その言葉を軽んじて、相手をそしり罵ったけれども、不軽菩薩はこれを耐え忍んだ。不軽菩薩の前世の報いが終わり、命が終わろうとするその時に、この経を聞くことができて、六根が清浄なものとなった。

神通力によって、その寿命は増し、また人々のために広くこの経を説いたのだ。

教えに執着する多くの人々はみな、不軽菩薩がその教えを完成し、仏の道に安住せしめるというおかげを蒙った。不軽菩薩はその命を終えて後に、無数の仏にお会いすることができた。

彼はこの経を説いたために、無量の福徳を得て、次第に功徳をそなえてすみやかに仏の道を完成したのだ。その時の不軽とは、それはほかならぬこの私自身のことなのだ。

その時の大衆の人々の、教えに執着している者たちは、不軽が『あなたは必ず仏になるだろう』というのを聞いたのだ。

その謂れによって、彼らは、無数の仏たちにお会いすることとなった。今、この場所にいる菩薩の五百人の人々、ならびに大衆の人々、在家の信者たちの、今、私の前にいて法を聞いている人々、それが過去の彼らなのだ。

私は前世において、これらの人々に勧めて、この経の第一なる教えを聞かしめて、開いて示し、人々を教えて涅槃に安住せしめ、世々にこのような経典を受持させてきたのだ。

億々万年という長い時間から、思いも及ばぬはるかな時を経て、たまたまやっとこの法華経を聞くことができるのだ。億々万年という長い時間から、思いも及ばぬはるかな時を経て、多くの仏や世尊たちは、たまたまこの経を説かれるのだ。

それゆえに修行者たちは、仏の亡くなった後に、このような経を聞いて、疑念を抱いてはならない。一心にこの経を広く説くべきなのだ。それぞれの世において仏にお会いして、すみやかに仏の道を完成すべきなのだ」

妙法蓮華経如来《にょらい》神力《じんりき》品《ほん》第二十一

その時に、千の世界を微塵に砕いて、その塵の数と等しい数の菩薩たちが、大地から現れました。その菩薩たちは、仏の前で一心に合掌して、尊いお顔を仰ぎ見て、仏に申し上げました。

「世尊よ、私どもは仏が亡くなられた後に、世尊の分身がおられる国、世尊が亡くなられた場所にあって、広くこの経を説いて回りましょう。私どももまた、この真に清浄な優れた教えを獲得し、受持し、読み上げ、解説し、書き写して供養したいと思うからです」と。

その時に世尊は、文殊師利などの百千万億の無量倍という多くの、昔から娑婆世界にいた菩薩や弟子たち、人間や人間以外の生き物たちなど、すべてのものたちの前で、偉大な神通力を現されました。広く長い舌を出して光をはき出し、上方の梵天の世界まで照らし出し、体のすべての毛孔から、無量に無数の色合いの光を放たれて、十方世界をすべてくまなく照らし出されました。

多くの宝の木の下にいる仏たちも、また同じように口から無量の光を放ち、釈迦牟尼仏と宝の木の下の仏たちが、神通力を現されてから十万年もの時が過ぎました。そうして後に、再び光を口に納め、同時に咳払いをして、指を弾き、この二つの音は十方の諸仏の世界にくまなく響いて届き、大地は東西南北と上下の六通りに震えおののきました。

そこにいるものたち、天神、龍神、夜叉、乾闥婆、阿修羅、迦楼羅、緊那羅、摩睺羅伽、その他、人間や人間以外のものたちはみな、仏の神通力によって、この娑婆世界の無量無辺、百千万億の多くの宝の木の下の座におられる仏たちを見て、それに釈迦牟尼仏が多宝如来と共に宝の塔の中に坐られているのを見て、また無量無辺、百千万億の菩薩と大衆たちが、釈迦牟尼仏を敬い、取り囲んでいるのを見ました。これを見終わって、みな大喜びしてこれまでにない思いを抱いたのです。

時に天の神々は、空中において声高に次のように言われました。

「この無量無辺、百千万億の、さらにその倍の世界を越えて、娑婆という名の国がある。

この国の中に、釈迦牟尼仏という名の仏がおられる。今しも、多くの菩薩たちのために、大乗の経典、妙法蓮華・菩薩を訓誨する教え、仏に護持せられるものという名の経典を説かれている。喜びなさい。そして、釈迦牟尼仏を礼拝し、心から供養しなさい」

多くの衆生たちは、その空中の声を聞いて合掌し、娑婆世界に向かって次のような言葉を述べました。

「南無釈迦牟尼仏、南無釈迦牟尼仏」と。

そして彼らは、種々の花や香、装身具やさまざまな装飾品、宝物を、一度にはるかに娑婆世界に向けて投げ散らしました。投げられた多くの物は、ちょうど雲が集まるかのように、十方から集まってきて、宝のとばりとなって、くまなく仏たちの上を覆い尽くしたのです。その時、十方の世界は、ちょうど一つの仏国土のように通じ合い、行き来が自由自在になりました。

その時、仏は上行意《じょうぎょうい》菩薩たちの大勢の人々に告げられました。

「仏たちの神通力は、このように無量にしてきわまりなく、不可思議なものなのだ。もし、私がこの神通力によって無量無辺、百千万億年という長い時間にわたって、この経を誰かに委嘱するために、その功徳を説き続けたとしても、なおそれでも尽くすことはできないだろう。かいつまんで言えば、如来のありとあらゆる一切の教え、如来の一切の自由自在な神通力、如来の一切の秘密の大事な教えの蔵、如来の一切の奥深い力の証しのことがら、すべてをこの経の中で私は述べて示し、明らかに説いたのだ。

それ故にお前たち、如来の亡くなられた後に、一心に受持し、読み上げ、解説し、書き写して、お経の説く通りに修行しなさい。どこであれ、その国土で、お経を受持し、読み上げ、解説し、書き写し、教えの通りに修行するならば、あるいは経巻が置かれているところ、庭園の中にせよ、林の中にせよ、あるいは木の下にせよ、お寺の中にせよ、あるいは在家の人々の家の中にせよ、あるいは宮殿にあっても、あるいは山野や荒野にせよ、その場所に塔を建てて供養しなさい。

なぜならば、知るがいい。その場所は悟りの道場にほかならないからだ。仏たちがここで無上の正しい悟りを獲得し、仏たちがここで教えの輪を回し、仏たちがそこで亡くなられるのだから」

その時、世尊は重ねて以上の意義を述べようとして、次のように説かれました。

「この世の救い主である仏たちは、偉大な神通力を帯びて、人々を喜ばせようとして、量り知れないほどの力を示されてきた。

その舌の光は世界中に届き、身体から無数の光を放たれて、仏への道を求めている者たちのために、このようにたぐい希なことを示された。多くの仏たちの咳払いの声、指を弾く音声は、十方の国々にくまなく聞こえ、大地はすべて六通りに震えおののいた。

仏の亡くなられた後、誰かがこの経典を保持するからこそ、仏たちは喜んで、量り知れない神通力を現されるのだ。

この経典を委託しようとして、その経を受持している者を讃美されるけれど、量り知れない長い時間にわたって、これを讃えつづけたとしても、それでもまだ尽くすことはできはしない。

その人の功徳は果てしがなく、尽きることはないだろう。それは十方の宇宙が、その果てが知れないようなものだ。

この経典を保持することができる者は、とりもなおさず私を見、また多宝仏と多くの私の分身の仏たちを見て、また私が現在教えた菩薩たちをよく見ることができるのだ。

この経典を保持する者は、私と私の分身の仏たちと、すでに亡くなられている多くの仏を、すべて喜ばせてくれる。

十方に現在おられる仏たち、過去と未来の仏たちを見たり、供養したり、あるいは歓喜させることだろう。

仏たちが悟りの座に坐られて獲得された秘密の法、この経典を保持できる者は、すみやかに獲得できるだろう。

この経典を保持することができる者は、多くの教えの意義と文字と言葉を、意のままに説いて尽きることがない。それはあたかも風が、空中ではなんのさまたげもないかのように、普く吹きわたるようなものだ。

如来の亡くなった後に、仏が説かれた経の謂れとその次第とを知って、その意義に沿って、ありのままに説かなくてはならない。

太陽や月の光がさまざまな薄暗い闇を除くように、この人は世に活動して、衆生の心の闇を滅することができ、無量の菩薩たちをついには一乗の教えにとどまらせることだろう。

それ故に智慧のある者は、以上の功徳の利益を聞いて、仏の亡くなられた後に、この経典を受持すべきなのだ。この人は、仏の道において決定《けつじょう》して、疑いが起こることはないだろう」

妙法蓮華経嘱累品《ぞくるいほん》第二十二

その時、釈迦牟尼仏は、教えの座から立ち上がられて、偉大な神通力を示されました。そして、右の手で量り知れないほど多くの菩薩たちの頭を撫でて、次のような言葉を述べられました。

「私は、百千万億年の無量倍の長い年月にわたって、この得がたい無上の正しい悟りを習い修めてきた。今、お前たちにそれを委嘱しよう。お前たちは一心にこの教えを流布して、広く世の恵みを増すようにつとめなさい」

このように三度にわたって菩薩たちの頭を撫でて、仏は次のように言われました。

「私は百千万億年という無限に長い年月にわたって、この得がたい、無上の正しい悟りを習い修めてきた。今、お前たちにそれを委嘱しよう。

お前たちよ、この教えを受持し、読み上げ、広く世の中に説いて、あらゆる人々がすべて残らずそれを聞いて知ることができるようにしなさい。

なぜならば、如来には大きな慈悲があって、決して物惜しみなどしはしない。また畏れるものもなく、人々に仏の智慧、如来の智慧、自然の理法を知る智慧を与えることができるからだ。

如来はあらゆる衆生たちに対する偉大な施主なのだ。お前たちも私を見習って、如来の教えを学習しなさい。物惜しみをしてはならない。未来の世にあって、もし善男子、善女人が如来の智慧を信じようとしたならば、彼らのためにこの法華経を説いて、聞きとり理解できるようにしなさい。それは、彼らに仏の智慧を得させようとするためなのだ。

もし人々が、それを信じ受け入れようとしないならば、如来の法華経以外の、他の奥深い教法を示し、それを教え、利益を与えて喜ばせなさい。お前たちよ、もしこのようにすることができたならば、それはとりもなおさず、仏たちの恩に報いたことになるのだ」

その時、菩薩たちは、仏がそのように説かれたのを聞いて、みな大きな喜びに満たされ、ますます敬いの心を増して、体を曲げ、頭を深く垂れ、合掌して仏に向かって、一心に声を揃えて申し上げました。

「世尊の仰せのとおり、間違いなく行います。世尊よ、ご心配なされませんように」

多くの菩薩たちは、このように三度にわたって、同時に声を揃えて申し上げました。

「世尊の仰せのとおり、誤ることなく実行いたします。世尊よ、どうか、ご心配なされませんように」

その時に釈迦牟尼仏は、十方から集まってきた釈迦牟尼仏の分身の仏たちを、各々の本土に帰らせようとして、次のように言われました。

「仏たちは、それぞれ安心なされよ。多宝仏の塔は、再びもとのとおりになされよ」と。

仏がこの言葉を言われた時に、十方の量り知れないほど多くの分身の仏たちで、宝の木の下の席に坐っていた仏たちも、多宝仏も、それに上行意などの数限りない菩薩たちの大勢の集まりも、舎利弗などの弟子、男たち女たち、そしてこの世の天の神々、人間たち、阿修羅などのあらゆるものたちも、仏の説かれたことを聞いて、みな安心して喜んだものでした。

妙法蓮華経薬《やく》王《おう》菩《ぼ》薩《さつ》本《ほん》事《じ》品《ほん》第二十三

その時に、宿王華《しゅくおうけ》菩薩は仏に申し上げました。

「世尊よ、薬王菩薩は一体どのようにしてこの娑婆世界におられるのでしょうか。世尊よ、この薬王菩薩には幾百千万億という難行辛苦があるのではないでしょうか。世尊よ、願わくはそれをお教えくださいませ。天神や龍神、夜叉、乾闥婆、あるいは多くの人々たちも、また他の国からやってきた菩薩たち、そしてここにいる弟子たちがそれを聞いたら、喜ぶことでありましょう」

その時に、仏は宿王華菩薩に告げられました。

「はるか昔、永遠に近い昔に仏がおられた。その名を日月《にちがつ》浄明徳如来といい、正しくあまねく智慧をそなえた方で、智慧と実践が完全にそなわって、悟りに到達された方でした。

世界のすべてに通じておられ、最上の人、人間たちの教え親、天の神々と人々の導師、仏、世尊と仰った。

その仏には八十億の菩薩と、無数の高弟たちがいた。仏の寿命は四万二千億年であり、菩薩の寿命もまたそれと同じだった。その仏の国には、女性や地獄、餓鬼、畜生、阿修羅といった悪い境涯のものは存在せず、さまざまな災害もなかった。

その国の土地はまっ平らで、手のひらのようで、瑠璃が敷きつめられていた。宝の木によってその国は厳かに飾られており、宝の珠つくりの帷が、その上を覆っていたものだ。宝の華の幡が垂らされ、宝の壺や香炉は国中にくまなく満ちていて、七つの宝によって楼閣を造り、木のもとには楼閣があり、その楼閣からは、矢の届く距離ごとに宝の木が植わっていた。

これらの多くの宝の木には、多くの菩薩と弟子たちがいて、その下に坐っていた。多くの宝で飾られた楼閣の上には、それぞれ百億の天の神々がおられて、天上の伎楽を奏で、仏を歌で讃えて供養していたものだ。

その時、かの仏は一切衆生喜見菩薩と多くの菩薩、多くの弟子たちのために、法華経を説かれたのだ。

この一切衆生喜見菩薩は、求めて苦行を修習し、日月浄明徳仏の教えのもとに精進して、瞑想して歩き回り、一心に仏を求め続けて、一万二千年が経過したものだ。そして現一切色身《しきしん》三昧、つまりあらゆる身体を示現するという境地を獲得したものだ。この境地を得るや、彼は大いに喜んで、次のように考えた。

『私が現一切色身三昧を獲得できたのは、すべて法華経を聞くことができたおかげである。私は今、日月浄明徳仏と法華経に供養を行いたい』と。

そこで彼はただちにこの境地に入って、空中から曼荼羅華、摩訶曼荼羅華と、細かい粉末にした堅黒栴檀との雨を降らせて空中を充たし、それらを雲のように地上に下して、また海此岸《かいしがん》栴檀の香りの雨を降らせた。これらの香りの値は、娑婆世界全体にも相当するもので、それによって仏を供養したのだった。

彼は供養をなしおえて境地から立ち上がると、このように考えた。

『私は、神通力によって仏に供養をなしたけれど、それは私自身の身体をもって供養することには及ばない』と。

そこで、彼はさまざまな香りの栴檀、薫陸《くんろく》、兜楼婆《とろば》、畢力迦《ひつりきか》、沈水《じんすい》、膠香《きようこう》などを食べて身体を清め、瞻蔔などのさまざまな香油を飲み続けて、千二百年が経った。

そしてその後、香油を身体に塗り込んで、日月浄明徳仏の前において、天上の宝の衣を身に着け、さまざまな香油を身に注いで、神通力の願によって自身に火をつけ、その火の光はガンジス河の砂の数の八十億倍の世界をくまなく照らし出した。

その中におられた多くの仏たちは、同時に次のように誉められた。

『素晴らしいことだ。素晴らしい。善男子よ、これこそ真の精進なのだ。これこそ真実の法によって如来を供養するということだ。たとえ花や香りの高い香や、絹の幡や天蓋など、さまざまな供物によって供養したとしても、とても及ぶものではない。たとえその国や自分の妻子を、法師に差し出したとしても、また及ぶところではない。

善男子よ、これこそ第一の布施と名付けるものだ。多くの布施の中で、最も尊く、最も優れたものなのだ。それは教えに対する供養をなしつくしたからだ』と。

仏たちは以上の言葉を語り終えられると、それぞれ口を閉ざしておられた。彼の身体は、千二百年の間燃え続けて、そしてそれを過ぎた後、その身は燃え尽きた。

一切衆生喜見菩薩は、このような教えに対する供養をなしおわって、その命を終えた後、再び日月浄明徳仏のおられる国に生まれた。浄徳王の家に、結跏趺坐したまま突然に何の原因にもよらずに生まれたのだ。

そこで彼は父に、次のように語った。

『大王よ、わかってください。私はあの場所を歩き回って、一切現諸身という境地を獲得しました。つとめて精進努力し、愛しいこの身体を捨てきったのです。世尊を供養し、無上の智慧を求めたからなのです』

そう語り終えると、彼は父に向かって次のように言った。

『日月浄明徳仏は、今もなお、この世におられます。私は前世で仏を供養し、解《げ》一切衆生語言《ごごん》陀羅尼、つまりあらゆる生きものたちの言葉を理解する力を獲得し、また法華経の八百千万億の数倍の讃えの言葉を聞きました。大王よ、私は今、また再びこの仏を供養いたします』

このように言った後に、彼は七つの宝で造られた楼閣の上に坐り、何十メートルの高さにまで上昇して、仏のところに至り、仏の御足を頭につけて礼拝し、十本の指を合わせて、仏を次のように讃えて申し上げた。

『御尊顔は世にもまれなほど美しく、光明は十方に輝いております。私はその昔に供養をいたしました。そして今、再び、お目見えいたします』

その時に一切衆生喜見菩薩は、この言葉を語り終えて、仏に申し上げた。

『世尊よ、世尊はまだまだ、この世にとどまっておられますでしょうか』

その時に日月浄明徳仏は、一切衆生喜見菩薩に告げられた。

『善男子よ、私は今や、この世を去る時期が近づいて、命が尽き果てる時がやってきた。お前はそのために、床をととのえてくれ。私は今夜、この世を去るだろう』

また、一切衆生喜見菩薩に次のように仰せになった。

『善男子よ、私は仏の教えをお前に委嘱しよう。また多くの菩薩たち、大弟子たち、それに無上の正しい悟りの法をもだ。また、七つの宝からなる全宇宙世界、多くの宝の樹、宝づくりの楼閣、それから側に仕える天子たちも、ことごとくお前に委嘱しよう。私がこの世を去った後に、私のすべての遺骨も、またお前に託そう。その遺骨を世に広めて、広く供養し、何千もの塔を建てて欲しい』

日月浄明徳仏は、以上のように一切衆生喜見菩薩に命じ終えられて、明け方にこの世を去られたのです。

その時、一切衆生喜見菩薩は、仏が亡くなったのを見て、嘆き悲しみ、悩み、仏を慕って、海此岸栴檀を積んで仏の身体を焼いて供養し、その火が消えた後、遺骨を拾い集めて、八万四千の宝づくりの瓶を作って納め、八万四千の塔廟を建てた。その塔は梵天界よりも高く、その上に竿を挿し、それに幡や天蓋を垂らし、多くの宝の鈴をつけた。

その時に一切衆生喜見菩薩は、またこのように思った。

『私は、このような供養をしたけれども、まだ供養し足りない。私は今、またあらためて仏の遺骨の供養をしよう』

そこで菩薩たちや大弟子、それに天の神々、龍神、夜叉などのすべての集まりに対して語った。

『お前たちよ、一心に念ずるがよい。私は今、日月浄明徳仏の遺骨を供養しよう』

このように語り終えると、彼は八万四千の塔廟の前で、百の福徳によって飾られた自分の腕を燃やし、七万二千年の間、燃やし続けて供養した。そして弟子になろうとする無数の人々、無量無数の人々に、無上の正しい悟りに向かう心を起こさせて、悟りの境地に安住させた。

その時に、菩薩たちや天の神々、人々、阿修羅たちは、彼の腕がないのを見て、憂い嘆き、悲しんで、次のように言った。

『この一切衆生喜見菩薩は、私たちの恩師であり、私たちを教えてこられた。それなのに今、腕を燃やして不具になってしまわれた』

その時、一切衆生喜見菩薩は、大勢の集まりの中で、次のように誓いを立てた。

『私は両腕を捨て、それによって必ずや仏の金色の身体を得るだろう。そしてそのことが真実であって、偽りないものであるならば、私の両腕はまたもとどおりになるだろう』

このような誓いを立て終わるや、その両腕は自然にもとどおりになった。これはひとえに、この菩薩の福徳と智慧が厚かったことの証である。その時に全世界が六通りに震動し、天からは宝の花が降り注ぎ、天の神々や人々は、これまでにない思いをしたのだ」

仏は宿王華菩薩に告げられました。

「お前は、どのように思うか。一切衆生喜見菩薩は、別人などではない。今の薬王菩薩そのものなのだ。このように無量百千万億年という長きにわたって、自身の身を捨てて布施をしてきたのだ。

宿王華よ、発心して無上の正しい悟りを得ようとする者は、手の指から、あるいは足の指までも燃やして仏塔を供養しなさい。それは、王国や妻子、それに全世界の山や林、河や池、さまざまな珍しい宝物を捧げて供養するよりも、はるかにすぐれていることだろう。また、もしも人が、全世界を七つの宝で満たして、仏や偉大な菩薩たちを供養したとしても、その人の得る功徳は、この法華経の四つの句からなる一つの言葉を受持することによって得られる福の多さには、とても及ばないのだ。

宿王華よ、たとえば、あらゆる河川、大河の流れにもまして、大海が第一のものであるように、そのようにこの法華経も、多くの如来たちの説かれた経の中で、最もすぐれているのだ。また、土の山、黒い山、鉄の山、それに十の宝の山など、数ある山々のうち、須弥山が第一であるように、この法華経も多くの経典のうちで最上のものだ。また、星たちの中で、月が第一のものであるように、この法華経も千万億種という多くの経法のうちで、最も光り輝くものである。また太陽が、さまざまな暗黒を除き去るように、この法華経もあらゆる不善の闇を破るものなのだ。

また、多くの王たちの中で、転輪聖王が第一であるように、この法華経も多くの経典の中で、最も尊いものである。また、帝釈天が三十三天の神々のうちで王であるように、この法華経も多くの経典中の王である。また、大梵天王が、生きとし生けるものの父であるように、この法華経もすべての修行中の凡夫や聖者、学修中の者、あるいは学びを完了した人々、それに菩薩を志す心を起こした者たちにとっての父なのだ。

また、あらゆる凡人の中にあって、教えの流れに入った者、一度だけこの世界に還る者、二度とこの世に生まれない者、阿羅漢、辟支仏が、第一にすぐれた人々であるように、この法華経も、あらゆる如来によって説かれたもの、菩薩によって説かれたもの、声聞によって説かれたものなど、多くの経法のうちで第一なるものなのだ。

この経典を受持することができる者についても、また同様だ。あらゆる人々の中で、第一なるものだ。すべての弟子たちの中にあって、菩薩が第一であるように、この法華経もまた、あらゆる経法の中で第一なるものだ。仏が多くの教えの王であるように、この法華経もそれと同じく、多くの経の中の王である。

宿王華よ、この経は、あらゆる人々を救済することができるものだ。この経は、あらゆる人々をその苦悩から離れさせることができる。この経は、あらゆる人々に利益を与えて、彼らの願望を完成させることができる。

それはちょうど、清らかに澄んだ池が、のどが渇いた人を満足させるかのように、寒い人が火を得たかのように、裸の人が衣服を得たかのように、商人がその主人を得たかのように、子供が母を得たかのように、岸を渡ろうとして舟を得たかのように、病める人が医者を得たかのように、暗闇で灯火を得たかのように、貧しい人が宝を得たかのように、人民が王をいただいたかのように、険しい陸路を行く商人が海を得たかのように、灯火が暗闇を除くかのように、この法華経もまた、それと同じに、人々を、あらゆる苦から、あらゆる病痛から離れさせることができ、すべての生死の束縛から解放することができるのだ。

もしも人が、この法華経を聞くことができて、自ら書き写し、あるいは人にも書き写させたりしたならば、そのことによって得られる功徳は、たとえ仏の智慧でどれくらいか量ったとしても、その際限には至らないだろう。

もしもこの経巻を書き写し、花や香、装身具、焼香、粉末の香、塗り香、幡や天蓋、衣服、種々の灯火、すなわちさまざまな高価な香油の灯火などによって、それを供養したならば、その得られる功徳は、また無量だろう。

宿王華よ、もしも人が、この薬王菩薩本事品を聞いたならば、量り知れない無量の功徳を得るだろう。もしも女の人が、この薬王菩薩本事品を聞いて、受持することができたならば、その人の身体が滅した後、再び女性の身体を受けることはないだろう。もしも如来が亡くなられた後の五百年間のうちに、女の人がこの経典を聞いて、教えのとおりに修行したならば、この世界で命を終えた後、ただちに阿弥陀仏が偉大な菩薩たちに囲まれている安楽な世界に往住し、蓮華の中の宝づくりの座の上に生まれるであろう。

その人は、貪欲な心に悩まされることもなく、怒りや愚かさにも悩まされず、さらにおごり高ぶり、嫉妬などのさまざまな心のけがれに悩まされることもなく、菩薩の神通力と、すべてのものは不生であると知る智慧を獲得するだろう。

この智慧を得た後は、その視野が清らかになるだろう。そして、この清らかな視野によって、七百万二千億年という河の砂の数に等しい仏、如来を見るであろう。この時、仏たちはその人を、共に次のように讃えるであろう。

『よろしい、よろしい。善男子よ、お前は釈迦牟尼仏の教えのもとで、この経を受持し、読み上げ、思考して、他の人に説いた。それによって得た福徳は、量り知れないほど多い、それは火も焼くことはできず、水も流し去ることはできない。

お前の功徳は、千人の仏が一緒にそれを述べたとしても、述べつくすことができないほどなのだ。お前は今、すぐに多くの煩悩の賊を破り、生存にまつわる苦しみを破壊し、他の多くの敵についてもことごとく征服し滅ぼした。

善男子よ、百千の仏たちが、神通力によってお前を守護しているのだ。あらゆる世界の天の神々や人間たちの中で、お前にかなうものはない。ただ如来のみを除いて、その他の弟子や菩薩たちの智慧や悟りも、お前と等しいものはないであろう』

宿王華よ、以上のような功徳と智慧の力を完成させるのだ。もし人が、この薬王菩薩本事品を聞いて、喜び、讃えることができるならば、その人はこの世において、常に青蓮華の香りを放ち、身体の毛孔からは、常に牛頭栴檀の香りを放つだろう。その人の得られる功徳は、以上のとおりだ。

それ故に宿王華よ、この薬王菩薩本事品をお前に委嘱しよう。私がこの世を去った後、五百年経った後に、この全世界に広め、この教えが断絶して、悪魔や悪しきものどもにとって好都合にならないようにしなさい。

宿王華よ、お前は神通力によって、この経を守護しなさい。なぜかと言えば、この経は、この全世界の人々の病にとって良薬なのだ。もし人が病んでいても、この経を聞くことができたならば、その病はたちまちにして消え、不老不死となるだろう。

宿王華よ、もし人がこの経を受持するのを見たならば、青蓮華の粉末の香りを盛って満たしたものを、その人の上に撒いて供養しなさい。撒き終わったならば、このように考えるがいい。

『この人は遠からずして、必ず草を取ってそれを敷いて座とし、その座に坐って多くの悪魔の軍勢を打ち破るであろう。教えの法螺貝を吹き、偉大な教えの鼓をうって、あらゆる人々にとっての老、病、死という苦しみの海を渡りのがれるであろう』

それ故に、仏の道を求めようとする人は、この経典を受持しようとする人を見たならば、そのような敬いの心を起こすべきなのだ」

この薬王菩薩本事品を仏が説かれた時、八万四千の菩薩は、あらゆる生き物たちの言葉を理解できる呪文を獲得しました。

多宝如来は、多宝塔の中から宿王華菩薩を褒めて、次のように言われました。

「よろしい、よろしい。宿王華よ、お前は思い量ることもできない功徳を完成し、釈迦牟尼仏に以上のことをお聞きして、それによって量り知れないすべての衆生たちに、大きな利益を与えることができたのだ」

（付記）

この「薬王菩薩本事品」は信仰における「行」について力強く説いています。「行」といっても一般の人間たちが信仰の中で宗教の専門家の僧侶や行者のように体を酷使する荒行を勤めよと説いている訳ではありません。忙しい毎日の中でも面倒がらずに毎日神棚に手を合わせて祈る、仏壇の前に坐ってお経を読みあげる、そうした毎日の勤めが心の安定をもたらし、人生に活力をもたらしてくれるのです。

何もこのお経の中に描かれているように、腕を燃やして世の中を照らすまでやりなさい、ということではありはしない。

しかし、かつてベトナム戦争という、いかにも不条理な戦争によって退廃した世の中に抗議して焼身自殺して、腐敗した政治の覚醒を促したベトナムの僧侶は、明らかに法華経のこの「薬王菩薩本事品」に啓発されて、自らの身を焼きつくしてみせたに違いない。

身を捨てるという行為は大変な勇気がいります。当節、行き詰まった若者たちに流行っているリストカットなんぞは安易な逃避の手立てでしかありはしないが、裏社会にいる者たちが何らかのトラブルの際に指を切り落として贖罪するという習慣はあまり外国では聞かない、日本独特のもので、これまた法華経の二十三番の中の発心して無上の悟りを得ようとするならばせめて手の指か足の指を燃やして仏塔を供養しなさい、という教えが、妙な形で裏の社会にまで膾炙してしまった証ではあるまいか。

しかし、それもまた仏教が法華経という教えを媒体にして日本の社会に深く浸透してきたという証しといえそうです。

妙法蓮華経妙音《みょうおん》菩薩《ぼさつ》品《ほん》第二十四

その時に釈迦牟尼仏は、偉大な存在の相として、頭の頂から光を放ち、それに眉間の白い巻き毛からも光を放って、東の方角の河の砂の数の、百八万億倍という多くの仏たちの世界を照らし出されました。

その多数の世界を過ぎたところに、浄光荘厳という名の世界がありました。その国に、浄華宿王智如来《じょうけしゅくおうち》、供養を受けるにふさわしい人、正しくあまねく智慧をそなえた人、智慧と実践が完全にそなわった人、悟りに到達した人、世界のすべてに通じている人、この上ない人、人間の調教師、天の神々と人間の師匠、仏、世尊という名の仏がおられました。量り知れないほど多くの菩薩たちの集まりに、敬われ囲まれて、法を説かれていました。

釈迦牟尼仏の眉間の白い巻き毛から放たれた光が、その国をくまなく照らし出しました。

その時、浄光荘厳国の中に、妙音という一人の菩薩がおりました。長い間にわたって、多くの徳を培い、百千万億の無量倍という多くの仏たちを供養してお仕えし、極めて奥深い智慧をすべて達成し、妙幢相《みょうどうそう》三昧、法華三昧、浄徳三昧、宿王戯《しゅくおうけ》三昧、無縁三昧、智印三昧、解一切衆生語言三昧、集一切功徳三昧、清浄三昧、神通遊戯《じんずうゆけ》三昧、慧炬《えこ》三昧、荘厳王三昧、浄光明三昧、浄蔵三昧、不共《ふぐ》三昧、日旋《にっせん》三昧を得ていました。以上のような、ガンジス河の砂の数の百千万億倍の数に等しい、多くの偉大な三昧を獲得していたのです。

　釈迦牟尼仏の放たれた光が、彼の身体を照らすと、妙音菩薩はただちに浄華宿王智仏に申し上げました。

「世尊よ、私は娑婆世界に行って、釈迦牟尼仏を礼拝し、お仕えして供養し、そして文殊師利法王子菩薩、薬王菩薩、勇施菩薩、宿王華菩薩、上行意菩薩、荘厳王菩薩、薬上菩薩にお会いしようと思います」と。

　その時、浄華宿王智仏は、妙音菩薩に告げられました。

「お前よ、あの国を軽んじて、劣っているという想いをいだいてはならない。善男子よ、あの娑婆世界には、高低があって、土や石、山々があって、汚れが充満している。仏の身体は小さく、菩薩たちもその身体は小さい。

しかしお前の身体は四万二千メートルであり、私の身体は六百八十万メートルある。お前の身体は最もすぐれて端正であり、百千万の福徳があって、その光明もことのほかすぐれている。それ故に、お前が行っても、あの国を軽んじたり、仏や菩薩、その国に対して劣っているという想いをいだいてはならない」

妙音菩薩は、仏に申し上げました。

「世尊よ、私が今、娑婆世界に赴くのは、すべて如来の力、如来の自由自在な神通力、如来の功徳と智慧の厳かな飾りによるものであります」

妙音菩薩は座から起つことなく、不動のままで三昧（安楽の境地）に入り、その三昧の力によって、娑婆世界の耆闍崛山の説法の座からほど遠くないところに、八万四千の宝造りの蓮華を現出させました。それらは、閻浮檀金という最上の金の茎、白銀の葉、金剛のしべ、甄叔迦《けんしゅくか》の花の宝の台からなっていました。

その時に文殊師利法王子は、これらの蓮華を見て、仏に申し上げました。

「世尊よ、一体どういう謂れで、この瑞兆が現れたのでしょうか。幾千万の蓮華は、茎は閻浮檀金から、葉は白銀から、しべは金剛、その台は甄叔迦の花の宝からできております」

釈迦牟尼仏は、文殊師利に告げられました。

「これは妙音菩薩が、浄華宿王智仏の国から、八万四千の菩薩たちに囲まれて、この娑婆世界にやってきて、私を供養し、仕えて礼拝しようとしているので、また法華経を供養し、聴聞しようとしているのだ」

文殊師利が仏に申し上げました。

「世尊よ、その菩薩はどのような善根を積み、どのような功徳を修めて、このような偉人な神通力を得たのでしょうか。どのような三昧を行うのでしょうか。

願わくは、私たちのために、その三昧の真意をお教えください。私たちもまた、それを繰り返し修行したいと思います。その三昧を実践すれば、この菩薩の姿、形の大小、態度、振る舞いを見ることができるでしょう。

どうか願わくは、世尊よ、世尊の神通力によって、その菩薩がやってきて、その時に私たちが見ることができるようになさってください」

その時に釈迦牟尼仏は、文殊師利に次のように告げられました。

「亡くなられてから久しいこの多宝如来が、お前たちのためにその姿を現されるだろう」と。

そこで多宝仏は、菩薩に告げられました。

「善男子よ、やってきなさい。文殊師利法王子が、お前の姿を見たいと思っておられる」と。

そこで妙音菩薩は、自分のいた国から姿を消して、八万四千の菩薩たちと一緒に、この娑婆世界にやってきました。

その通り過ぎてきた国々は、東西南北と上下の六通りに震えおののき、七つの宝でできた蓮華が降りしきり、百千万の天上の楽器は、誰も奏でないのにひとりでに鳴り響いて、この菩薩の目は幅も広く、大きな青蓮華の葉のようでありました。その顔かたちの端正でうるわしいことは、たとえ百千万もの月をあわせても、これに及ぶべくもありませんでした。

身体は金色に輝き、百千の無量倍もの功徳によって飾られていました。厳かな徳にあふれ、光に照り輝いていて、種々の特別な相がそなわっており、原始人のような強い身体で、七つの宝づくりのお堂の中に入って、はるかに高い空中に身を置き、多くの菩薩たちに敬われ囲まれながら、この娑婆世界の霊鷲山にやってきたのです。

到着すると、七つの宝づくりのお堂から降りて、百千金もの値打ちのある首飾りを持って、釈迦牟尼仏のところに近づき、頭に仏の足をいただいて礼拝し、首飾りを奉って仏に申し上げげました。

「世尊よ、浄華宿王智仏は、世尊にこのようにおたずねです。

『無病息災で、立ち振る舞いも軽やかに、安楽にお過ごしでしょうか。身体を構成している地、水、火、風の四種の要素は、調和が取れているでしょうか。どうでしょう。世事には耐え忍ぶことができるでしょうか。どうでしょうか。衆生たちは救済しやすいでしょうか。むさぼり、怒り、おろかさ、嫉妬、ものおしみ、慢心などが多いことはないでしょうか。

父母に孝行せず、修行者たちを敬うこともなく、邪な見解と不善の心を抱いて、五官の欲望にしまりがないというようなことはないでしょうか。

世尊よ、衆生はさまざまな悪魔という敵を打ち破ることができるでしょうか。どうでしょうか。亡くなられて久しく経っている多宝如来は、宝の塔の中におわしまして、ここにやってきて、教えを聞かれているのでしょうか』

また、浄華宿王智仏は、多宝如来に安否をたずねます。

『安穏息災で、よく耐えておられますでしょうか。この娑婆世界に、長くとどまっておられるのでしょうか』と。

世尊よ、私は今、多宝如来のお身体を拝したいと思います。どうか、世尊よ、願わくは、私にお示しになってお見せくださいますように」

その時、釈迦牟尼仏は多宝仏に言われました。

「この妙音菩薩が、あなたにお会いしたいと思っております」と。

そこで多宝仏は、妙音菩薩に告げられました。

「よろしい、結構なことだ。お前は、釈迦牟尼仏を供養し、法華経を聞き届け、それに文殊師利たちに会うために、よくぞここにやってきたものだ」と。

その時、華徳《けとく》菩薩が仏に申し上げました。

「世尊よ、この妙音菩薩はどのような善根を植え、どのような功徳を積んで、この神通力を得たのでしょうか」と。

仏は華徳菩薩に告げられました。

「過去に、雲雷音王如来、聖者、正しく覚った仏がおられた。その国土を現一切世間といい、その時代を喜見といった。妙音菩薩は一万二千年にわたって、十万種もの伎楽によって雲雷音王如来を供養し、また八万四千の七つの宝でできた壺を奉った。このようなことの果報によって、今、浄華宿王智仏の国土に生まれて、この神通力があるのだ。

華徳よ、お前はどのように考えるか。その時に、雲雷音王仏の身元で、妙音菩薩として伎楽によって供養し、宝の珠でつくった器を奉った人は、どうして他の人だろうか。実は今の妙音菩薩、その人なのだ。

華徳よ、この妙音菩薩は、これまでに無量の仏たちを供養し、お仕えして、長い間、徳の根本を植え、またガンジス河の砂の数に等しい百千万億という多数の仏にお会いしたのだ。

華徳よ、お前は妙音菩薩の身体が、ただここにあるとだけ見ているが、しかし、この菩薩は種々の身体を示現して、いたるところで多くの衆生のためにこの経典を説いているのだ。

　ある場合には梵天王の身体を現し、ある場合には帝釈天の身体を現し、ある場合には自在天の身体を現し、ある場合には大自在天の身体を現し、ある場合には天界の大将軍の身体を現し、ある場合には毘沙門天王の身体を現し、ある場合には転輪聖王の身体を現し、ある場合には変幻自在にさまざまな身体を現し、ある場合には富豪の身体を現し、ある場合には金持ちの身体を現し、ある場合には宰相、官吏の身体を現し、ある場合にはバラモンの身体を現し、ある場合には比丘、比丘尼、一般の人々の身体を現し、ある場合には富豪や資産家の妻の身体を現し、ある場合には宰相、官吏の妻の身体を現し、ある場合にはバラモンの妻の身体を現し、ある場合には男の子、女の子の身体を現し、ある場合には天神、龍神、夜叉、乾闥婆、阿修羅、迦楼羅、緊那羅、摩睺羅伽、人間、人間以外のものたちの身体を現して、この経を説くのだ。

　あらゆる地獄、餓鬼、畜生の境涯にあるものを、そして多くの、仏の教えに触れるのに困難なものたちを、すべて救済することができるのだ。そして王の後宮にあってまで、女性に姿を変えて、この経を説いているのだ。

華徳よ、この妙音菩薩は、娑婆世界の多くの衆生たちを救い護ることができる者なのだ。この妙音菩薩は、このようにさまざまに姿を変えて現れ、この娑婆国土において、多くの衆生たちのためにこの経典を説くのだ。

しかも神通力や身を変えることや智慧が、それによって少なくなることは決してない。この菩薩は数々の智慧によって、娑婆世界をあまねく明察し、すべての衆生たちに、それぞれ知るべきことを知らしめているのであって、十方の河の砂の数ほど多くの世界にあっても、そのようにしている。

もし声聞（修行僧）の姿によって救済できる者に対しては、声聞の姿を現して教えを説き、辟支仏の姿によって救うことができる者に対しては、辟支仏の姿を現して教えを説き、菩薩の姿によって救うことができる者に対しては、菩薩の姿を現して教えを説き、仏の姿によって救うことができる者に対しては、仏の姿を現して教えを説くのだ。

このように種々さまざまに、救済の対象に応じて、その姿を現すのだ。そればかりか、この世を去るということによって、救済できる者に対しては、亡くなることとすらも示してみせるのだ。

華徳よ、妙音菩薩が偉大な神通と智慧との力を完成するのは、以上のようなことなのだ」

その時、華徳菩薩は次のように申し上げました。

「世尊よ、この妙音菩薩は深く善根を植えられております。世尊よ、この菩薩は、どんな境地に身を置いて、このようにあらゆるところへ現れて、衆生を救済することができるのでしょうか」

仏は華徳菩薩にこのように語られました。

「善男子よ、その境地は現一切色身、あらゆる身体を示現するということなのだ。この妙音菩薩は、この境地にあって、そのように量り知れない数の衆生たちに利益を与えることができるのだ」と。

以上の妙音菩薩品を仏が説かれた時、妙音菩薩とともにやってきた八万四千の人々は、すべて現一切色身の境地を獲得し、またこの娑婆世界の無量の数の菩薩たちも、この境地と呪文を獲得したのでした。

そこで妙音菩薩は、釈迦牟尼仏と多宝如来の塔に供養をなした後、もとの国に帰っていかれました。その通り過ぎた国々は、六通りに震動して、宝で飾った蓮華が降りしきり、百千万億というさまざまな音楽が奏でられました。妙音菩薩はもとの国に帰り着くと、八万四千の菩薩たちに囲まれながら、浄華宿王智仏のところに至り、次のように申し上げました。

「世尊よ、私は娑婆世界に行って、衆生たちに利益を与え、釈迦牟尼仏にお会いし、また多宝仏の塔を見て礼拝し、供養いたしました。また、文殊師利法王子菩薩に会い、薬王菩薩、得勤精進力《とくごんしょうじんりき》菩薩、勇施菩薩たちにも会いました。またこれら八万四千の菩薩たちにも、現一切色身三昧を獲得させました」と。

以上の、妙音菩薩が娑婆世界を行き来する品を、仏が説かれた時に、四万二千の天子たちは、すべてのものは本来、不生不滅であると確認することができ、華徳菩薩は法華三昧を獲得したのです。

妙法蓮華経観世音《かんぜおん》菩薩《ぼさつ》普門品《ふもんぼん》第二十五

その時に無尽意《むじんに》菩薩は、ただちに座から立って、右の片肌を脱いで合掌し、仏に向かって次のように申し上げました。

「世尊よ、観世音菩薩はどのような謂れで、観世音という名がついておられるのでしょうか」

仏は無尽意菩薩に言われました。

「善男子よ、もし百千万億の無量倍という多くの衆生たちがいて、多くの苦しみ悩みを受けている場合でも、この観世音菩薩のことを耳にして、一心にその名を称えたならば、観世音菩薩はただちにその声を聞き取って、すべての者を苦悩から逃れさせてくれるだろう。

もし、この観世音菩薩の名前を心にしっかりと保っていれば、たとえ大きな火に囲まれたとしても、その菩薩の威神の力によって、火に焼かれることは決してないだろう。もし、大きな川に漂流しても、その名を称えれば、ただちに浅い所に辿り着くことができるだろう。もし、百千万億という数の者たちが、金、銀、瑠璃、硨磲、瑪瑙、珊瑚、琥珀、真珠といった宝を求めて海に漕ぎ出したところ、暴風が吹き荒れて、彼らの船が羅刹鬼の国に辿り着いたとしても、彼らの中に一人でも観世音菩薩の名を称える者がいたならば、彼らは羅刹の難からまぬがれることができるだろう。この謂れから観世音と名付けられているのだ。

もし、また人が何かで処刑されようとする時に、観世音菩薩の名を称えたならば、首を斬ろうとしている者の刀や杖は、そこでたちまち折れてしまい、その死の難をまぬがれることができるだろう。もし、三千大千世界の中に満ちている夜叉や羅刹たちがやってきて、人を苦しめようと思っても、人が観世音菩薩の名を称えているのを聞いたならば、これらの大勢の悪鬼たちは、悪意のある眼で相手を見届けることができないだろう。ましてや危害を加えることなどできようもない。

また、たとえその人に罪があろうとなかろうと、手かせ足かせ、鎖によって身体をつながれたとしても、観世音菩薩の名を称えれば、それらはすべて壊れて、脱け出すことができるだろう。もし、三千大千世界に充満するほどの賊がいて、そこへ商人の隊長が、多くの商人を連れて、高価な宝を持って険しい道を通り過ぎようとする。その中の一人が次のように言い出したとしよう。

『みなさん、恐れてはいけない。みんなは一心に観世音菩薩の名を称えなさい。この菩薩は人々に、恐れなき心を与えてくださるのだ。みんなが、もしその名を称えたならば、これらの賊や敵から必ずまぬがれることができるだろう』

商人たちがそれを聞いて、声をそろえて『南無観世音菩薩』と称えたとしよう。その名を称えたことによって、ただちに難を逃れることができるだろう。

無尽意菩薩よ、観世音菩薩大士の威神の力がいかに優れているかということはこのとおりだ。もし、淫欲の強い人がいたとしても、観世音菩薩を常に念じて恭しく敬うならば、それによって淫欲からも離れることができるだろう。もしも、いつも怒りの心が強く、怒りっぽくても、観世音菩薩を常に念じて恭しく敬えば、その怒りの心から離れることができるだろう。もし愚かさが多くても、観世音菩薩を常に念じて恭しく敬えば、それによって愚かさから離れることができるだろう。無尽意よ、観世音菩薩にはこのような偉大な神の力があって、人々を利益することが多いのだ。それ故に人々は、常に心に念ずるべきなのだ。

もしも、女の人が、男の子を欲しいと思い、観世音菩薩を礼拝し、供養したならば、福徳と智慧のそなわった男の子を生むことができるだろう。女の子が欲しいと思えば、姿形の整った美しい女の子を生むことができるだろう。その子は前世に徳を積んだことにより、人々に愛されることだろう。無尽意よ、観世音菩薩にはこのような力があるのだ。

もし衆生が、観世音菩薩を敬い礼拝するならば、その福徳は無駄に終わることはないだろう。それ故に、人々はみな観世音菩薩の名前をいただいて、その身が終わるまで飲み物や食物、衣服、医薬などをもって供養したとしよう。お前はどう思うか。この善男子、善女人の功徳は多いか、少ないか」

無尽意が申し上げました。

「極めて多いことでしょう」

仏が言われました。

「また、もし観世音菩薩の名前をいただき、たとえひとときでも礼拝し、供養する人がいたとすれば、前者とこの人との二人の福徳の差は、等しくて差異はなく、百千万億年という長い時間においても、終わることはないだろう。無尽意よ、観世音菩薩の名を称えるならば、以上のような無量にして無辺の福徳の利益を得ることができるのだ」

無尽意菩薩は仏に申し上げました。

「世尊よ、観世音菩薩はどのようにこの娑婆世界においでになっているのでしょうか。どのようにして人々に法を説くのでしょうか。教えの手立てとはどのようなものなのでしょうか」

仏は告げられました。

「善男子よ、娑婆世界の国の人々で、仏の姿によって救済すべき者には、観世音菩薩はただちに仏の姿を現して、それらの者に法を説くのだ。辟支仏や、それ以外の仏の姿によって救済すべき者には、ただちにそれらの姿を現して法を説き、僧侶の姿によって救う者には、ただちに僧侶の姿を現して法を説き、梵王の姿によって救済すべき者には、ただちに梵王の姿を現して法を説き、帝釈天の姿によって救済すべき者には、ただちに帝釈天の姿を現して法を説き、自在天の姿によって救済すべき者には、ただちに自在天の姿を現して法を説き、大自在天の姿によって救済すべき者には、ただちに大自在天の姿を現して法を説いて救い、天界の大将軍の姿によって救済すべき者には、ただちに天界の大将軍の姿を現して法を説いて救い、毘沙門天の姿によって救済すべき者には、ただちに毘沙門天の姿を現して法を説いて救い、王侯の姿によって救済すべき者には、ただちに王侯の姿を現して法を説いて救い、金持ちの姿によって救済すべき者には、金持ちの姿を現して法を説いて救い、時において相手によってさまざまな姿を現して、相手を救い、少年少女の姿によって救うべき者には、ただちに少年少女の姿を現して法を説いて救い、ともかく変幻自在の姿で人々を救ってくださるのだ。

それ故に、お前たちは一心に観世音菩薩を供養しなさい。この観世音菩薩は、畏れと切迫した災難のただ中にある者に対して、畏れずに済むことを教えて救ってくれるのだ。それ故に、この娑婆世界では、みなが彼のことを『畏れなきことを与える者』、つまり施無畏者と呼ぶのだ」

無尽意菩薩は仏に申し上げました。

「世尊よ、今、私は観世音菩薩を一心に供養いたしましょう」

そこで首にかけた、その値打ちが百千両の金に値する多くの宝物からなる首飾りを外して、それを観世音菩薩に差し出して、次のように申しました。

「観世音菩薩さま、どうか、この教えのための施し物として、珍しい宝の首飾りをお受け取りください」

しかし、観世音菩薩はこれを受け取ろうとはしませんでした。そこで無尽意は、再び観世音菩薩に次のように申し上げました。

「どうか、私たちをあわれむのでしたら、この首飾りをお受け取りください」

その時、仏は観世音菩薩に言われました。

「この無尽意菩薩や人々の心をあわれんで、この首飾りを受け取るがよい」

観世音菩薩は、ただちに多くの人々をあわれんで、その首飾りを受け取り、それを二つに分けて、一つは釈迦牟尼仏に、一つは多宝仏の塔に捧げました。

仏は言われました。

「無尽意よ、観世音菩薩は、このように自由自在の神通力を有して、娑婆世界を遊歴しているのだ」

その時、無尽意菩薩は唱えてお尋ねしました。

「世尊は、優れた特徴を具えておられます。今、私は重ねて彼についてお尋ねいたします。仏の子である観世音菩薩は、どのような謂れがあって、観世音菩薩と名付けられたのでしょうか」

優れた特徴を具えた世尊は、無尽意に答えられました。

「お前は、観世音菩薩の修行についてよく聞きなさい。それはさまざまな方角と場所に応ずるものなのだ。広大な願い事のその深さは、海のように深く、長い長い時を経ても思いはかることはできはしない。幾千億もの仏にお仕えして、極めて清らかな願いを起こしたのだ。私は、お前にそれをかいつまんで教えよう。

観世音の名を聞いて、その姿を見て心に念じたならば、事なきを得るに違いない。彼はさまざまな生き物たちの苦しみを消し去ることができるのだ。たとえ人が危害を加えてやろうと、大きな火の穴に突き落としたとしても、観音の力を心に念じたならば、火の穴は変化して池になってしまうだろう。

あるいは大きな海に漂流して竜やサメや、さまざまな悪鬼に襲われる難に遭ったとしても、観音の力を心に念じたならば、波もその人を沈めることはできはしない。

あるいは高い山の頂から、人に突き落とされたとしても、観音の力を心に念じたならば、太陽のように空中にとどまることができるだろう。

あるいは悪人に追われて、高い山から墜落したとしても、観音の力を念じたならば、わずかな傷も負うことはないだろう。

あるいは賊が取り囲んで、それぞれ刀を手にして危害を加えようとするのに出会ったとしても、観音の力を心に念じたならば、たちまち彼らはみな慈しみの心を起こしてしまうだろう。

あるいは王様のとがめによる苦に遭遇し、処刑されて命が終わろうとする時でも、観音の力を心に念じたならば、刀はにわかにバラバラに折れてしまうだろう。

あるいは首かせや鎖につながれ、手かせ足かせをはめられても、かの観音の力を心に念じたならば、それが外れて解き放たれることだろう。呪いやさまざまな毒薬によって、その身が害されようとしている者でも、観音の力を心に念じたならば、それはかえって当の本人にはね返っていくだろう。

あるいは悪い羅刹や毒蛇や多くの鬼神たちに出会っても、観音の力を心に念じたならば、一向に危害を加えられることはないだろう。

あるいは猛獣たちに取り囲まれて、その鋭い爪や牙が恐ろしいものであっても、観音の力を心に念じたならば、彼らはたちまちどこかへ走り去ってしまうだろう。

トカゲや蛇、蝮《まむし》、蠍《さそり》たちの毒気が火煙のように立ち上るものであっても、観音の力を心に念じたならば、声をたてて退いてしまうだろう。

雲から雷がとどろき、稲妻がひらめいてあられを降らせ、大雨が降ろうと、観音の力を心に念ずるならば、それらはただちに消え去ってしまうだろう。

人々が災いを被って、量り知れないほどの苦しみが身を責めようと、観音の優れた智慧によって、世の人々の苦しみを救うことができるのだ。

神通の力を具え、智慧を発揮する手立てを広く修めて、十方の多くの国々にその身を現さないところはないのだ。さまざまな多くの悪い境涯の地獄、餓鬼、畜生と、生・老・病・死の苦しみを、順次に残りなく消えさせていくことだろう。

真実の観察、清らかな観察と広大な智慧による憐れみの眼と、慈しみの眼とを有する者を、常に願い常に仰ぎ見るがよい。けがれのない清らかな光を有する智慧の太陽は、多くの闇を破り、災難の風火を消して、くまなく世間を明るく照らすことができるのだ。憐れみの本質として戒めは雷のようにとどろき、慈しみの心の優れたさまは大きな雲のように、不死の妙薬である甘露の教えの雨を注ぎ、煩悩の炎を除滅させてくださる。訴訟して役所に持ち込んだ争い事において恐怖を覚えた時に、かの観音の力を心に念ずるならば、多くの相手はすべて退散するだろう。妙なる音声をもつ観世音は、清らかな音声、海の潮の音、かの世界に優れた音声を有しておられる。それ故に、常に心に念じなさい。疑いを生じてはならない。清らかな聖なる観世音は、苦悩と死のわざわいにおいて、拠り所となることができるのだ。あらゆる功徳を具え、慈しみの眼をもって衆生を見ておられる。福徳の集まりの海は、量り知れないほど大きなものだ。それ故に、その徳をおしいただいて、いつも礼拝すべきなのだ。

その時に、持地《じじ》菩薩は座から立って、仏の前に進み出て次のように申し上げました。

「世尊よ、衆生のうちで、この観世音菩薩品の自在な功能、すなわちあらゆる方面にその姿を現されるという神通力を聞く者がいたならば、この人の功徳は量り知れないものだと知るべきです」

仏がこの普門品を説かれた時、集まった八万四千の衆生たちは、並ぶものもない無上の正しい悟りに向かう心を起こしたものでした。

（付記）

法華経の中で、非常に独特の存在感をもつお経が、第二十五の「観世音菩薩普門品《ふもんぼん》」です。私がかつて私淑した、日本の名僧の一人と言われた松原泰道先生が、その法話の中で、どういう意味でか、笑いながら、「みなさん、この観音経はフィクションなんです。これはまさに、フィクションそのものなのです」と言われたのを、非常に印象深く思い出します。

それはともかく、お経の他の部分は、かつてお釈迦様と共に実在したいろいろな弟子たち、いろいろな名前の菩薩たち、そしてさらには、彼らが修行を成し遂げて仏となり如来となる、そういった人たちを踏まえて、例にとったり、その人たちに対して説いたり、問いかけたり、教えて導いたりすることで成り立っていますが、この二十五番のお経に、突然現れる観音菩薩なるものは、そもそもその前身が一体何者であるのか、実在した菩薩が変じて、この観音さまになったのか、などという記述はどこにもありません。

突然この、まさにオールマイティの、人がいろいろ困ったり、おとしめられたり、危険にさらされた時に、それを救うために忽然として現れ、手を差し伸べられる、いわば絶対力をもった仏、つまり絶対神として観音さまが説かれているわけです。

これは一体どういうことなのでしょうか。世の中に、この観音経を読むことで力を得て、何かに困るとそれにすがるという観音信仰が非常に普遍して、あちこちに観音さまを祀る寺社、仏閣が後を絶ちません。

この観音菩薩という絶対力をもった仏というものをなぜ、突然にお釈迦様がここで説かれたのかということは、私にもよくわかりません。これはまさに人間の想像を超えた、絶対力をもった仏の存在であって、そうしたものが、果たして世の中の摂理としてありうるのだろうか、許されるのだろうかということを、考えざるをえないほど、ここでは人々を救う存在として観音さまがうたい上げられているわけです。

これはある意味では、松原泰道先生が言われたように、フィクションなのかもしれませんが、しかしフィクションになればなるほど、いろいろ弱みをもつ人々は、その苦境や悲しみ、弱さから救済されることを願って、世の中には観音信仰が絶えることがありません。

ともかくも観音菩薩なる仏は、この法華経の中で突然現れて、お釈迦様によって人々に提示され、人々は驚き、喜んで、それを迎え入れたわけでありますが、いずれにしろ、世の中に普遍している観音信仰というものの、真意というものが、一体なんであるのかということを、私たちはもう一度、考え直す必要があるのではないでしょうか。

それは決して、観音さまという絶対力をもった存在への疑念でもなければ、また疑いでもなしに、人間が弱いが故にの、一途の憧れの象徴として、観音菩薩が突然、仏の手によって出現し、私たちに拝されたに違いありません。

いずれにせよ、人間の存在をはるかに凌ぐ神仏の絶対的な力は、それ故に人間を引きつけ、信仰の力を誘い出し、人々を救済するのですが、しかしそれに安易に甘んじて信仰に溺れ、人間としての日常の節制を怠っては元も子もありはしません。

日本のあちこちにある観音様の札所巡りが証すように世の中に普遍している観音信仰は、それを決して否定するものではありませんが、それに安易に溺れると、ある意味で危ういことになりかねません。あくまでも大切なことはお釈迦様が法華経を通じて説かれている日常の修行、心がけによって身を節して、人としてのあるべき道に勤しみ、それぞれが菩薩の境地に到達するように努めることであって、この二十五番目のお経で本来は如来として説かれるべき観音菩薩を如来よりも一段格の低い菩薩として表現して人口に膾炙しやすく説かれたお釈迦様の知恵は、安易な信仰の危うさを暗示しているように思います。

それは仏の絶大な知恵が醸し出した教えの上のレトリックであって、この二十五番の章の中で観音菩薩の救いの手立ての例としてうたわれている、罪を犯した者までも捕らえた縄から解き放ってしまうような間違いを、真の正義を説く仏がされるわけはありません。

私は観音信仰を決して否定するものではありませんが、その教えのレトリックに惑わされての安易な信仰で、お釈迦様の本来の教えの本道から外れて肝心なものを取り逃がしてはなりません。観音信仰は、仏が人間救済のために神仏の偉大な力への帰依を導く方便の、あくまでも一つに他ならないと思います。

妙法蓮華経陀羅尼品《だらにほん》第二十六

その時、薬王菩薩は即座に座から起ち上がって、右の片肌を脱いで合掌し、仏に向かって次のように申し上げました。

「世尊よ、もし善男子、善女人が法華経を受持し、あるいは読み上げ、それに精通したり、あるいは経巻を書き写したりするような場合、どのような福徳を得ることでしょうか」

仏は薬王菩薩に言われました。

「もし善男子、善女人が八十万億のガンジス河の砂の数に等しいような多くの仏たちを供養したとしよう。お前はどのように考えるか。その獲得した福徳は、極めて多いことだろうか」

「それは非常に多いことでしょう、世尊よ」と、薬王菩薩は答えました。

仏は言われました。

「もし善男子、善女人がこの経に対して、たった一つの四行の文句でも受持し、読誦し、その意味を解釈し、その説のとおりに修行するならば、その功徳は極めて多い」

その時、薬王菩薩は仏に次のように申し上げました。

「世尊よ、私は今、この経を説法する者に陀羅尼（尊い呪文）を与え、それによって彼らを守護いたしましょう」

そこで彼は次のように呪文を唱えました。

「安爾《あに》・曼爾《まに》・摩禰《まねい》・摩摩禰《ままねい》・旨隷《しれい》・遮梨第《しやりてい》・賖咩《しやみや》・賖履多瑋《しやびたい》・羶帝《せんてい》・目帝・目多履《もくたび》・沙《しや》履《び》・阿瑋《あい》沙履《しやび》・桑履《そうび》・沙履・叉裔《しやえい》・阿叉裔《あきえい》・阿耆膩《あぎに》・羶帝・賖履・陀羅尼・阿盧伽婆娑簸《あろきやばさいは》蔗毘叉膩《しやびしやに》・禰毘剃《ねいびてい》・阿便哆邏禰履剃《あべんたらねいびてい》・阿亶哆波隷輸地《あたんだはれいしゆたい》・漚究隷《うくれい》・牟究隷《むくれい》・阿羅隷・波羅隷・首迦差《しゆぎやし》・阿三磨三履《さんび》・仏駄毘吉利袟帝《ぼつだびきりじりてい》・達磨波利差帝《だるまはりしてい》・僧伽涅瞿《そうぎやちりく》沙禰・婆舎婆舎輸《ばしやばしやしゆ》地《たい》・曼哆羅《まんたら》・曼哆邏叉夜多《しややた》・郵楼哆《うろた》郵楼哆・憍舎略《きようしやりや》・悪叉邏《あきしやら》・悪叉冶多冶《やたや》・阿婆盧《あばろ》・阿摩《あま》若那多夜《にやなたや》」

「世尊よ、以上の陀羅尼は神秘的な文句であり、六十二億のガンジス河の砂の数に等しい、多くの仏たちの説かれたものです。もし、この法師に危害を加える者があれば、それはそれらの多数の仏たちに危害を加えることになりましょう」

その時に釈迦牟尼仏は、薬王菩薩を褒められて次のように言われました。

「よろしい、薬王よ。お前はこの法師たちをあわれみ、守護するために、これらの陀羅尼を唱えたのだ。多くの人々に利益を与えることになるだろう」

その時に、勇施菩薩が仏に申し上げました。

「世尊よ、私もまた、法華経を読み上げ、受持する者を守護するために、陀羅尼を唱えましょう。もしその法師がこの陀羅尼を得たならば、夜叉にしろ、羅刹にしろ、富単那《ふたんな》という鬼にしろ、クリティアという鬼にしろ、鳩槃茶《くばんだ》にしろ、餓鬼にしろ、人の隙をうかがい求めても、その隙に付け込むようなことはできないでありましょう」

そこで勇施菩薩は、仏の前で呪文を次のように唱えました。

「痤《ざ》隷《れい》・摩訶痤隷・郁《う》枳《き》・目《も》枳《き》・阿隷・阿《あ》羅《ら》婆《ば》第《てい》・涅《ち》隷《り》第《てい》・涅《ち》隷《り》多《た》婆《は》第《てい》・伊《い》緻《ち》柅《に》・韋《い》緻《ち》抳《に》・旨《し》緻《ち》柅《に》・涅《に》隷《り》墀《ち》柅《に》・涅《に》犁《り》墀《ち》婆《は》底《ち》」

「世尊よ、この陀羅尼の不思議な文句は、ガンジス河の砂の数に等しい多くの仏たちの説かれたものです。また、それを大変喜ばれたものであります。もし、この法師に危害を加えようとする者があれば、それはとりもなおさず、これらの多くの仏たちに危害を加えることにもなるのです」

その時に、この世の守護者である毘沙門天王が仏に申し上げました。

「世尊よ、私もまた、衆生にあわれみの心をかけ、この法師を守護するために、この陀羅尼を唱えましょう」

そこで次のように呪文を唱えました。

「阿《あ》犂《り》・那《な》犂《り》・㝹《と》那《な》犂《り》・阿《あ》那《な》盧《ろ》・那《な》履《び》・拘《く》那《な》履《び》」

「世尊よ、この不思議な呪文によって、法師たちを守護しましょう。私もまた、自分から進んでこの経を保持する者を守り、身の周り一キロの内にあって、衰えと患いをなくしましょう」

その時に持国天王が、千万億那由他という多くの乾闥婆たちに、敬われ囲まれてこの場所におりました。彼は仏のところにやってきて合掌し、仏に次のように申し上げました。

「世尊よ、私もまた、呪文の不思議な力によって、法華経を保持する者を守ってまいりましょう」

そこで次のように呪文を唱えました。

「阿伽禰《あきやねい》・伽禰・瞿利《くり》・乾陀利《けんだり》・梅陀利《せんだり》・摩蹬耆《まとうぎ》・常求利《じょうぐり》・浮楼莎柅《ふろしゃに》・頞底《あんち》」

「世尊よ、この陀羅尼の不思議な文句は、四十二億の多くの仏たちに説かれたものであります。もし、この法師たちに危害を加えようとするならば、それはとりもなおさず、これらの多くの仏たちに危害を加えることになるのです」

その時に、羅刹女たちがおり、一を藍婆《らんば》といい、二を毘藍婆《びらんば》といい、三を曲歯《こくし》といい、四を華歯《けし》といい、五を黒歯といい、六を多髪《たほつ》といい、七を無厭足《むえんぞく》といい、八を持瓔珞《じようらく》といい、九を皐諦《こうたい》といい、十を奪一切衆生精気《しょうけ》と言いました。これらの十人の羅刹女たちは、鬼子母神とその子供、それとお伴の者たちと一緒に仏のところへ行って、声を揃えて仏に申し上げました。

「世尊よ、私たちもまた、法華経を読み上げ、受持する者を守護し、彼らの衰えと災い、憂いを取り除きたいと思います。もし、法師の隙をうかがい求めている者がいても、その隙に付け込むことができないようにいたしましょう」

そこで仏の前で、次のように呪文を唱えました。

「伊提履《いでいび》・伊提泯《びん》・伊提履・阿提履《あでいび》・伊提履・泥履・泥履・泥履・泥履・泥履・楼醯《ろけい》・楼醯・楼醯・楼醯・多醯《たけい》・多醯・多醯・兜醯《とけい》・㝹醯《とけい》」

「むしろ私の頭の上に登るとも、法師たちを悩ますことがあってはならない。たとえ夜叉にせよ、あるいは羅刹にせよ、あるいは餓鬼にせよ、あるいはプータナの鬼にせよ、あるいはクリティアの鬼にせよ、あるいはベータークの鬼にせよ、あるいは犍駄にせよ、あるいはオーマーラカの鬼にせよ、あるいは阿跋摩羅《あばまら》にせよ、あるいは夜叉吉蔗《きつしゃ》にせよ、夜叉のクリティア鬼にせよ、あるいは人間のクリティア鬼にせよ、あるいは熱病が、もしは一日、もしは二日、もしは三日、もしは四日、はては七日と続くにせよ、もしくは常に熱病になるにせよ、あるいは男子の姿にせよ、あるいは女子の姿にせよ、あるいは男の子供の姿にせよ、あるいは女の子供の姿にせよ、はてはそれらがたとえ夢の中であっても、また法師を悩ますことがあってはならない」

そこで、仏の前で次のように唱えました。

「もし私の呪文に逆らって、教えを説く者を悩ますならば、その頭は七つに裂けてしまうだろう。ちょうどアルジャカの樹の花の穂がバラバラになるように。父や母を殺害した罪のように、また胡麻を圧搾して油を取る罪や、秤で人をあざむく罪、調達《じょうたつ》が仏弟子の和合を破る罪のように、この僧侶を害する者は、以上のような罪を受けるだろう」

羅刹女たちは、以上の言葉を捧げた後に、仏に申し上げました。

「世尊よ、私たちもまた、この身自らこの経を受持し、読み上げ、修行する者を進んで守護して安穏ならしめ、さまざまな衰えや患いを除き、多くの毒薬を消滅させましょう」

仏は羅刹女たちに次のように告げられました。

「よろしい、大変結構なことだ。お前たちよ、ただ法華経の名を受持する者を守護するということですら、その福徳は量り知れないものなのだ。ましてや、この経をすっかり体得し、経に花やお香や宝物を供えて供養し、さまざまな灯火、すなわちバターの油の灯、さまざまな香油の灯、スマナスの花から採った油の灯、チャンパカの花から採った油の灯、バールシカの花から採った油の灯、青蓮華の花から採った油の灯などを灯すなどの、以上のようなさまざまな百千種もの仕方で供養する者を守護することは、なおさらのことである。皐諦よ、お前たちと伴の者たちは、以上のような法師たちを守護しなさい」

以上の陀羅尼品を仏が説かれた時に、六万八千人の人々が、すべては不生不滅であるという悟りを得たものです。

妙法蓮華経妙《みょう》荘《しょう》厳《ごん》王《おう》本《ほん》事《じ》品《ほん》第二十七

その時に仏は、大勢の集まりの人々に次のように語られました。

「はるか昔、永遠に近い昔に、仏がおられた。雲雷音宿王華智如来という聖者で、無上の正しい悟りに到達された方であった。その仏の国を光明荘厳といい、その時代を喜見と言った。その仏の教えの及ぶ中に、妙荘厳という名の王がいた。その王の夫人を浄徳と言った。二人の間には二人の子供がいて、一人を浄蔵と言い、二人目を浄眼《じょうげん》と言った。

この二人の子供には、大きな神通力と福徳と智慧があって、長い間にわたって菩薩がふみ行うべき道を修めていた。すなわち、完全な布施、完全な持戒、完全な忍辱、完全な精進、完全な禅定、完全な智慧と完全な教えの手立て、完全な方便、人に楽を与える『慈』、人から苦を除く『悲』、人が楽しむのを見て喜ぶ心の『喜』、人に対して愛憎のない平等な心の『捨』から、はては悟りに至るまでの三十七種の実践法に至るまで、みなすべてに明らかに精通していた。

また、菩薩のきわめる浄三昧、日星《にっしょう》宿三昧、浄光三昧、浄色《じょうしき》三昧、浄照明《じょうしょうみょう》三昧、長荘厳三昧、大威徳蔵三昧を獲得し、これらの三昧をすべてきわめていた」

その時、かの仏は妙荘厳王を教え導こうとされ、また衆生にあわれみの心をかけられたことから、この法華経を説かれたのです。

その時に、浄蔵と浄眼の二人の子は、彼らの母のところへ行って、合掌し、次のように言いました。

「どうか母上、雲雷音宿王華智仏のところにお出かけになってください。私たちもお伴をして、親しくお仕えし、供養し、礼拝いたしましょう。なぜなら、この仏があらゆる天の神々、人間の集まりの中で法華経を説かれているからです。それをしっかりと聞き取りましょう」

母は子供たちに言いました。

「あなたがたの父上は、仏教以外の教えを信奉して、バラモンの教えに深く心を惹かれているが、あなたがたが父上のところに行って、二人で一緒に仏のところへ導いていかせなさい」

浄蔵と浄眼は、合掌し、母に言いました。

「私たちは法の王である仏の弟子です。しかしながら、この邪な道を奉ずる家に生まれました」

母は子供たちに申しました。

「お前たち、あなたがたの父を心配して、神通力による奇蹟を現してみせなさい。もし父がそれを見たならば、その心は必ずや清らかになることだろう。あるいは、私たちが仏のところへ出かけることを許されるでしょう」

そこで二人の子供は、父に対する思いから、大きな樹の七倍の高さにまで浮き上がり、さまざまな神通力によって奇蹟を現してみせました。すなわち空中を歩いたり、そこにとどまったり、坐ったり、あるいはそこに臥したりして、身体の上から水を出し、身体の下から火を出し、身体の下から水を出し、身体の上部からまた火を出したりして、あるいは身体を倍の大きさにして、空中に満ち満ちるほどにしてみせ、また反対に身体を小さくしてみせたり、また空中で消えたかと思えば、ふと地上に現れたりもしてみせました。地面に水のようにしみこんで入ってみせ、水の上を地面のように歩いてみせました。このような神通力によって奇蹟を現して、彼らの父王がその心が清らかになり、信じて納得するようにしたのです。

その時に、父は子供たちの神通力がこのようなものであるのを見て、心から大いに喜んで、これまでにない不思議な思いをし、合掌して子供たちに向かって尋ねました。

「お前たちの師は、一体誰なのだ。お前たちは誰の弟子なのだ」

二人の子は次のように答えました。

「大王よ、あの雲雷音宿王華智仏が、今、七つの宝物で飾られた菩提樹の木の下の教えの席に坐られており、世界のすべての天の神々と人々の集まりの中において、広く法華経を説かれておりますが、そのお方が私たちの先生なのです。私たちはその弟子です」

父は子供たちにこう言いました。

「私も今、お前たちの先生にお会いしたいと思う。一緒に行こう」

そこで、二人の子は空中から下りて、彼らの母のところへ行き、手を合わせて、母に次のように言いました。

「父上は、心から納得しましたので、無上の正しい悟りへと向かう心を起こすことができるようになりました。私たちは父上に対して、教えの仕事を成し終えました。母上、お願いですから、どうかあの仏のところで出家し、修行することをお許しください」

そこで二人の子は、重ねてその意志を述べようとして、母に次のように申しました。

「どうか母上よ、私たちに出家して修行者となることを許してください。仏たちにめぐり合うことは、極めて難しいことなのです。私たちは仏にお付きして学ぼうと思っております。優曇華の花にめぐり合うにもまして、仏にお会いすることは難しいのです。さまざまな難を逃れることも、また難しいことです。どうか私たちの出家を許してください」

母は即座にこう言いました。

「お前たちの出家を許しましょう。仏にお会いすることは難しいことだから」

そこで二人の子は、父と母に次のように言いました。

「ありがたいことです。父上、母上、お願いですから、雲雷音宿王華智仏のところへ行って、親しくまみえて、供養なさいますように。なぜなら、仏にめぐり合うことはなかなかできないからです。それは、三千年に一度花開くという優曇華の花のように、また片目の亀が、大海に浮かぶ木の孔《あな》の中に、たまたま頭を突っ込むという偶然のように、極めてまれなことです。しかし、私たちは前世の福徳が厚かったおかげで、生まれて仏の法にめぐり合うことができました。

ですから父上、母上、私たちに許しを与え、出家できるようにしてくださいませ。仏たちにめぐり合うことは大変難しく、そのようなめぐり合いの機会に出合うことも、また極めて難しいからです」

その時から、妙荘厳王の後宮の八万四千人の人々が、みなこの法華経を受持することができるようになりました。浄眼菩薩は、法華三昧に久しい以前から通達しておられました。浄蔵菩薩は、無量百千万億年というはるか昔から、すべての悪から離れる境地に通達していました。すべての人々が、さまざまな悪い境涯から離れるようにするためです。

その王の浄徳夫人は、さまざまな仏に出会う境地を獲得していて、仏たちの教えの奥義を知ることができたのです。二人の子はこのようにして、教えの手立てによって巧みに彼らの父を導いて、仏の教えをありがたいものだと思わせ、心に願わせるようにしたのです。

そしてそこで妙荘厳王は、臣下や侍従たちと一緒に、浄徳夫人は後宮の女官や従者たちとともに、その二人の子は四万二千人の者たちとともに、一緒に連れ立って仏のところに赴きました。そして仏のところに着くと、頭に仏の足をいただいて礼拝し、仏の周りを三度回って、片隅に座を得て座り込みました。

その時、かの仏は王のために教えを説いて示し、教え、その徳を与え、王を喜ばせたのです。王は大いに喜んで、そこで妙荘厳王とその夫人とは、首にかけていた真珠の首飾りの、その値が百千金にも相当するものを外して、それを仏の上にまき散らしました。

すると、たちまち空中で四本の柱の宝づくりの楼閣に変わったものでした。楼閣の中には、素晴らしい宝で飾られた寝床があり、百千万枚もの天の衣が敷かれていました。その上に、仏が結跏趺坐しており、素晴らしい輝きの光明をそこから放たれたものです。

その時、妙荘厳王は次のように考えました。

「仏のお体は極めてめずらしく、この上なく端正で威厳がある。比類のない素晴らしいお体を具えられている」

その時、雲雷音宿王華智仏は、四衆の人々に告げられました。

「お前たちよ、この妙荘厳王が私の前で合掌して立っているのを見ているか。この王は、私の教えのもとで弟子となり、悟りを得るための法を一生懸命に修め、必ずや仏となることができるであろう。その名を沙羅樹王といい、その国を大光と言い、その時代を大高王と言うだろう。その沙羅樹王仏には、無量の菩薩の集団と、無量の弟子の集団がいて、その国は真っ平らだ。その功徳は以上のようなものだ」

その王は、ただちに国を弟に譲って、夫人と二人の子供、及び多くの従者たちと一緒に、仏の教えのもとで出家して、修行しました。王は出家の後は、八万四千年もの間、常に努力精進して法華経を修めました。そして、それを過ぎた後に、一切浄功徳荘厳三昧を獲得しました。そして、ただちに空中に高く多羅樹の木の七倍の高さにまで浮き上がって、次のように申し上げました。

「世尊よ、私のこの二人の子は、教えの仕事を成し終えました。神通力による奇蹟によって、私の誤った心を転向させて、仏の教えの中に安らかにとどまらせ、世尊にお会いすることができるようにしてくれました。この二人の子は、私にとっての良き友、善知識であります。前世の善根を発揮して、私に利益を得させようとして、私の家に生まれてきたのです」

その時、雲雷音宿王華智仏は、妙荘厳王に告げられました。

「その通り、お前の言う通りだ。善男子、善女人は善根を植えることによって、幾世にもわたって良き友を得ることだろう。その良き友は、教えの仕事を成し、示して、教えて、利益を人々に与え、喜ばせ、そして無上の正しい悟りに入らせてくれるのだ。

大王よ、知るがよい。良き友は、偉大な原因でもあると。すなわち、人々を教え導いて、仏に会わせ、無上の正しい悟りへ向かう心を起こさせてくれるのだ。

大王よ、汝はこの二人の子をよく見なさい。この二人の子は、過去においてガンジス河の砂の数の、倍の倍の多数の仏たちを供養し、親しく仕えて敬い、仏たちのもとで法華経を受持し、誤った見解をもった衆生たちにあわれみの念をかけて、正しい見解に安住せしめてきたのだ」

妙荘厳王は、ただちに空中から降りて、仏に次のように申し上げました。

「世尊よ、如来ははなはだ希なる存在であられます。功徳と智慧によって、頭の上が光で照り輝いております。その眼は長く広く、紺青の色をしておられます。眉間にある渦巻の白い毛は、月のようです。歯は白く美しく整って、常に輝いておられます。唇の色は、赤赤として頻婆果《びんばか》のようです」

その時に、妙荘厳王は、以上のような仏の無量百千万億の優れた特性を讃え終わると、仏の前で一心に合掌して、再び仏に申し上げました。

「世尊よ、未だかつてない不思議なことであります。如来の説法は、思いはかることもできない優れた功徳をそなえ、完成しております。教えと戒律と実践とは、安楽でまことに心地よいものです。私は今日から、自分の心のおもむくままに行動することは致しません。誤った考え、おごりたかぶり、怒りなど、さまざまな悪しき心を決して起こしません」

以上の言葉を申し上げると、仏に礼拝してその場を退いたのでした。

仏は大勢の集まりに告げられました。

「お前たちはどのように考えるか。妙荘厳王は別人ではない。現在の華徳菩薩、その人なのだ。そして浄徳夫人は、今、仏の前にいる光照荘厳相菩薩、その人である。妙荘厳王と多くの従者たちをあわれんで、それらの人々の中に生まれたのだ。

その二人の子は、今の薬王菩薩と薬上菩薩、その人である。この薬王、薬上菩薩は、以上のような大きな功徳を成し終えた後、無量百千万億という多くの仏たちのもとで、多くの徳の根本を培って、思いはかることもできない多くの善の徳性を完成したのだ。もし、この二人の菩薩の名前を知っている者がいたならば、世の一切の神々や人々は、またその者を礼拝すべきなのだ」

仏が以上の妙荘厳王本事品を説かれた時、八万四千人の人々が、煩悩のけがれから離れ、さまざまな事象において、真実を見る眼、すなわち法眼が開けたのです。

妙法蓮華経普《ふ》賢《げん》菩《ぼ》薩《さつ》勧《かん》発《ぼつ》品《ほん》第二十八

その時に、普賢菩薩は自在な神通力と威徳と名声を具え、無量無辺の数えることもできない大勢の偉大な菩薩たちと共に、東方からやってこられました。通り過ぎる国々は、すべて喜びに震え、宝で飾られた蓮華が雨のように降り注ぎ、百千万億の無量倍もの音楽が奏でられました。

また無数の天神、龍神、夜叉、乾闥婆、阿修羅、迦楼羅、緊那羅、摩睺羅伽、人々と、人間以外の者たちの大勢に囲まれて、威徳と神通力を発揮しながら、娑婆世界の耆闍崛山にやってきて、釈迦牟尼仏の身元で、頭に足をいただいて礼拝し、右回りに七度回って、仏に次のように申し上げました。

「世尊よ、私は宝威徳上王仏の国にあって、遥かにこの娑婆世界で法華経が説かれている

のを聞いて、それをお聞きしようと無量無辺百千万億という多くの菩薩たちと共にやって
まいりました。
世尊よ、どうかお願いですから、お説きくださいませ。善男子、善女人は、如来の亡く
なった後にあっては、どのようにしてこの法華経を手にすることができるのでしょうか」
仏は普賢菩薩に告げられました。
「もし善男子、善女人が、四種類の特性を完成したならば、如来の亡くなった後にあって、
必ずやこの法華経を得ることができるだろう。それは、一には仏たちによって護られてい
ること。二には、多くの徳の根本を植えること。三には、必ず悟りに至るということが決
定している者たちの中に入ること。四には、すべての衆生たちを救おうとする心を起こす
ことだ。善男子、善女人は、以上のような四つの特性を完成させたならば、如来の亡くな
った後にあって、必ずこの経を得ることができるだろう」
その時に、普賢菩薩は仏に次のように申し上げました。
「世尊よ、のちの五百年間の濁った悪しき時代において、この経典を受けて記憶する者が
いたならば、私は必ずやその者を守り、彼の衰えや患いを除いて安らかにさせましょう。

その隙を窺い求めても、誰もその隙に付け込むことができないようにいたします。たとえ悪魔であれ、悪魔の子であれ、悪魔の娘であれ、悪魔の民であれ、悪魔に憑かれた者であれ、あるいは夜叉であれ、羅刹であれ、鳩槃荼であれ、毘舎闍《びしやじや》であれ、吉蔗であれ、富単那であれ、韋陀羅であれ、それらの人間を悩ますさまざまな者たちは、すべて隙に付け込むことができないでしょう。

その人が、歩きながら、あるいは立ち止まってこの経を読み上げるならば、その時に私は六本の牙がある白い象の王に乗って、偉大な菩薩たちと共に彼のところへ行き、私自身の姿を現し、供養し守護して、彼の心を安らかにしましょう。それもまた、法華経を供養するためであります。

もしも、その人が坐ったままでこの経を思索するならば、私はまた、その時に白い象の王に乗って、その人の前に現れましょう。その人がもし、法華経の中のほんの一句でも、一行でも忘れることがあったならば、私はそれを教え、一緒に読み上げ、再び精通させて心に仕舞い込ませましょう。

法華経を受けて記憶し、読み上げる者は、その時、私の姿を見ることができ、喜んで、さらにまた精進することでしょう。私を見るやいなや、境地と呪文を獲得することでしょう。すなわち、旋陀羅尼、百千万億旋陀羅尼、法音方便陀羅尼という名の、そのような神秘の呪文を獲得することでありましょう。

世尊よ、もしも、後の世の後の五百年の間の濁った悪い時代において、比丘、比丘尼や信者たちの中で、この法華経を求める人、受け入れて記憶しようとする人、読み上げる人、それを書き写す人、それらの人々がこの法華経を修めようと思うならば、二十一日の間、一心に精進すべきです。

三七日《さんしちにち》を満了したならば、必ずや私は六本の牙がある白い象の王に乗り、数限りない菩薩たちに囲まれて、あらゆる衆生たちが願うその姿をその人の前に現して、彼らに法を説いて、示し、教え、利益させ、喜ばせましょう。

また彼に素晴らしい呪文を与えましょう。その呪文を得たことによって、人間以外の者たちも危害を加えることはできないことでしょう。また女たちに惑わされることもないでしょう。私も自分で、常にこの人を守護いたしましょう。どうか、お願いですから、世尊よ、私がこの陀羅尼を唱えることをお許しください」

そこで呪文を唱え、
「世尊よ、もし菩薩がいて、この陀羅尼を聞くことができたとするならば、それは普賢菩薩の神通力によるものであると知るべきです。もし、この世界に流布している法華経を受持する者がいたならば、次のように考えるべきです。すなわち、すべては普賢菩薩の威力のある神通力によるものだと。

もし、受持し、読み上げ、正しく心にとどめ、その意趣を本当に理解し、教えのとおりに修行するならば、必ずや次のように知るべきです。すなわち、その人は普賢菩薩の修行を実践する者であり、量り知れない数の仏たちの元で、深く善の根本を植えるものであり、如来の御手によって、その頭を撫でられるものとなるということを。

もし、ただ経を書き写すだけでも、その人は寿命が尽きれば、必ずや天界に生まれるでありましょう。その時は、八万四千の数の天女たちが、多くの音楽を奏でながら、彼を迎えることでしょう。その人は七種類の宝づくりの冠を着け、女官たちの中で面白く楽しく過ごすことでしょう。ましてや経を受持し、読み上げ、正しく心にとどめ、その意趣を理解し、教えのとおりに修行した場合は、言うまでもありません。

その人が命を終えたならば、千人もの仏たちが御手を差しのべて、恐れがなく、悪しき輪廻の境界に堕ちることもないようにしてくださり、ただちに天上の弥勒菩薩のところに赴くことでありましょう。弥勒菩薩には、三十二種類の優れた相があって、大菩薩たちに取り囲まれ、百千万億という数多くのお付きの天女たちがいて、その中に生まれることでしょう。

以上のような功徳と利益があるのですから、智慧のある者たちは一心に自ら書き写し、あるいは人にも書き写させ、それを受持し、読み上げ、正しく心にとどめ、教えのとおりに修行すべきなのです。

世尊よ、私は今、神通力によって、この経を守護して、如来の亡くなった後に、この世界の中に広く流布させ、絶えることがないようにいたしましょう」

その時に、釈迦牟尼仏は普賢菩薩を讃えて、次のように言われました。

「よろしい、よろしい。普賢よ、お前はよくこの経を護り助け、多くの衆生を安楽にし、利益を得させた。お前はすでに、思いはかることもできない功徳と、深く広い慈悲を完成しているのだ。はるか遠い昔から、無上の正しい悟りに向かう心を起こして、神通力による誓いを立て、この経を守護しているのだ。私は神通力によって、普賢菩薩の名を受持する者を守護しよう。

普賢よ、もしこの法華経を受持し、読み上げ、正しく心にとどめ、修行し、書き写す者がいたならば、その人は釈迦牟尼仏にまみえることになり、仏の口よりこの経典を直接に聞くかのようであると知るべきなのだ。その人は、釈迦牟尼仏を供養することになると知るべきだ。その人は、仏に素晴らしいと褒められることになるのだと知るがいい。その人は、釈迦牟尼仏によって、手ずからその頭を撫でられることになるのだと知るべきだ。その人は、釈迦牟尼仏の衣によって包まれることになるのだと知るがいい。

そのような人々は、また世間の楽しみに執着することはないだろう。仏教以外の教えの経文や書いたものを好まないだろう。またその外道の人や動物を殺す職業の者、あるいは豚や羊、鶏や犬を飼う人々、あるいは猟師、あるいは女衒《ぜげん》などのさまざまな好ましくない人々に近づくことはないだろう。

その人は、心が誠実真っ直ぐで、正しい心の働きを有し、福徳の力を具えているだろう。その人は、貪り、怒り、愚かさの三毒に悩まされることはないだろう。また、嫉妬や自分をたのむ慢心、高慢、のぼせ上がった慢心に悩まされることはないだろう。その人は欲が少なく、足ることを知って、普賢菩薩の修行を実践することができるだろう。

普賢よ、もし如来の亡くなった後の、後の五百年の間に、もし人が法華経を受持し、読み上げるのを見たならば、次のように考えるがいい。すなわち、この人は遠からずして必ず悟りの場に至り、多くの魔の集団を打ち破り、無上の正しい悟りを獲得して、教えの輪、転法輪を回し、教えの太鼓を打ち鳴らし、教えの法螺貝を吹き、教えの雨を降らすにちがいない。必ずや天の神々や人々の大勢の中で師子の最高の座に坐るだろう。

普賢よ、もし後の世において、この経典を受持し、読み上げようとする人は、衣服や寝具や食べ物など、生活の品々を貪ったりはしないだろう。その願うことは必ず達せられるだろう。また、現世において、その福徳の報いを得ることだろう。もし人が、その人を軽んじそしって『お前は狂っているのだ。空しくそのような修行をして、結局は何も得るものがなくて終わるだろう』と言ったなら、そのような罪の報いとして、世々にわたって盲目となるだろう。

もしも、経典を受持し、読み上げ、その人を供養し、褒め称える人は、必ずやこの世において、すぐにその果報を得ることだろう。もし、またこの経典を受持する人を見て、その人の過ちをあげつらうならば、それが事実であろうとなかろうと、その者は現世において病を患うことだろう。もし、その人を侮り笑うようなことがあれば、この人は必ず世々にわたって、歯が欠けてすき、醜い唇、低い鼻となり、手足はねじまがり、眼は斜視となり、身体は穢れて臭く、悪性のできもので膿や血が流れ、腹は膨れ上がり、労咳《ろうがい》となるなど、さまざまな悪しき重い病に陥るだろう。

それ故に普賢よ、もしこの経典を受持する者を見たならば、必ず立ち上がって遠くから迎え、仏を敬うのと同じようにすべきなのだ」

以上の普賢菩薩勧発品を説かれた時、ガンジス河の砂の数に等しい、量り知れない多くの菩薩たちが、百千万億旋陀羅尼を獲得し、十億の世界を微塵にくだいた、その塵の数に等しい無数の多くの菩薩たちが、普賢菩薩の修行道を体得したのです。

仏がこの経を説かれた時、普賢菩薩などの多くの菩薩たち、舎利弗などの多くの弟子たち、それに天上の神々、龍神、人々、人間以外の生き物たちのすべての集団は、大いに喜んで、仏の言葉を受持し、礼拝をして立ち去ったのでした。

後記

この本は藤井教公先生の労作のアルヒーフ版『現代語訳妙法蓮華経』を下敷きにさせていただき、出来上がりました。

藤井先生は国際仏教学大学院大学の教授を務められている仏教学の権威であられ、小仏馬町身延《みのぶ》別院の住職も務めておられる現役の仏教の大権威であられますが、それ故に先生の労作はその道の権威として難解な仏典用語の多くがそのまま記述されているので、初めて読む一般の者たちには難解に過ぎてお経の真髄の理解には難く、読み終わるのもかなり難儀すると思い、それをさらに読みやすく、長編小説を読むほどの努力で、わずかでもお釈迦様の説かれた教えの真髄に迫ることが出来たらと願い、私なりの試みで先生に次いで現代語訳の試みをいたしました。

正直言って作業の途中、藤井版の中の専門用語が素人の私には分からず、何度となく分厚い仏教語辞典を開いて、さらに分かりやすいその訳を懸命に模索したものでした。

私がこの仕事を思い立ったきっかけは、ある時仏教の、それも法華経を主体とする日蓮宗系の信者さんたちの集まりで講演した際に、その後に質してみたら、その教団が作って配布している法華経のサマリー（要約）のテキストしか読まず、法華経全体を通読したことのある人がほとんどいなかったのに驚かされたせいです。

これはいかにも勿体ないことで、お経の中にもありますが、宝の山に近づきながら、もうくたびれたので引き返すと言い出す信者たちにも似ている有様なので、僭越ながらもこの仕事を思いつきました。

解説にも記しましたが、法華経の各章にはそれぞれ深く大きな意味合いがあって、全巻を繰り返して読めば、お釈迦様が来世の極楽とか地獄とかそんなことではなしに、今生きているこの現世をいかに生きれば涅槃という安らかな境地を得られるかを説いていることが分かるはずです。

人生の中で悩みや迷いを持たぬ人間がいるはずはありません。そうした悩みや迷いから解放してくれるのが法華経です。法華経だけが生きている間に自分自身で己れを救う術を説いているのですから。

そして人間の悩みや迷いはそれぞれの時代の社会の変化に応じて多様に変わってきます。それを克服して人生の安寧を獲得し、幸せを得る術は時に応じて千差万別でしょうが、しかしその根底に在るものは何かということを仏は説いておられるのです。第一の序品から始まって最後の第二十八に至るまでの大河の流れに似たこのお経は、お釈迦様が亡くなられてから今日までの長い年月に沿って次々に現れる菩薩や仏たちによってバトンタッチのリレーのように受け継がれ、今日に至っているのです。

私たちがこの難しい時代の中での人生で、厳しい変化に対応して楽しく安定の境地で生きていくために、人間の存在の根底を支えているものについて明晰に説いて教える仏の悠久の教えである法華経は、必ずや生きていくための大きな支えとなるに違いありません。

※本書には、今日の人権意識に照らして不当・不適切と思われる語句・表現が使われておりますが、時代背景と作品価値に鑑み、修正・削除は行っておりません。

本書は書き下ろしです。

カバー写真／Mikko Lagerstedt（www.mikkolagerstedt.com）
ブックデザイン／幻冬舎デザイン室

〈著者紹介〉
石原慎太郎　1932年神戸市生まれ。一橋大学卒。55年、大学在学中に執筆した「太陽の季節」で第1回文學界新人賞を、翌年芥川賞を受賞。『化石の森』（芸術選奨文部大臣賞受賞）、『生還』（平林たい子文学賞受賞）、ミリオンセラーとなった『弟』や2016年の年間ベストセラーランキングで総合第1位に輝いた『天才』、『法華経を生きる』『老いてこそ人生』『子供あっての親――息子たちと私――』『男の粋な生き方』『凶獣』『救急病院』『老いてこそ生き甲斐』など著書多数。

新解釈
現代語訳 法華経
2020年7月30日　第1刷発行
2020年9月20日　第6刷発行

GENTOSHA

著　者　石原慎太郎
発行人　見城 徹
編集人　森下康樹

発行所　株式会社 幻冬舎
〒151-0051 東京都渋谷区千駄ヶ谷4-9-7

電話：03(5411)6211(編集)
03(5411)6222(営業)
振替：00120-8-767643
印刷・製本所：中央精版印刷株式会社

ISBN978-4-344-03633-8 C0095
幻冬舎ホームページアドレス　https://www.gentosha.co.jp/

この本に関するご意見・ご感想をメールでお寄せいただく場合は、comment@gentosha.co.jpまで。